Community manager, herramientas, analítica e informes. IFCT38

Eva Díaz San Emeterio

ic editorial

Community manager, **herramientas, analítica e informes. IFCT38**
© Eva Díaz San Emeterio

1ª Edición

© IC Editorial, 2025

Editado por: IC Editorial
c/ Cueva de Viera, 2, Local 3
Centro Negocios CADI
29200 Antequera (Málaga)
Teléfono: 952 70 60 04
Fax: 952 84 55 03
Correo electrónico: iceditorial@iceditorial.com
Internet: www.iceditorial.com

ISBN: 979-13-7027-016-2
Depósito Legal: MA 1276-2025

Impresión: PODiPrint
Impreso en Andalucía – España

Nota de la editorial: IC Editorial pertenece a Innovación y Cualificación S. L.

Especialidad formativa

Se entiende por especialidad formativa la agrupación de contenidos, competencias profesionales y especificaciones técnicas que responde a un conjunto de actividades de trabajo enmarcadas en una fase del proceso de producción y con funciones afines.

Las especialidades formativas de Uso General, Formación Complementaria, Formación Modular y las especialidades formativas dirigidas a la obtención de certificados de profesionalidad se incluyen en el Fichero de Especialidades del Servicio Público de Empleo Estatal para su gestión en todo el territorio nacional por cualquier Administración competente.

Las especialidades complementarias, pertenecen todas a la Familia profesional de Formación Complementaria (FCO) y tienen la consideración de formación transversal en áreas que se consideran prioritarias tanto en el marco de la Estrategia Europea para el Empleo y del Sistema Nacional de Empleo como en las directrices establecidas por la Unión Europea. Se consideran áreas prioritarias las relativas a tecnologías de la información y la comunicación, la prevención de riesgos laborales, la sensibilización en medio ambiente, la promoción de la igualdad, la orientación profesional y aquellas otras que se establezcan por la Administración competente.

Las especialidades de Certificado de profesionalidad tienen una duración especificada en su normativa reguladora.

En el resultado de la búsqueda, se muestran las unidades de competencia, todos los módulos formativos con su duración y las unidades formativas del certificado correspondiente, con su duración. Las horas del certificado, exclusivo de las especialidades de certificado de profesionalidad, con alta igual o superior a 2008, son las horas totales más las horas del módulo de Prácticas Profesionales no Laborales.

- ➲ **Si la especialidad tiene unidades formativas,** las horas totales, presencial, distancia, teleformación serán igual a la suma de esas horas de las unidades formativas de los distintos módulos, sin que se repita ninguna Unidad formativa.

➲ **Si la especialidad no tiene unidades formativas,** las horas totales, presencial, distancia, teleformación serán igual a las sumas de esas horas de los módulos formativos, eliminando las horas de los módulos repetidos.

https://sede.sepe.gob.es/especialidadesformativas/RXBuscadorEFRED/BusquedaEspecialidades.do

(Fuente: Servicio Público de Empleo Estatal)

Índice

Unidad de aprendizaje 4
Demostración de las habilidades necesarias para hacer uso de herramientas para la gestión de redes sociales

Unidad de aprendizaje 5
Demostración de las habilidades necesarias para el manejo de *software* para el análisis de datos

Unidad de aprendizaje 6
Aplicación de pautas de diseño para conseguir campañas de éxito

Glosario

Bibliografía

OBJETIVOS GENERALES

Los objetivos generales del *Community manager,* **herramientas, ana-**
lítica e informes. IFCT38, son:

- ➲ Desarrollar habilidades para la gestión de redes sociales a nivel empresarial, utilizando las herramientas disponibles para la gestión y generación de informes de resultados.
- ➲ Gestionar redes sociales a nivel empresarial, teniendo en cuenta el Plan
  estratégico de la organización.
- ➲ Conocer diferentes herramientas de apoyo para la creación y difusión
  de contenido.
- ➲ Utilizar las herramientas disponibles para la gestión de las redes sociales
- ➲ Utilizar las herramientas disponibles para la generación de informes de
  resultados.
- ➲ Conocer cuentas de éxito con campañas de éxito.

El *community manager*

Contenido

Identificación de los conceptos que subyacen a las redes sociales

Contenido

Objetivos

El objetivo general de esta Unidad de Aprendizaje es:

→ Conocer los aspectos básicos de las redes sociales.

Los objetivos específicos de esta Unidad de Aprendizaje son:

→ Conocer la teoría de nodos y lazos.

→ Analizar la importancia de la identidad digital en el mundo de la empresa.

→ Conocer los aspectos básicos de las diferentes redes sociales.

→ Crear y gestionar perfiles empresariales en las redes sociales.

1. Introducción

Hasta donde llegan los estudios de la humanidad se nos muestra que el ser humano es un ser social por naturaleza. Desde siempre ha vivido en comunidad y muchas de sus actividades las ha desarrollado de manera grupal y creando redes: redes de trabajo, redes políticas, redes de amigos, redes familiares; en fin, redes sociales...

Durante el desarrollo de la unidad nos centraremos en conocer los aspectos básicos de las redes sociales, además de crear y gestionar perfiles empresariales en las principales redes que las empresas utilizan: *Facebook, Instagram, X, LinkedIn,* Perfil de empresa de *Google* y YouTube.

Para ello, iremos viendo el caso de Aceite Soleado, S. L., empresa ficticia productora y distribuidora de aceite. Hasta hace medio año vendía a mayoristas. Contrataron a una empresa de investigación de mercado para que detectase una oportunidad de negocio que les posibilitara crecer. Este estudio reveló que la venta al por menor, a minoristas como supermercados, iba a ser la oportunidad de expandir su negocio. Querrán atraer no solo la vista de los minoristas, sino de los consumidores y para ello trabajarán las redes sociales.

2. Teoría de nodos y lazos

👉 **HILO CONDUCTOR**

La empresa Aceite Soleado, S. L., se plantea la nueva campaña de promoción. Una de las acciones que siempre han hecho ha sido publicidad en el lugar de venta y en algunos centros donde se vende sus aceites colocan a personas que lo dan a probar, se les regala muestras e incluso un año hicieron cata. Con estas acciones, uno de sus objetivos ha sido dar a conocer el producto y que, gracias al boca a oreja, lo vayan conociendo más personas.

Este año creen que va siendo hora de estudiar qué les pueden ofrecer las redes sociales para cumplir con el objetivo.

La teoría de los nodos y los lazos se basa en la representación de las relaciones individuales o grupales y en el flujo de información que se transmite/recibe por parte de cada uno de los individuos.

Los elementos básicos de esta teoría son:

- Flujo: representa el sentido o la dirección de la transmisión de la información. Puede ser unidireccional (⇒), bidireccional (⇔) o puede que no exista ninguna interacción entre los elementos, lo que indicará que no hay comunicación entre ellos.
- Nodos: grupos o individuos que representan los componentes de la red y que tienen un objetivo común.
- Vínculos: elementos de unión entre los nodos (denominados lazos).

Si esta teoría la extrapolamos al mundo 2.0, nos encontramos con que es la base en la que se asientan las redes sociales, compuestas por infinidad de usuarios que generan y comparten contenidos e información. Así, una red social es una estructura compuesta de personas que se puede representar en forma de uno o varios grafos en el cual los nodos, como hemos dicho, representan individuos y las líneas, relaciones entre ellos.

Ejemplos de nodos donde se puede ver la interrelación entre dos personas.

Las relaciones generadas entre los nodos dan valor a las acciones que se generan en las redes sociales. Estas interacciones son utilizadas por las redes sociales más conocidas para valorar la relevancia de las publicaciones, favoreciendo a las que más interacciones tienen entre los distintos usuarios por considerarlas relevantes, además de utilizarlas para estudiar el comportamiento y los grupos de interés de los diferentes usuarios.

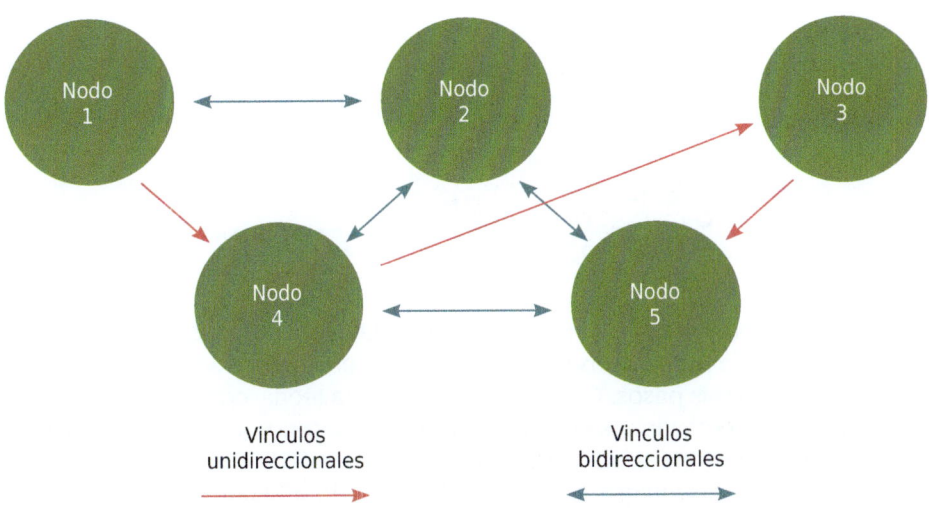

Como puedes comprobar en la imagen anterior, hay vínculos unidireccionales y bidireccionales entre los diferentes nodos, así como otros que no tienen comunicación entre ellos.

✎ DEFINICIÓN

Red social
Según la Real Academia Española, es "una plataforma digital de comunicación global que pone en contacto a gran número de usuarios".

2.1. La teoría de las redes sociales

El *software* germinal de las redes sociales parte de la **teoría de los seis grados de separación,** según la cual toda la gente del planeta está conectada a través de seis personas como máximo.

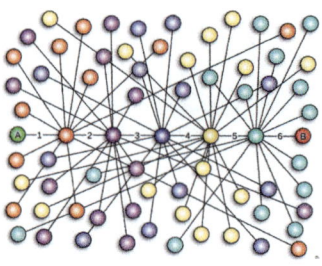

*Representación de la teoría
de los seis grados*

El sociólogo Duncan Watts asegura en su libro *Six Degrees: The Science of a Connected Age* que es posible conocer a cualquier persona del planeta en tan solo seis pasos. Cada persona, según la teoría, conoce en promedio a unas 100 personas. Si cada conocido se relaciona con 100 personas más, cualquier persona puede transmitir un mensaje a 10.000 individuos con solo solicitarlo a sus amigos en la "red". Aquellas 10.000 personas son contactos de segundo nivel, individuos que pueden ser conocidos solicitándolo a un amigo. Cuando los 10.000 conocen otros 100, la red se incrementa a 1.000.000 conectadas en un tercer nivel, en un cuarto nivel a 100.000.000, en un quinto a 10.000.000.000 y a 1.000.000.000.000 en un sexto nivel.

 TAREA 1

La cadena hotelera Mercure lanzó en 2015 una campaña promocional basándose en esta teoría, pero con el nombre de "teoría de seis amigos". Investiga sobre esta campaña los siguientes puntos:

a. ¿En qué consistía?
b. ¿Cual fue el resultado de la campaña promocional que hizo la cadena hotelera?

3. Identidad digital

 HILO CONDUCTOR

La directiva de Aceite Soleado, S. L., tiene miedo: sabe que las redes sociales son un arma de doble filo. En internet no solo se publicará lo que ellos digan,

Continúa en página siguiente >>

<< Viene de página anterior

sino lo que otros opinen sobre ellos. Carmen, la responsable de *marketing*, les ha hecho ver que aunque no estuvieran en redes siguen teniendo el problema de que otros hablen y no estarán ahí para escucharles y responder. No estar no significa que dejen de hablar de la empresa.

La **identidad digital** es el conjunto de información que publicas o publican sobre ti en internet y contribuye a construir la imagen que los demás tienen. Es lo que eres para otros en la red. En tu día a día (familia, amigos, escuela, trabajo...), interactúas con el entorno y vas creándote una identidad física. Eso mismo sucede en internet. Cada uno de nosotros, mediante las búsquedas de información, interacción con usuarios, descargas y demás acciones que podemos llevar a cabo, creamos un "yo virtual". Esta identidad 2.0 puede no ser la misma que tu identidad en el mundo físico.

Y esto mismo sucede con las empresas. Tienen presencia en internet (páginas web, perfiles en redes sociales, blogs, etc.) y, a la vez, los usuarios publican sobre ella y se va creando la **identidad digital corporativa.**

 DEFINICIÓN

Identidad digital corporativa
Se puede definir como el conjunto de la información de la empresa que aparece en internet y que la describe. Se complementa con las opiniones que los clientes y usuarios tienen de la empresa y su forma de trabajo.

No debemos confundir la identidad digital con la reputación *online*, que es el concepto que tienen las personas sobre la empresa. El uso de las nuevas tecnologías en el mundo empresarial ha traído una serie de riesgos y amenazas que pueden tener consecuencias graves para la empresa incluyendo las pérdidas económicas y de reputación o imagen. Modificar la imagen que el público tiene sobre la empresa supone grandes esfuerzos y coste económico elevado, por lo que es necesario que esté constantemente monitorizando lo que se dice de ella en internet: comentarios, opiniones e informaciones de la empresa.

No se puede dudar que, para las empresas, estar presente en internet es muy ventajoso para ellas y para sus estrategias de comunicación: Llegan a más público y de forma más directa, pueden crear comunidad alrededor de su marca, escuchan que es lo que su público desea o pueden mostrar su cara humana que tanto reclama el público; pero también existe una cara B que puede provocar un impacto negativo en su imagen.

Los peligros más habituales son:

- **Suplantación de identidad:** consiste en el acceso no autorizado a los perfiles de la empresa por terceras personas con mala intención. Los atacantes también pueden crear diferentes perfiles falsos y publicar contenidos como si fuesen realmente la empresa.
- **Modificación del nombre de dominio:** se registran diferentes dominios que coinciden con el nombre de la empresa y se cambia la extensión del dominio, de forma que el usuario cree estar en la página original y en realidad se encuentra en una copia. No es lo mismo mipagina.com (original de la empresa) que mipagina.es (página copiada para engañar al visitante).
- **Ataques de denegación de servicios (DDoS):** consiste en saturar el servidor hasta conseguir que la página quede indisponible y la empresa no pueda realizar su objetivo en internet.
- **Fuga de información:** para tratar de extorsionar al empresario a cambio de una cantidad económica mediante la publicación de información sensible o confidencial.
- **Publicaciones negativas:** los usuarios generan un flujo de sentimientos negativos hacia la empresa. Normalmente se pueden encontrar burlas, insultos o faltas de respeto hacia un producto, servicio o la propia empresa.
- **Copia de la marca:** se puede dar el caso de que se utilicen diferentes elementos de los derechos de propiedad industrial como logotipo, diseños, etc., para engañar al visitante o comprador y que crea que está comprando productos originales de la marcar cuando no es así.

ACTIVIDAD COMPLEMENTARIA

1. Busca e investiga en internet casos reales de las siguientes malas praxis:

   - Suplantación de identidad.
   - Modificación del nombre de dominio.
   - Publicaciones negativas.
   - Copia de la marca.

Debemos tener en cuenta que el daño que se realice a una empresa o marca a través de internet es difícil y costosa de reparar, ya que la difusión de contenidos por la red **no tiene límites,** es **atemporal** y se **divulga rápidamente,** sobre todo los contenidos negativos (sean verdad o mentira).

3.1. Recomendaciones para cuidar la reputación de imagen de empresa

La imagen y reputación empresarial, como se ha descrito anteriormente, debe ser una constante de control diario por parte de la empresa y deberá seguir unas pautas que prevengan los posibles daños y evitar, en todo lo posible, los ataques malintencionados. Algunas pautas muy recomendables son:

- **Estrategia de identidad corporativa:** definir una estrategia clara acerca de lo que es la empresa y cómo se quiere mostrar al público en internet.
- **Interactuar con el público:** se trata de establecer canales de comunicación de confianza con los usuarios para que, en caso de tener comentarios negativos, se puedan tratar de solucionar directamente con ellos.
- **Identidad en las redes sociales:** definir los procesos y procedimientos que se van a seguir en las publicaciones y la línea editorial para tratar de detectar lo más rápidamente posible aquellas publicaciones que no se ajusten a las reglas e identificar una posible suplantación de identidad.
- **Cumplir la normativa vigente:** además de cumplir la normativa y evitar una posible sanción, es uno de los elementos que más tranquilidad proporcionan a los usuarios, sobre todo si se encuentran en un comercio *online*.
- **Establecer un plan de crisis:** identificar el comportamiento que debe tener la empresa en sus canales digitales para minimizar la crisis y tratar que se solucione de la mejor manera posible y en el menor tiempo para que el daño a la imagen sea mínimo.
- **Monitorizar las informaciones de la empresa:** tratar de conocer en todo momento lo que se publica acerca de la empresa y en caso de que sean comentarios negativos, tratar de modificarlos para que no se difundan.

3.2. Por qué estar en las redes sociales

Una vez te decidas por una o varias redes sociales para tu empresa, debes estudiar por qué o para qué quieres estar en ella y, por supuesto, preguntarte si tu público objetivo está allí.

NOTA

Público objetivo es aquel al que diriges tus acciones de comunicación para vender tu producto o servicio.

Respondiendo a la pregunta de para qué estar en ellas, estas pueden ser las razones más comunes y te condicionarán la forma de comunicarte en las redes.

- **Escuchar:** escucha a tu público. Aun si decides no estar en una red social comunicándote, no es razón para no estar escuchando lo que se dice de tu sector, de tus productos, de tu marca. Para solo escuchar sin conversar en la red no hace falta que tengas un perfil de marca, ya que abrir un perfil y no alimentarlo da imagen de abandono.
- ***Benchmarking:*** aprender de lo que hace bien tu competencia, buscar implementarlo y no hacer lo que no le funciona.
- **Crear marca:** recuerda que la identidad digital se forma con lo que otros dicen de tu marca y lo que dices y haces tú como marca, por lo que ¿qué mejor que mostrar cómo quieres que te vean, actuando y comunicando en consecuencia?
- **Difusión:** si en la red o redes sociales elegidas está tu público, es el lugar ideal para difundir tu producto, tus servicios o cualquier noticia que creas interesante difundir.
- **Vender:** si preparamos nuestras redes y vamos creando comunidad, lo que provocamos es que nos vayan conociendo y nuestro producto o servicio sea una opción de compra. Depende después de nosotros que con estrategias consigamos pasar de ser conocidos a vender a través de las plataformas digitales.

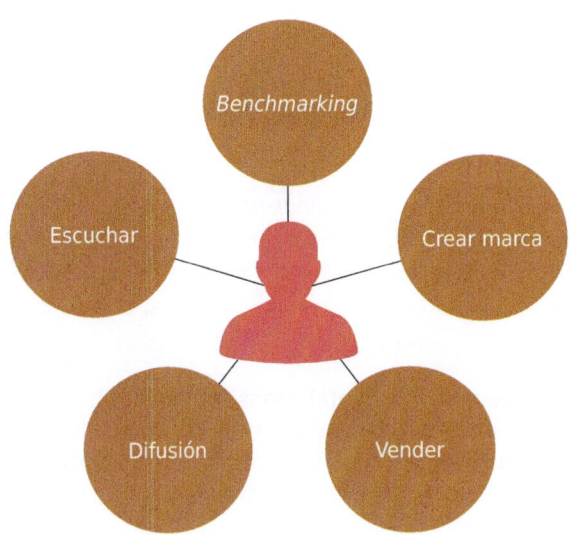

 IMPORTANTE

Con todo lo dicho, recuerda que lo primero que debes preguntarte es si tu público está en esa red social. No te guíes porque te han dicho que una red está de moda o porque es la única que sabes utilizar. Pregúntate si tu público está ahí.

Si no estuviera, no tiene sentido que dediques todo tu esfuerzo en ella, y si está, ¿a qué estás esperando para empezar a hablar?

4. Diferentes redes sociales. Redes sociales especializadas

 HILO CONDUCTOR

La empresa Aceite Soleado, S. L., que vende en España aceite de oliva al por menor, tras un estudio se ha dado cuenta de que por las características de

Continúa en página siguiente >>

<< Viene de página anterior

su producto la comunidad china que vive en España es un nicho de mercado potencial; es muy atractivo.

Trabajar solo la red social *Facebook* puede ser un error, ya que esta comunidad se mueve por otras redes como *Qzone*. La empresa de aceite debe estudiar si le merece la pena estar en esa red y en caso afirmativo, cómo estar.

En todos los sectores las plataformas sociales se han convertido en un componente casi esencial de la estrategia de negocio. Las redes sociales comenzaron transformando la manera de comunicarnos y han evolucionado hasta llegar a las empresas, a sus estrategias y no solo como canal de atención al cliente.

Hasta la aparición de las redes el ciudadano era solo un receptor de mensajes, pero a partir de la aparición de estas y de los blogs es, además, creador de contenido. En el mundo de las marcas, antes de la existencia de las redes sociales, el consumidor oía lo que decían estas, se dejaba aconsejar por un círculo social muy cercano y compraba. Tras la aparición de las redes, este proceso ha cambiado, los hábitos de compra han cambiado: el consumidor establece sus necesidades, busca opiniones más allá de un círculo social estrecho, compra, prueba, comenta, genera contenido sobre el producto... A este perfil le llaman ***prosumer.*** Las marcas en esta nueva situación se han visto obligadas a evolucionar. Su comunicación del producto y de la marca no es unidireccional, sino bidireccional y el cliente obtiene tanta información de tantas fuentes y conoce sus necesidades que la empresa debe buscar la forma de satisfacerlas.

 DEFINICIÓN

Prosumer
Se llama así al individuo o individuos que ya no solo consumen información, sino que también la producen a través de blogs, redes sociales y otras plataformas digitales.

Las redes sociales han cambiado la **forma de ver y participar en la política** por parte del ciudadano y de los políticos. Hoy en día, cualquier partido político o presidente está en redes e interactúa de una forma activa para conversar con su electorado.

 EJEMPLO

Durante el mandato de Donald Trump como presidente de Estados Unidos, *X* fue su principal vía para difundir sus comunicados. Con motivo del asalto al Capitolio por simpatizantes de Trump, en enero de 2021, *X* suspendió su cuenta principal "debido al riesgo de mayor incitación a la violencia".

Ante los **desastres naturales o cualquier catástrofe,** las redes han ayudado a avisar rápidamente a los contactos más cercanos de que se está a salvo, evitando el colapso en las líneas telefónicas de emergencia.

 EJEMPLO

Durante y después de los terremotos que sufrió Granada en enero de 2021, las redes sociales no tardaron en llenarse de vídeos y fotografías y los vecinos comunicaban que estaban bien escribiendo mensajes en sus redes.

4.1. Las redes sociales en continuo cambio

El **cambio** es la única constante en las redes sociales. Estas plataformas digitales están en todo momento sufriendo cambios de apariencia y de nuevas funcionalidades, sin hablar de que todos los años aparecen nuevas. Unas vienen para quedarse y otras se van sin hacer ruido.

Podemos decir que el año 2020 supuso un cambio en las estadísticas de las RR. SS. en España. *WhatsApp, Facebook, Instagram, YouTube* y *X* son las redes sociales que dominan el panorama español. Hasta ese año, *Facebook* era la red social más conocida y más usada entre los españoles y, según el estudio anual de IAB España 2020, en ese año *Instagram* desbancó de los primeros puestos a *Facebook* en la frecuencia de uso, es decir, el usuario se empieza a conectar más veces a *Instagram* que a *Facebook*. Además,

Instagram se colocó como la primera red social donde más se sigue a los *influencers,* seguida ahora de *Facebook.*

PARA SABER MÁS

En el siguiente enlace podrás descargarte el estudio de IAB España 2024:

https://redirectoronline.com/ifct380101

Facebook, que inicialmente tuvo una relevancia importante debido sobre todo a que fue la primera red social, ha pasado a la quinta posición, siendo desbancada por *WhatsApp, BeReal, Instagram* y *TikTok.* Llama la atención que *Instagram* haya pasado a una tercera posición desbancado por *BeReal* que tiene una menor cantidad de usuarios y que *Threads,* en su primer año de vida ocupe la séptima posición.

Un aspecto que llama la atención en las empresas dedicadas a la gestión de talento es la posición que ocupa *LinkedIn* que pasa de la posición decimosegunda en el año 2023 a la decimoquinta en el 2024, siendo la red en la que menos tiempo se pasa; 32 minutos de media por usuario, al contrario que sucede con *Spotify* que triplica este tiempo.

La conclusión que podemos extraer es que, como ya hemos dicho, las redes sociales están en continuo cambio y la que este año pueda estar de moda, el año siguiente puede ser desbancada por otra. Las empresas están a merced de estos cambios, por lo que es imprescindible una figura profesional que gestione esa comunicación digital y afronte los cambios continuos. Esa figura es el *Community Manager,* del que se hablará en la siguiente unidad.

ACTIVIDAD COMPLEMENTARIA

2. Para conocer la evolución de la penetración de las redes sociales y el perfil de usuarios, ve a www.iabspain.es y descárgate el último Estudio Redes Sociales.

https://redirectoronline.com/ifct380101a

Analiza los siguientes puntos:

- ¿Qué redes sociales se estudian en la investigación?
- ¿Cuáles son las cinco primeras redes que tienen más usuarios?
- ¿Cuál es el uso principal de las redes sociales, entretener, interactuar o informarse?
- ¿Cuál es el principal dispositivo desde el que se accede a las redes sociales?
- ¿Según la edad qué redes se usan?

4.2. Clasificación de redes sociales

Vamos a adentrarnos en los diferentes tipos de redes sociales digitales (en adelante, redes o redes sociales) que operan internet. Atendiendo al público objetivo y a la temática, la clasificación más habitual es:

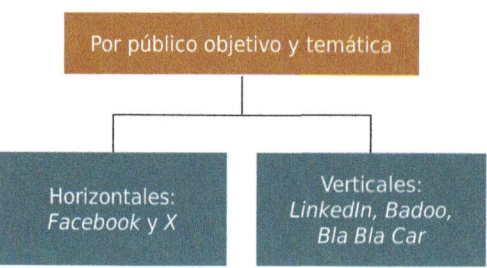

⮞ **Redes sociales horizontales:** engloban a personas con múltiples intereses para que se relacionen entre ellas. Los ejemplos más conocidos son *Facebook X, Instagram* o *Tik Tok*.

⮞ **Redes sociales verticales:** agrupan a personas en torno a una temática. La especialización de estas redes puede ser muy diversa: para generar relaciones profesionales entre los usuarios, los ejemplos más representativos son *Xing* y *LinkedIn*; de ocio, deporte, usuarios de videojuegos, fans, etc., algunos ejemplos son *Sportuniverse* (deporte), *Ravelry* (tejedores de ganchillo), *Midoog* (para mascotas) o *Reddit* (jugadores).

 ## ACTIVIDAD COMPLEMENTARIA

3. Trabajemos las redes sociales verticales. Busca redes en español sobre los siguientes sectores:

   · Moda o maquillaje.
   · Cocina.
   · Estudiantes.
   · Turismo.
   · Deporte.
   · Trabajo.

Continúa en página siguiente >>

<< Viene de página anterior

Elige una de ellas y analiza:

- ¿Qué datos debes dar para entrar como usuario?
- ¿A qué público parece que va dirigida?
- ¿Hay publicidad? Si la respuesta es sí, investiga cuánto cuesta.

El estudio de las diferentes redes sociales te tiene que ayudar a ver más allá de las conocidas. Cuando busques en cuál o cuáles debe estar tu empresa, volvemos a repetir que lo primero que te tienes que preguntar es: **¿dónde está mi público?**

 Estar en una red equivocada nos hace perder tiempo y dinero porque las conversiones siempre serán menores que estando en la adecuada. Puede que el estar en una red social como *Facebook* nos dé mucho trabajo y la conversión sea baja porque nuestro mayor público no esté ahí. Por ello, antes de adentrarte en el mundo de las redes sociales, conócelas y conoce tu público.

 ## ACTIVIDAD COMPLEMENTARIA

4. Investiga en internet y busca las redes sociales más diferentes y extrañas. Escoge una y responde:

   - ¿A qué tipo de empresa le podría interesar estar en esa red social?
   - ¿Cómo le interesaría estar? ¿Con un perfil personal, un perfil de empresa si hubiera, solo haciendo publicidad, trabajando con los *influencers* de esa red? Razona tu respuesta.

APLICACIÓN PRÁCTICA

Calzados Serrano es una tienda ubicada en una calle muy céntrica de Albacete y especializada en calzado de caballero. Desea modernizar

Continúa en página siguiente >>

<< Viene de página anterior

su imagen y atraer a un público más joven. Para ello ha comenzado a vender una línea de calzado más moderna y le han comentado que la mejor forma de llegar a este público son las redes sociales. ¿Qué red social le recomendarías? Razona tu respuesta.

Solución

Instagram sería, en un principio, la red social en la que debe invertir más tiempo y esfuerzo. Es una plataforma donde está el público joven al que se quiere acercar. Sería interesante que encontrase *influencers* de moda y calzado y viese si le interesa moverse en otras redes en la que ellos también se muevan, como puede ser 21buttons.com.

4.3. *Facebook*

☞ HILO CONDUCTOR

Carmen, de la empresa Aceite Soleado, S. L., acude a un curso de redes sociales para ponerse al día. Una vez han visto *Facebook,* cree que es el momento de abrir el perfil de la empresa. Estos son los pasos iniciales que sigue para prepararla antes de empezar a subir *post:*

1. Nombre y nombre de usuario: quiere poner todos los nombres de usuario igual porque es mejor para comunicarlo a los clientes; solo tendrán que comunicar un nombre, da igual la red donde esté.

    Nombre de usuario: @AceiteSoleado.
    Nombre (descriptivo): El aceite de tu mesa.

2. Pone su logotipo en el perfil y en portada una imagen del aceite en botella.
3. Rellena la información de la empresa: descripción, correo electrónico, web...
4. Prepara el botón de llamada a la acción para que le dirija a la tienda *online.*
5. Pone a Nicolás, compañero en el Departamento de *Marketing*, también como editor de la página; así podrán trabajar los dos en la *fanpage.*
6. Crea una tienda online en *Facebook* con sus productos estrella.

Según la propia red social, su misión es "ofrecer a las personas la posibilidad de crear comunidades y hacer del mundo un lugar más conectado".

Facebook busca que toda aquella persona que se conecte encuentre lo que desea. Que, desde que entra hasta que sale, sea una experiencia acorde con lo que busca obtener de la red, para lo que tiene sus propias reglas de juego.

¿No has notado que normalmente te salen los *post* de unos amigos y no de otros? Suelen ser con los que más interactúas. ¿Y la publicidad que ves en esa red social está relacionada contigo? Si has visto una habitación de hotel en otra página, en *Facebook* te saldrá un anuncio de ese destino, o si has buscado algún producto en alguna tienda *online,* verás su anuncio en *Facebook.*

Todo está conectado. *Facebook* lo permite y, más aún, lo ve necesario para que el usuario reciba solo información que desea recibir.

Bueno, pues el "culpable" de esto es un algoritmo llamado **EdgeRank** que, en función de una serie de parámetros, determina cuáles son las publicaciones que aparecen en el muro de noticias de cada usuario, así como su orden.

 **NOTA**

Facebook es una de las redes sociales que más cambia. Para estar actualizado o actualizada visita el servicio de ayuda a páginas de *Facebook.*

https://redirectoronline.com/ifct380102

No se conoce con exactitud cómo funciona este algoritmo, ni cuáles son los parámetros que tienen más peso. Sin embargo, hay varios factores que sí están identificados:

Relevancia de tu contenido
- Si tu contenido es relevante porque mucha gente lo comenta, le da a "me gusta" y comparte tu publicación, será más fácil que salga en el muro de noticias de los usuarios.

Tiempo
- A medida que pasa el tiempo desde su publicación, esta va perdiendo fuerza. Por ello, es importante renovar contenido frecuentemente y asegurarse de publicarlo a la hora que la mayoría de tus seguidores están conectados y recibir cuanto antes los "me gusta" y comentarios para que *Facebook* lo valore como contenido relevante.

Publicación rica y variada en imágenes, infografías, videos, videos en directo...
- Este tipo de contenido atrae al lector y eso le gusta a *Facebook*.

Si generas un contenido variado, con distintos formatos, y publicas en el momento en el que la mayoría de tu audiencia está conectada, conseguirás más interacciones y eso le dirá a Facebook que tu contenido debe ser visto por más personas.

En definitiva, lo que *Facebook* quiere es que haya **Engagement** entre tu marca y tu público, es el amor del consumidor hacia lo que haces. Este amor puede medirse en la cantidad de "me gusta" hacia un *post*, las veces que lo comparten, que lo comentan o que lo guardan.

 DEFINICIÓN

Muro de noticias
Espacio donde se ven las publicaciones de nuestros amigos, de las páginas que hemos dado "me gusta" y en donde nos aparecen los anuncios.

Post
Publicaciones que se hacen en una red social o blog.

Desde hace muchos años se habla de que *Facebook* es una red social que está muriendo lentamente. No podemos predecir el futuro, pero hoy por hoy es una megaplataforma interconectada con otras redes como *Instagram* o *WhatsApp*. *Facebook* no es solo la aplicación que conocemos.

SABÍAS QUE...

En octubre de 2021 la compañía que englobaba estas redes dejó de llamarse *Facebook* para llamarse Meta.

- -

Facebook. ¿La gran conocida o desconocida?

Es la red social que todo el mundo conoce y muchos son los que tienen cuenta en ella, aunque solo la usen para reencontrarse con conocidos o conocidas de los que hace tiempo no sabe nada.

Fue la primera red social que los españoles conocimos y adoptamos allá por 2007 y, por ello, podemos decir que la edad de la mayoría de los perfiles de usuario actualmente es de 41 a 55 años, aunque, como es lógico pensar, desde sus comienzos se han ido sumando a la red generaciones posteriores y las estadísticas hablan de una franja de edad de usuarios entre 25 y 65 años.

SABÍAS QUE...

The Social Network (La red social) es la película que narra los orígenes de *Facebook*, rodada en 2010 y ganadora de más de 122 premios internacionales.

- -

Si eres un usuario y deseas conectar con amigos, debes abrirte un perfil personal, y si eres un negocio, *Facebook* te indica que debes disponer de una página de empresa. Ambas son fáciles de abrir y gratuitas.

Existe una enorme diferencia entre el perfil personal que cualquier usuario o usuaria puede tener y el perfil de empresa.

En el **perfil personal,** desde que te abres la cuenta, tanto los datos como lo que escribes es privado. Solo podrán ver lo que tú publiques aquellas personas de las que tú has decidido ser amigo. Esta amistad puedes solicitarla o te la pueden solicitar, puedes aceptarla o rechazarla. El máximo de amigos son 5.000; te pueden parecer muchos, pero si eres una empresa aspirarás a conseguir más de esa cantidad.

La relación entre tus amistades es entre iguales:

- Tú ves lo que ellos publican y ellos ven lo que tú publicas.
- Os podéis escribir mensajes en privado.

La **página de empresa,** también llamada *fanpage*, desde que la abres, es pública; todo lo que se escriba en ella será público (a excepción de los mensajes privados que se manden). En esta página ya no tendrás amigos, sino seguidores (o fans) y esto es algo crucial a la hora de relacionarte con las personas. Ya no podrás ver el contenido de los perfiles de la gente que te siga, recuerda: lo que ellos escriben es privado, por lo que el esfuerzo para conversar con tu público va a ser mayor. Las reglas cambian.

Además, desde la página de empresa tienes acceso a estadísticas que te ayudarán a conocer más acerca de los potenciales clientes (edad, localización, sexo, educación, acceso a las tecnologías, entre otras opciones). No olvides que al saber más sobre ellos o ellas se pueden tomar decisiones estratégicas dentro y fuera del entorno de *Facebook*. Y, por otro lado, al tener una página de empresa puedes hacer publicidad de pago, llamada *Meta Ads Manager,* para llegar de forma más directa a ellos.

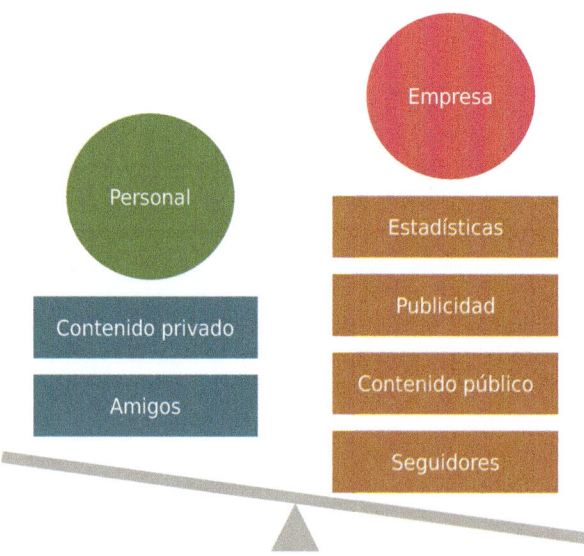

Diferencias entre página personal y página de empresa en Facebook

Crea tu página de empresa

Deberás crearla desde tu página personal, es gratis y no tienes que preocuparte de que tus amigos sepan que has abierto una página de empresa. No tienen forma de verlo.

Como ya se ha dicho, *Facebook* es una de las redes sociales que más está en continuo cambio, pero, trabajes con la versión que trabajes, hay unos puntos básicos que debes preparar antes de empezar a escribir contenido. Se van a dividir en dos categorías: aquellos puntos que son los primeros pasos que ayudarán a poner bonito y atractivo tu perfil de marca y aquellos más internos de cara a seguir una buena estrategia.

Puntos para poner bonito y atractivo tu perfil

A continuación podrás ver algunos aspectos que podrás tener en cuenta a la hora de crear tu perfil:

- **Nombre de tu página.** Puede ser igual que el de tu empresa u otro que las personas puedan buscar para encontrar tu empresa. Hay diferencias entre nombre y nombre de usuario. Este último es el nombre que solo tu empresa puede tener, ninguna otra, y no puede repetirse. Es la parte que personaliza la URL www.facebook.com/tuempresa.
  En cambio, puedes poner el mismo nombre que el de usuario o trabajar un nombre descriptivo. Por ejemplo, nombre de usuario: Fernandez y Hnos, y el nombre: Fontanería Fernández y Hnos.
  Lo ideal es que todas las redes sociales de tu empresa tengan el mismo nombre de usuario. Para saber si está cogido ese nombre en todas ellas, usa herramientas *online* como namecheckr.com o https://instantuser-name.com.
- **Imagen de perfil.** Una buena elección es usar el logotipo. El tamaño ideal es 170 × 170 px.
  Imagen de portada. Elige una imagen (foto o vídeo) que hable de la empresa: productos, imagen de la tienda o alguna campaña de *marketing* en la que estás. Cámbiala cuando lo veas necesario. El tamaño ideal es 815 × 315 px.
- **Información sobre tu página.** En este apartado rellena cuantos más datos mejor para que los motores de búsqueda la indexen bien. Dependiendo de la categoría que hayas asignado, hay diferentes funciones que te aparecerán para rellenar. Normalmente serán: descripción breve y descripción amplia, sitio web, servicios, calificaciones y opiniones, correo electrónico y teléfono. Y si tu categoría es de negocio o marca, además tendrás la posibilidad de poner tu dirección en un mapa y horario de visitas.

Algunas recomendaciones son:

- ☻ Rellena los máximos campos posibles.
- ☻ En las descripciones, cuéntales sobre lo que hace tu empresa.
- ☻ Actualiza la información cuando sea necesario.

- ➲ **Botón de llamada a la acción** o CTA *(Call to Action)*. Aquí podrás hacer que el usuario realice una reserva, haga una compra o visite tu web. Tiene muchas posibilidades interesantes para ayudarte en las estrategias de *marketing*.
- ➲ **Pestañas y secciones**. Ayuda a los visitantes de la página a encontrar lo que buscan. Las pestañas aparecen en la columna de la izquierda de la página y las secciones en la parte central.
  Algunas de las secciones son: Inicio, Información, Me gusta, Publicaciones, Fotos y vídeos. Y otras como Libros, Eventos, Peliculas, Grupos y Opiniones enviadas pueden activarse o desactivarse. Estas son vistas por los usuarios.
- ➲ **Avatar:** *Facebook* permite usar y personalizar el avatar para mostrar nuestra personalidad a los demás. Este se puede cambiar cuando se desee, pero no hay que olvidar que estamos dando imagen de empresa, por lo que no es recomendable su uso en los perfiles profesionales y sí en los personales.
- ➲ **Personaliza y configura las respuestas de tu página**. Configura los mensajes automáticos para que cuando el usuario te envíe un mensaje privado, inmediatamente reciba uno en nombre de la empresa con el mensaje que hayas programado. Mensajes del tipo: "Hemos recibido tu mensaje, pero en este momento no podemos responderte. Gracias por ponerte en contacto con nosotros".
  Personalízalo y sácale partido a tu estrategia de *marketing*.

NOTA

La bandeja de entrada de *Facebook* es una herramienta potente para gestionar los usuarios que se ponen en contacto con la página y hacer seguimiento de las interacciones importantes. Aquí encontrarás, además, las conversaciones que mantienes a través de *Messenger*, los comentarios de las publicaciones de *Facebook* e *Instagram* y las respuestas automáticas.

SABÍAS QUE...

Messenger es la función de chat de *Facebook* e *Instagram*, que permite entablar conversaciones personales con las personas. Existe además la app para
descargar en el móvil y manejar desde ahí las conversaciones.

Puntos internos para estrategias

Una vez has trabajado los aspectos básicos para que tu perfil resulte atractivo a los usuarios, es hora de fijarnos en aquellos puntos que nos permitirán
trabajar la mejor estrategia elegida.

*Administrador de página. Columna izquierda donde se sitúan las pestañas. Desplegable bajo el nombre, con las
secciones. Esta interfaz es el punto de partida para trabajar los puntos esenciales para las estrategias.*

⊃ **Administra la página.** Revisa todos los puntos de ese apartado que se hallan en la columna izquierda, aquí es donde encontrarás, entre otras, la función de:

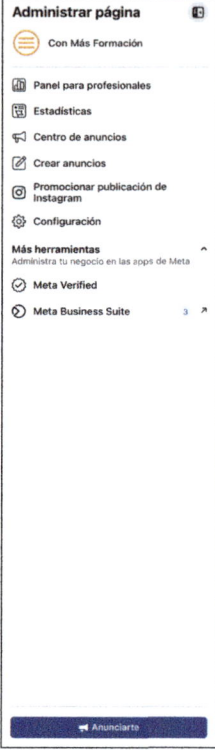

Pestaña Configuración de página de Facebook

◊ **Panel para profesionales:** donde se encuentran las estadísticas, el centro de anuncios o las distintas herramientas que podemos utilizar para gestionar nuestra página.

◊ **Roles de página:** dentro de la administración de la configuración de la página se encuentra la opción **Acceso a la página.** Este apartado es muy importante si trabajas la página con más de una persona. Para que estas tengan acceso a tu *fanpage* y les otorgues ciertos privilegios, has de asignar roles de página. Si creas una página, automáticamente te conviertes en su administrador y podrás cambiar el aspecto de esta y publicar en su nombre. Además, como administrador serás el único que puede asignar roles y cambiar los de otras personas.

◊ **Configuración de privacidad y de visibilidad.** Como hemos dicho anteriormente, todas las publicaciones que realizas en las páginas son públicas, sin embargo, y solo si eres administrador, puedes poner restricciones por país y edad; decidir si los usuarios pueden publicar en tu página, bloquear palabras que no te interesen y activar lo que *Facebook* llama el filtro de groserías.

↻ **Conectar con otras cuentas.** Desde "Configuración" puedes conectar con la cuenta de *Instagram* de la empresa y de *WhatsApp Business.* Si conectas la cuenta de *Instagram* desde *Facebook,* puedes crear contenido en esa red, y viceversa, además de hacer publicidad y ver estadísticas. La publicación de contenido de una red a otra no se hace de forma automática, sino que has de decirle tú a la plataforma dónde quieres que se publique el contenido.

Si sincronizas *Facebook* con *WhatsApp* Business, por ejemplo, podrás poner un botón de llamada a la acción (CTA) para que el usuario te envíe un *WhatsApp.*

⟳ **Administrar tienda.** Es otra de las pestañas laterales. Puedes subir tus productos y vender directamente en *Facebook* o *Instagram* o en otro sitio web (al usuario se le redirigirá al sitio que indiques), lo has de elegir en la configuración de esta. Deberás crear un catálogo, si no lo tienes, y seleccionarlo. Pero recuerda, solo se podrá usar un catálogo en la tienda y después no lo podrás modificar. Lo que sí podrás crear son colecciones que tengan entre 6 y 30 productos.

Cuando le des a publicar la tienda, *Facebook* se toma un tiempo para revisar y aprobar; no suele tardar más de 24 horas.

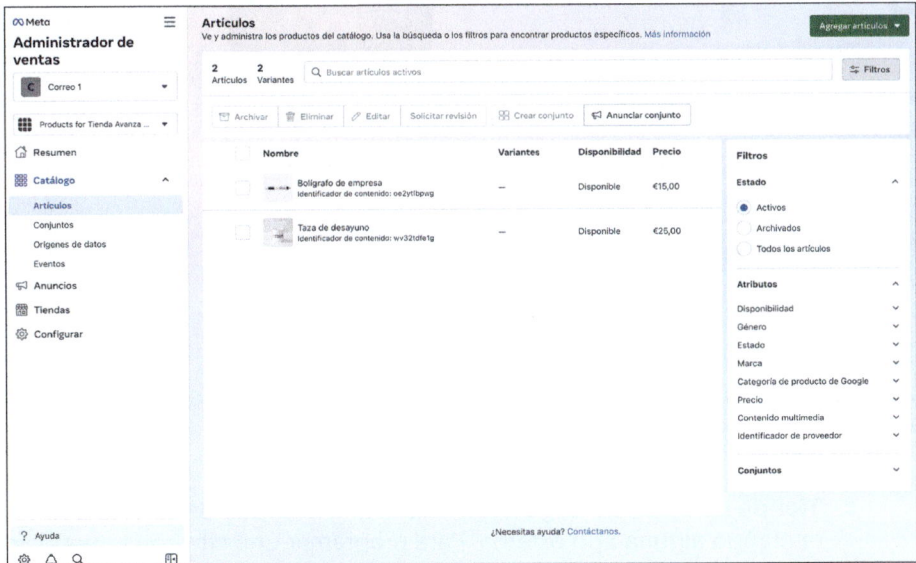

Interfaz del administrador de catálogos de Facebook

Un catálogo es el lugar donde subes los artículos que quieres anunciar y vender en *Facebook* e *Instagram*. Puedes crear catálogos para distintos tipos de inventario: productos, hoteles, destinos, viviendas y vehículos. Recomendación: incluir todo el inventario en un solo catálogo en lugar de crear varios y luego dividir estos por colecciones.

- **Mensajes.** Otra pestaña lateral. Desde aquí puedes preparar un plan de atención al cliente. Prepárate para recibir preguntas y pedidos, lo que te ayudará a mantener la atención y la transparencia que tus clientes esperan.

  - Chatea en tiempo real a través de *Messenger*, mensajes de *Instagram Direct* o un perfil de empresa de *WhatsApp*.
  - Configura mensajes de respuesta automática para preguntas frecuentes.
  - Crea fichas de los usuarios que han contactado con tu página, agregando información sobre ellos, etiquetas y notas.
  - Asigna las conversaciones a aquellos miembros de la empresa que deban dar respuesta.

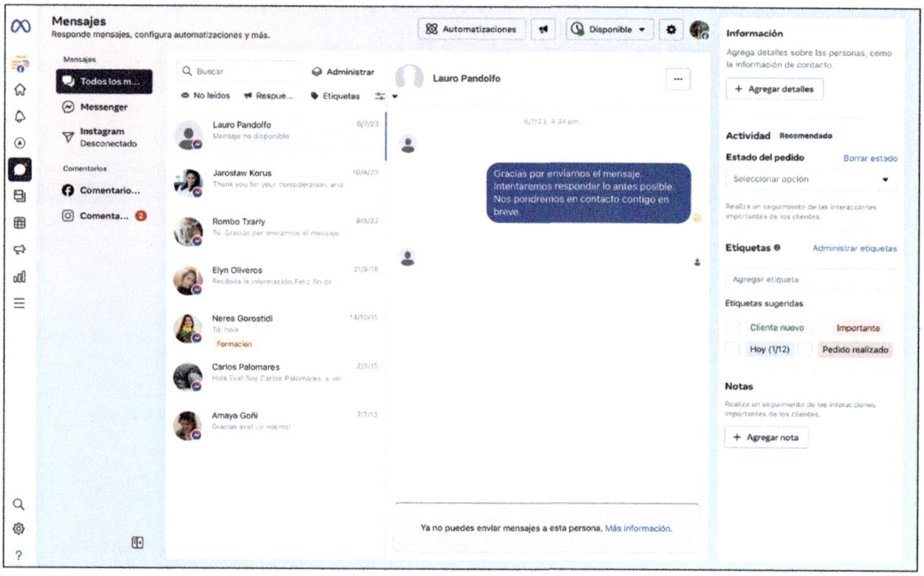

Bandeja mensajes de Facebook donde gestionar el plan de atención al cliente.

- **Tienda de apps de negocios.** Amplía la capacidad de tu empresa conectando alguna app externa. Para programar una cita con tu negocio están las apps como SalonIris.com o Shore.com; para hacer reservas hay otras como Eltenedor.es y para vender productos en *Facebook* e *Instagram* podrás integrarla, por ejemplo, con *WooCommerce* (programa complementario del gestor de contenidos *WordPress* que te permite crear una tienda *online*).

- **Estadísticas.** Desde esta pestaña puedes conocer todas las estadísticas que se mueven en torno a tu página y que ya ampliaremos.

- **Herramientas de publicación.** Otra de las pestañas de la columna de la izquierda. Nos da la posibilidad de usar una herramienta nativa de *Facebook* llamada *Meta Business Suite*. Desde que aquí podrás:

  - Programar, publicar y administrar publicaciones en *Facebook* e *Instagram*.
  - Consultar todos los mensajes, notificaciones y alertas de *Facebook* e *Instagram*.
  - Conocer las estadísticas de rendimiento de ambas plataformas.

 ## TAREA 2

Piensa en una empresa ficticia de tu sector profesional; sería bueno que cogieses como referencia a alguna real del mismo sector que has elegido.

Crea la página de *Facebook* de esa empresa ficticia. Prepárala para recibir a los usuarios: rellena la información, pon foto de perfil y de portada, trabaja las pestañas de tienda, servicios... y no te olvides de crear una llamada a la acción (CTA).

- -

 ## APLICACIÓN PRÁCTICA

El hotel Vista al Mar está actualizando su perfil en *Facebook*. Quiere poner un CTA *(Call to Action)* adecuado. ¿Qué CTA le aconsejas?

Solución

El hotel Vista al Mar deberá preguntarse qué quiere que hagan las personas que entren en su perfil.

Si desea generar tráfico hacia su web o hacia la central de reservas, el CTA deberá ser el enlace hacia allí. Si por el contrario desea, a través de las redes, dar un servicio de atención al cliente, podrá pensar en poner un CTA enlazado hacia un

Continúa en página siguiente >>

<< Viene de página anterior

WhatsApp o dirección de *e-mail* para poder ofrecer respuestas personalizadas a las consultas. Si, en cambio, quiere hacer promoción, por ejemplo, a un *pack* San Valentín (cena, habitación y desayuno), lo acertado de ese CTA es el enlace que le lleve a la página donde tiene explicada la oferta y se pueda reservar.

4.4. *Instagram*

☞ HILO CONDUCTOR

Carmen, de la empresa Aceite Soleado, S. L., ha terminado de ver *Instagram* en el curso y procede a preparar su perfil para luego generar contenido:

1. Crea una cuenta y la pasa a cuenta de empresa.
2. Elige el nombre (descriptivo), "El aceite de tu mesa", aunque su nombre de usuario es el mismo que en *Facebook*: @AceiteSoleado.
3. Pone en la foto de perfil su logo y en la foto de portada, por ahora, ha decidido poner la misma que ha puesto en *Facebook*: botellas de aceite ya etiquetadas.
4. Trabaja la BIO dividiendo el texto en párrafos ayudándose de iconos para facilitar la lectura. Además, utiliza un *hashtag* y el *link* a su sitio web.
5. Se reúne con Nicolás para ver qué estrategia seguir respecto al contenido en *reels*, historias destacadas y el *feed*.

Es la red social donde prima la imagen (foto o vídeo) y los *hashtags*. Es la red social de móvil por excelencia, por lo que deberás descargarte en este la aplicación de *Instagram* en la *App Store (iPhone)* o en *Play Store (Android)*. Puedes entrar también a través de la web de *Instagram*, pero dispones de menos funciones que en el móvil como, por ejemplo, publicar un post y ver las estadísticas.

Es una **red social de inspiración** basada en imágenes. Puedes seguir a cuentas sin necesidad de que te aprueben "ser amigos" como era el caso de *Facebook*. Si lo usas a nivel personal, es posible poner la cuenta en privado y ahí sí que tendrás que aprobar quién quieres que te siga y quién no.

La cuenta para empresa

Como sucedía en *Facebook*, debemos tener una cuenta de empresa para poder disfrutar de estadísticas y de la posibilidad de hacer publicidad, entre otras cosas. Sin embargo, en *Instagram* no necesitamos una cuenta personal para que se le sume una cuenta de empresa; aquí pasaremos la cuenta personal a cuenta de empresa.

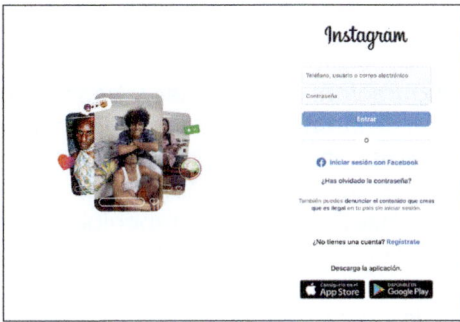

Pantalla de registro en Instagram

¿Por qué razones tu empresa debe estar en esta red social?

- Es la red que más crece y donde las marcas obtienen más *Engagement*.
- Es una red visual donde se puede estar más cerca de los fans con un lenguaje sencillo.
- Cuenta con gran presencia de los *influencers*, sobre todo de sectores como moda, belleza, viajes o gastronomía.

¿Por qué razones tu empresa no debe estar en *Instagram*?

- Tiene un público muy concreto de edad y sexo que no tiene por qué ser el que la empresa busca. El 40 % de sus miembros tienen entre 16 y 30 años.
- Escasa capacidad para viralizar. No existe la posibilidad de publicar en tu cuenta las publicaciones que te han parecido interesantes sin instalar una app en el móvil (sí en las historias — fotos o vídeos, que tienen 24 horas de vida—, como ya veremos).
- Solo hay dos lugares donde los enlaces a otra web funcionan: la biografía (espacio destinado a poner la descripción de tu empresa) y en las historias (hasta finales de 2021 solo se permitía a los que tenían más de 10.000 seguidores). Esto hace que no sea la mejor red para llevar tráfico hacia tu web.

Registrarse es fácil y gratis. Podrás hacerlo con tu correo electrónico o número de teléfono o puedes hacerlo desde tu cuenta de *Facebook*.

Una vez has creado tu cuenta personal, comienza a poner la cuenta lista para recibir visitas:

Pásala a cuenta de empresa

a. Ve a tu perfil y pulsa el siguiente icono en la esquina superior derecha.

b. Pulsa **Configuración** → **Controles y herramientas empresariales** → **Cambiar tipo de cuenta** → **Categoría Empresa.**
c. También puedes conectar tu cuenta empresarial con una página de *Facebook* que esté asociada a tu negocio. Este paso es opcional y con él podrás usar todas las funciones disponibles para los negocios con mayor facilidad. Solo es posible conectar tu cuenta empresarial con una única página de *Facebook*.
d. Añade detalles, como la **categoría** y la información de contacto de tu empresa.
e. Haz clic en **Listo**.

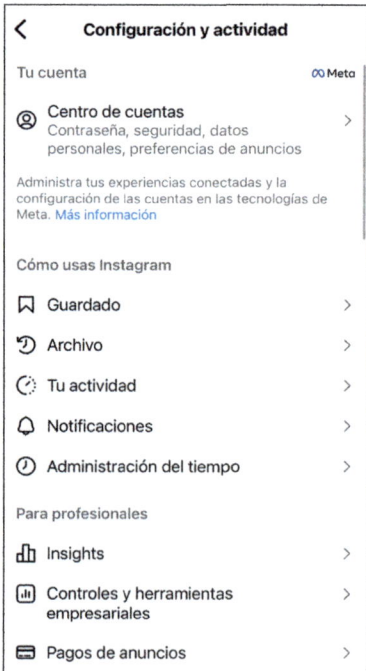

Opciones de configuración de Instagram

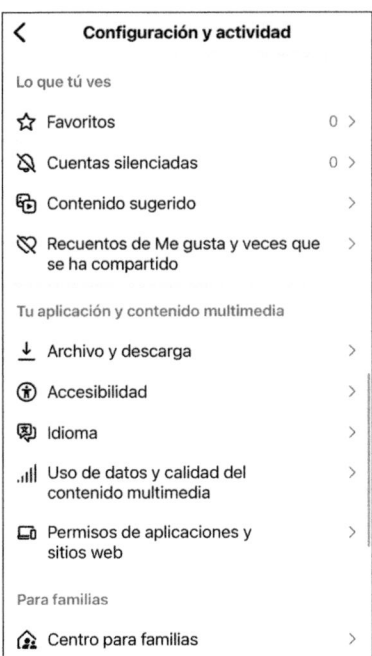

Trabaja tu perfil de empresa

En **Perfil** se muestran tu biografía y tus publicaciones de *Instagram*. También es donde puedes editar la información de tu perfil y modificar la configuración de la cuenta.

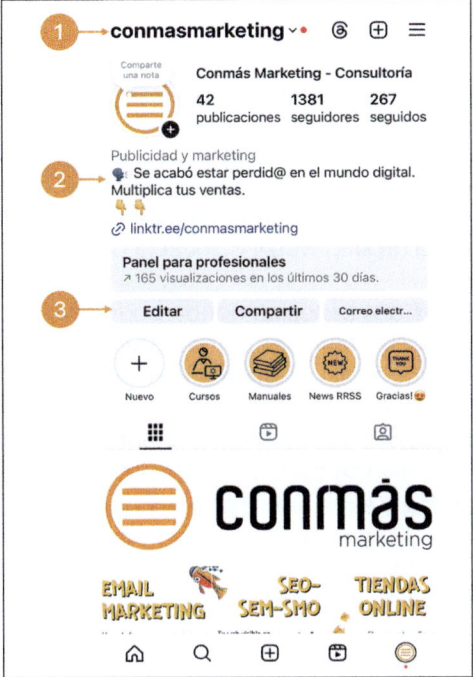

Nombre y nombre de usuario

El nombre de usuario es normalmente el nombre de tu empresa y que será *@nombreusuario.* Este nombre no puede repetirse, es como el DNI y solo tú puedes ser propietario del número que tienes.

Algo diferente es el nombre que, en la imagen superior, se sitúa debajo de la foto de perfil. Este nombre ya no tiene que ser único. Muchas marcas utilizan el mismo, pero están perdiendo la oportunidad de poder comunicar más, de poner un nombre descriptivo y completar la información de su marca. Ambos pueden cambiarse desde la pestaña **Editar perfil** de la que se hablará un poco más abajo.

👁 EJEMPLO

- La empresa Fernández y Hnos.
- Nombre de usuario: @FernandezHermanos
- Nombre (descriptivo): Fontanería Fernández y Hnos.

Biografía o BIO

Es un espacio donde puedes describir a tu empresa o a qué te dedicas. Pero, un consejo: hazlo de forma creativa y pensando en un texto atractivo para tu público. Para una fácil y rápida lectura divide el párrafo en varias líneas y agrega iconos, símbolos o emojis (pictogramas que expresan sentimientos e ideas). Puedes incluir hashtags y añadir un *link* (enlace externo hacia una dirección web) a un sitio web y colocar la URL (dirección web).

Al ser uno de los dos espacios donde poder colocar un enlace externo activo (el otro es en las historias como se ha comentado anteriormente) será bueno señalar dos puntos para tener en cuenta:

- Por estrategia nos puede interesar poner en cada *post* un enlace, pero al ser este no activo se suele escribir en el texto "Ver *link* en BIO" o alguna frase parecida, y es en la BIO donde colocas dicho enlace.
- Puede que nos interese poner varios enlaces. Podremos usar lo que llamamos una **página de aterrizaje,** un lugar donde llega el usuario tras pulsar un enlace o botón, donde se amplía información del botón pulsado. Tú mismo puedes hacer una página de aterrizaje o *landing page* desde tu página web si tienes acceso y sabes; en caso contrario, hay herramientas sencillas y gratuitas que te lo permiten como Linktr.ee.

Edita perfil

Desde esta pestaña podrás editar los puntos anteriores, además de la foto de perfil, la categoría, conectar tu página de *Facebook* e incluso colocar un botón de llamada a la acción.

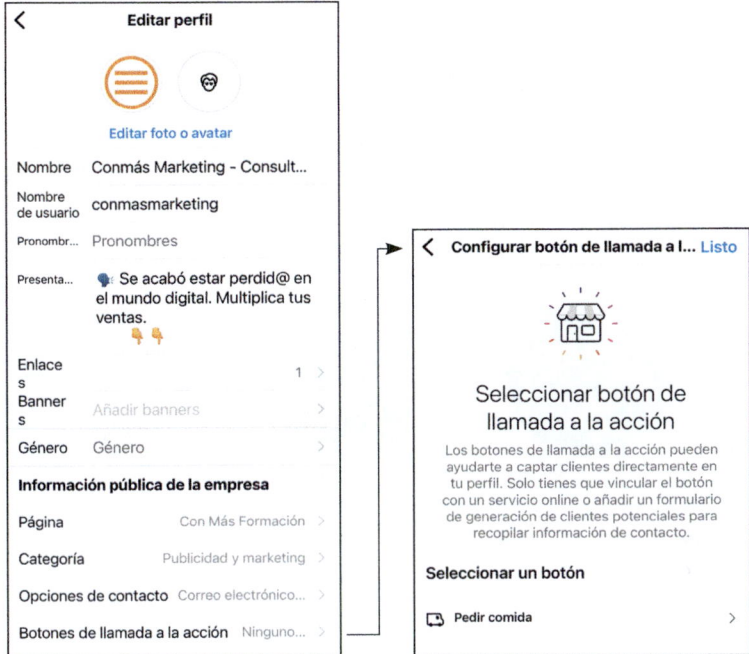

Pestaña de edición de perfil y detalle de la pestaña de botón de llamada a la acción

Diferentes tipos de contenido en Instagram

Una vez tienes la cuenta lista para comenzar a publicar y conversar con tu público, has de conocer las distintas formas de contenido que te ofrece esta red social: Publicación, Historia, Reel, En Directo. Estas opciones anteriores están disponibles en la aplicación móvil, mientras que en la versión de equipo de escritorio se pueden realizar publicaciones, vídeos en directo y publicación de anuncios.

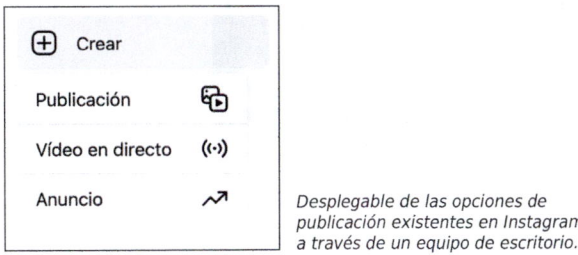

Desplegable de las opciones de publicación existentes en Instagram a través de un equipo de escritorio.

Publicación

Un *post* es el contenido que se sube, foto, diseños o vídeo para compartir con tus seguidores. Supone el eje central de los perfiles de *Instagram*. Subirlo es muy sencillo: selecciona una o varias fotos, edítalas si lo deseas con las posibilidades que te ofrece la aplicación, escribe un pie de foto y ya estaría lista para compartir.

Vamos a ampliar la información de estos tres simples pasos para exprimir al máximo las posibilidades que nos brinda y conseguir que más usuarios den "me gusta" al *post*:

1. **Seleccionar foto, diseño o vídeo:** en un *post*, como ya hemos dicho, puede aparecer más de una imagen. Es posible subir una fotografía o vídeo de tu galería o diseñar algo con cualquier programa de diseño gráfico.

Selección de fotografía de una galería de fotos del móvil

Si quieres diseñar y no conoces el manejo de los programas profesionales del diseño, prueba con la herramienta en línea www.canva.com. Es sencilla, rápida y tiene una versión gratuita que te servirá. Puedes acceder a ella a través del siguiente enlace.

https://redirectoronline.com/ifct380103

2. **Edita la imagen:** *Instagram* te ofrece una herramienta de edición, con filtros o edición manual del brillo, contraste, textura y saturación, entre otras posibilidades.

Edición de fotografía para un post: brillo, contraste, saturación…

3. **Escribe un pie de foto:** es el último paso antes de compartir. Un *post* está formado por imagen y texto, sin este último se puede publicar un *post*, pero, sin embargo, sin imagen no. En este pie de foto se puede escribir texto, *hashtags,* símbolos y mencionar a otras cuentas poniendo el

símbolo @ delante del nombre de perfil. Lo que no vas a poder poner es un *link* activo a ninguna página web. En el único sitio que podrás hacerlo es en la BIO, como ya comentamos cuando hablamos de la biografía.

Pantalla donde escribir el pie de foto, etiquetar, añadir ubicación y publicar en otras cuentas.

En este paso también vas a poder etiquetar a personas, añadir la ubicación donde se tomó la foto o la dirección de tu empresa y podrás compartir la publicación con otras redes.

Un *post* puede ser comentado por cualquier usuario, no hace falta que siga tu cuenta de empresa. Si no deseas que nadie pueda hacerlo, desde este paso, en "Configuración avanzada" lo puedes desactivar. Y otro punto importante es que desde esta configuración puedes crear para personas con problemas de visión un texto alternativo sobre lo que se ve en la foto. Si no lo escribes tú, se creará de forma automática. No desperdicies la oportunidad de hacer tus redes accesibles.

Sobre los **hashtags,** decir que son palabras clave escritas sin espacio y se comienza con el símbolo de la almohadilla (#). *Instagram* te deja poner hasta 30 y su colocación puede ser tanto al principio del texto como en el propio texto y al final. Una práctica habitual es escribir texto con algún *hashtag* y dejar otros para el final.

Ejemplo de un texto de Instagram donde se incluye texto, símbolos y hashtags en el texto y al final.

Una vez publicada la foto y el texto que has creado, se puede ver en lo que llamamos **feed.** Es el tablero inicial donde puedes visualizar de una forma rápida todas las publicaciones de tu cuenta de empresa. Junto con la biografía, es tu tarjeta de presentación para los usuarios que, sin conocerte, aterrizan en tu perfil. Aprovéchalo para ofrecer la imagen que desees.

Si navegas por esta red observando diferentes perfiles, podrás ver los diferentes tipos de *feed* que existen, desde el que no lleva ningún patrón hasta el más creativo y artístico. Repasemos los más comunes que te pueden dar ideas para ir construyendo el tuyo:

- ➲ **Feed** vertical. Sigue un patrón de *posts* en vertical como se muestra en la imagen. Es sencillo y siempre se ve ordenado.

Dos feeds de la cuenta de Instagram @canijoscuentistas, @raiolanetworks.es y @lacasitos_oficial

⮞ **Feed horizontal.** Sigue un patrón de *posts* en horizontal como se muestra en la imagen. Es muy sencillo de mantener en el tiempo, pero solo una de cada tres veces que subas un *post* estará ordenado.

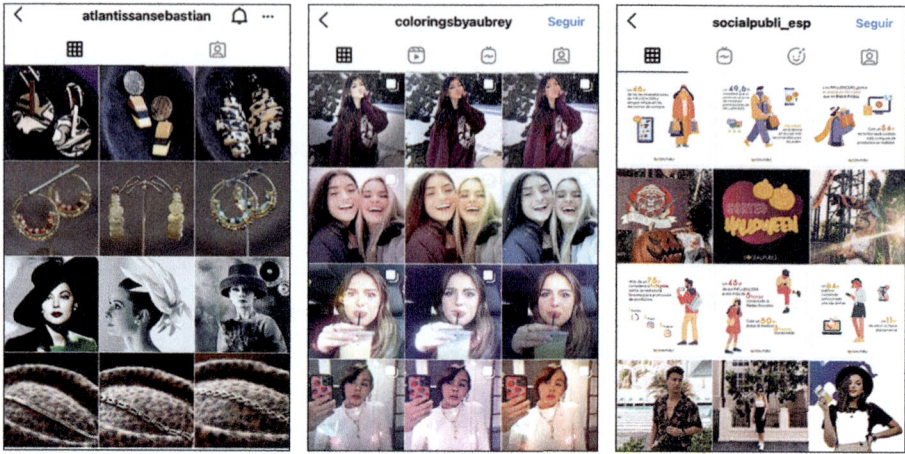

Feed de la cuenta de Instagram @atlantissansebastian, @coloringsbyaurbrey y @socialpubli_esp

⮞ **Ajedrez.** Se colocan los *posts* a modo de tablero de ajedrez y como sucedía en los anteriores, es fácil de mantener en el tiempo.

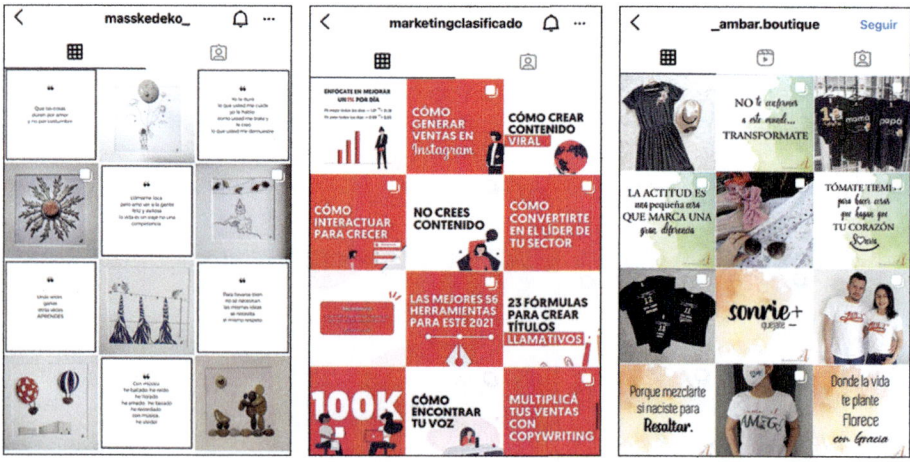

Feed de las cuentas de Instagram @masskedeko, marketingclasificado y @_ambar.boutique

⮞ **Por colores.** Es de los más creativos y, por tanto, de los que requieren más conocimiento de fotografía y tratamiento de imagen.

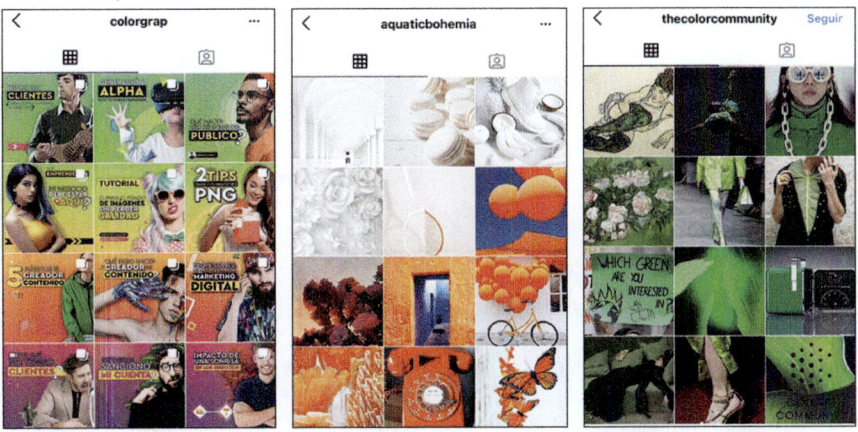

Feed de las cuentas de Instagram de @colorgrap, @aquaticbohemia y @thecolorcommunity

➲ **Rompecabezas o puzle.** Durante un periodo de tiempo se puso de moda. Los *post* se colocan a modo de puzle, cada uno tiene su significado de forma independiente, pero cuando se ven juntos en el feed nos descubren algo más elaborado.

Feed de las cuentas de Instagram de @simplywhytedesing, @colorgraphh y @ninjadeltiempo

➲ **Mosaicos.** Es común ver feeds donde en 6 o 9 *posts* componen una sola imagen. En este caso, hay que tener cuidado porque alguno de los *post* que la forman puede no tener sentido ni atractivo alguno por separado, aunque en conjunto quede muy vistoso.

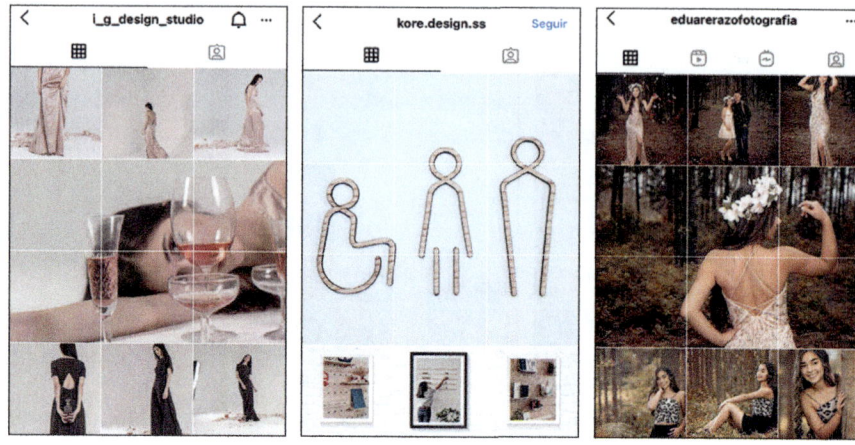

Feed de las cuentas de Instagram de @i_g_desing_studio @kore.desing.ss y @ edurerazofotografia

- **Sin patrón.** No todos siguen un patrón, pero lo ideal es que esté ordenado, no "dejado". Puedes crear armonía con los colores de tu marca o enmarcando las fotos. Hay un sinfín de posibilidades.

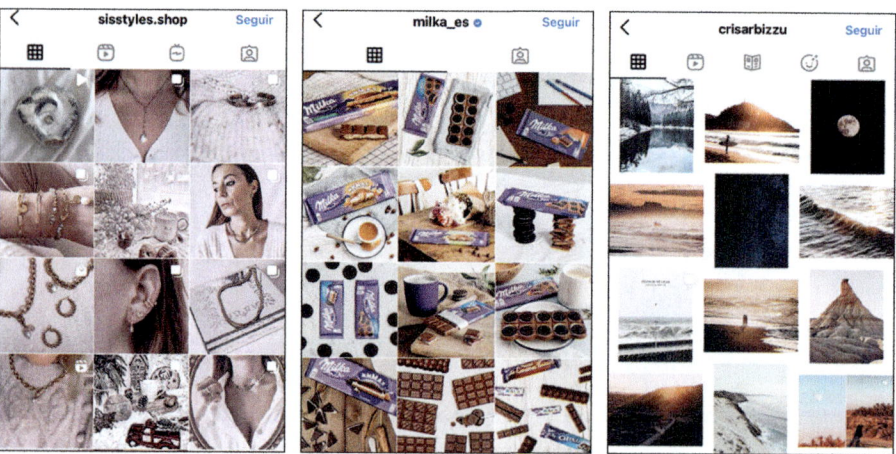

Feed de las cuentas de Instagram de @sisstyles.shop, @milka_es y @crisarbizzu

Dar a me gusta

Comentar

Enviárselo a un amigo de forma
privada o añadirlo a tu historia

Guardar el *post* para verlo
más tarde o porque interesa.
Luego puedes verlo en
Guardados del menú
"Configuración" de tu perfil.

 NOTA

Algunas app interesantes para descargar en el móvil son:

- *Preview: Planner for Instagram* podrás previsualizar cómo podrían quedar tus publicaciones en el *feed*.
- **VSCO:** editas una foto con esta app, guardas los ajustes y te servirá para las siguientes fotos. De esta forma, los tonos de todas las fotos de tu *feed* pueden ser el mismo.
- *PhotoSplit* **o** *Instagrid*: para hacer el *feed* en mosaicos o rompecabezas.
- *Repost:* no existe la posibilidad de publicar en tu *feed* los *post* que te han parecido interesantes. Esta app te permitirá hacerlo.

ACTIVIDAD COMPLEMENTARIA

5. Visita las siguientes cuentas de *Instagram* y describe su *feed*. ¿Qué les hace diferentes? ¿Por qué crees que tienen armonía?

Cuentas: @chocolatevalor, @milka_es, @gefusa, @zespti_es

APLICACIÓN PRÁCTICA

Juan tiene un bar y quiere poner el *feed* de su *Instagram* con fotos en forma de mosaico, con una sola foto hecha por él que ocupe varios *post*. ¿Qué recomendaciones le harías?

Solución

Debe asegurarse de que las fotos son de calidad y que merece la pena hacer mosaico con ellas. Debe intentar que todos los *post* de los que se compone la imagen tengan algo de sentido al verse de forma independiente y, por supuesto, escribir un texto diferente en cada uno. Otro consejo podría ser que alterne el formato mosaico con el formato clásico.

Historias e historias destacadas

Snapchat es una red social cuya fuerza radica en tener la posibilidad de publicar y enviar vídeos y fotos que duren 24 horas que después desaparecen. Empezó a subir como la espuma entre el público más joven. En 2016 Instagram creó las historias (o *Instagram Stories*) que, en esencia, consiste en lo mismo: compartir durante 24 horas fotos y vídeos de 15 segundos, y si no las pones en "Historias destacadas", desaparecen. Esta reacción a la competencia dio su fruto y *Snapchat* dejó de crecer.

Una de las ventajas de trabajar en la estrategia de comunicación con las "historias" es aumentar la frecuencia de publicación sin saturar a los seguidores. Durante 24 horas tu "historia" será visible en la parte superior de sus cuentas.

"Historias" de las cuentas a las que sigues.

Podríamos decir que las "historias destacadas" son como "carpetas" donde puedes ir colocando estas historias para que duren más de 24 horas. El acceso a ellas es público. Las historias destacadas son una muy buena oportunidad de presentar tu empresa. Si un usuario entra en tu perfil y no te conoce, puede saber de ti si tienes historias destacadas que hablen de qué haces, testimonios de clientes, tus productos o servicios... Dedica un tiempo a pensar cómo puedes sacar partido a esas historias destacadas.

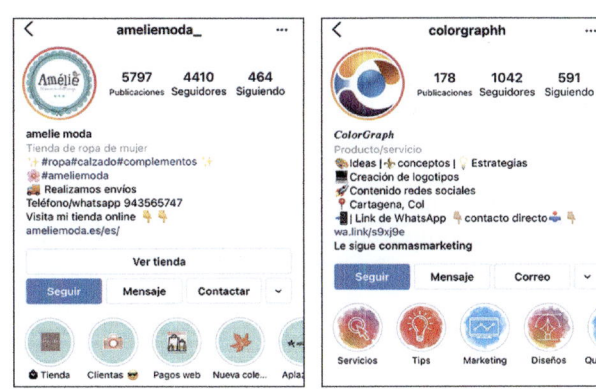

Ejemplo de diferentes formas de presentar la BIO y las historias destacadas dentro de un perfil.

Reels

Así como las historias de *Instagram* fueron una reacción al éxito que tuvo la red social Snapchat, los *reels* buscan ser la competencia de otra red social de éxito: *TikTok*.

El contenido de los *reels* lo compone uno o varios clips seguidos con una duración total de hasta 60 segundos. Puedes editarlo con música, filtros en vivo, aumentar o disminuir la velocidad de proyección y otras muchas herramientas creativas para realizar unos vídeos cortos, divertidos y atractivos.

Pantalla inicial de reels donde se presentan las posibilidades de edición que tiene.

¿Qué hacer con un reel de otra cuenta?

Con los *reels* o con cualquier contenido en las redes, interactúa. No pierdas la oportunidad de hacerlo por dos razones básicas:

- ⮞ A cualquiera le gusta que se interactúe con el contenido que sube.
- ⮞ Te estás haciendo visible y fomentando la creación de comunidad alrededor de tu marca.

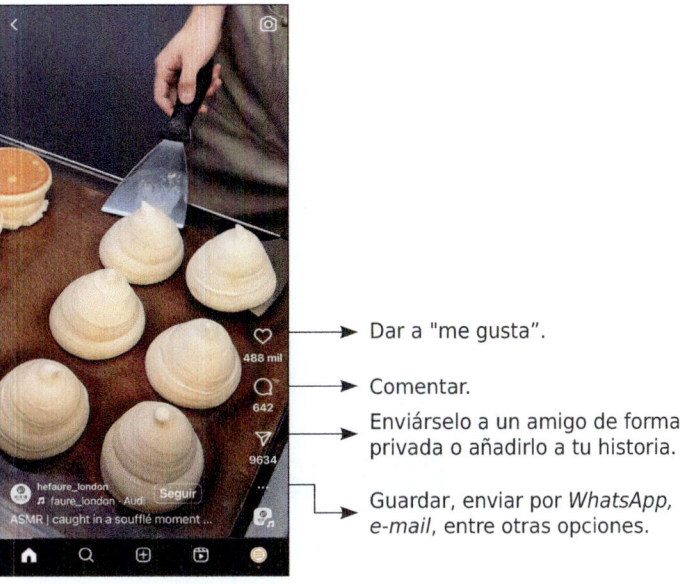

Dar a "me gusta".

Comentar.

Enviárselo a un amigo de forma privada o añadirlo a tu historia.

Guardar, enviar por *WhatsApp*, *e-mail*, entre otras opciones.

Todo el contenido creado y descrito se agrupa en las pestañas de contenido que permiten navegar al usuario por cada apartado.

Perfil de Instagram que muestra dónde se sitúa las pestañas de contenido.

Si te paras a pensar, puedes aprovechar toda esta estructura para sacarle el máximo potencial y transformar tu perfil de *Instagram* en un perfil que diga todo lo que tu cliente potencial quiere saber de ti. Como ves, *Instagram* no es solo poner *post*.

Pestañas de navegación

Para terminar de ver todo lo que en un perfil te puedes encontrar, falta por ver los botones situados en la parte inferior de una cuenta de empresa, que te guían a través de la navegación dentro de tu propio perfil.

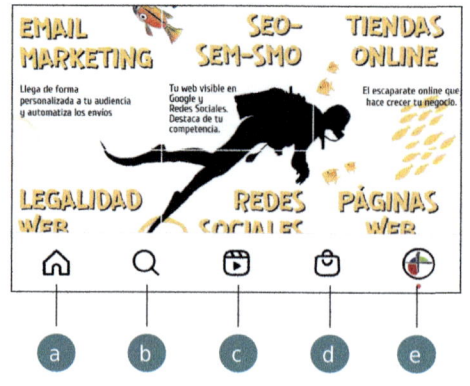

Pestañas situadas en la parte inferior de un perfil

a. **Inicio.** Desde aquí vas a ver las historias y publicaciones de las cuentas de empresa y perfiles personales que sigues e interactuar con ellas. Además, en la parte superior tienes tres pestañas más.

⊕	Desde donde puedes subir fotos para el *feed*, historias, *reels* y transmitir en directo.
♡	Desde donde puedes subir fotos para el *feed*, historias, *reels* y transmitir en directo.
▽	Los mensajes privados que escribes y te escriben otras cuentas.

Perfil y *post* de las cuentas que sigues desde donde puedes interactuar.

b. Q **La búsqueda.** Introduciendo la palabra clave puedes buscar cuentas, *hashtags* y lugares, además de sugerirte vídeos de IGTV y contenido por temática.

c. ▶ *Reels.* Te sugiere *reels* de cuentas que *Instagram* cree que pueden interesarte. Puedes darle a "me gusta", comentar o compartir en tus historias o enviar como mensaje privado.

d. 🛍 **Compras.** Desde aquí puedes explorar tiendas en Instagram, descubrir colecciones y guías.

e. ⊕ **Tu perfil.** Esta es la pestaña que te lleva a tu perfil para trabajar todo lo comentado sobre *Instagram* en este tema.

SABÍAS QUE...

Messenger es la función de chat de *Facebook*, y permite entablar conversaciones con otras personas. *Instagram* Direct es un chat similar al de *Facebook*, pero en tu cuenta comercial de *Instagram*.

TAREA 3

Volvemos a la empresa ficticia de la cual ya habías creado la página de empresa en *Facebook*. Ahora crea una cuenta de empresa en *Instagram* y prepárala para recibir a los usuarios: rellena la BIO (biografía), pon una foto de perfil y define cómo quieres que sean las historias destacadas de la cuenta.

- -

4.5. La tienda en *Instagram* y *Facebook*

Una misma tienda en distintas plataformas. Para crear una tienda en *Instagram* o *Facebook* deberás hacerlo desde la plataforma de Meta (Administrador de ventas). Sigue este enlace https://www.facebook.com/commerce_manager para empezar a crearla.

Lo que has de saber es:

⮕ Deberás crear un catálogo de productos y, dentro de este, crear colecciones de artículos que quieras vender.
⮕ Las colecciones están compuestas de nombre, descripción y foto de portada, y podrás añadir de entre 6 a 30 productos.

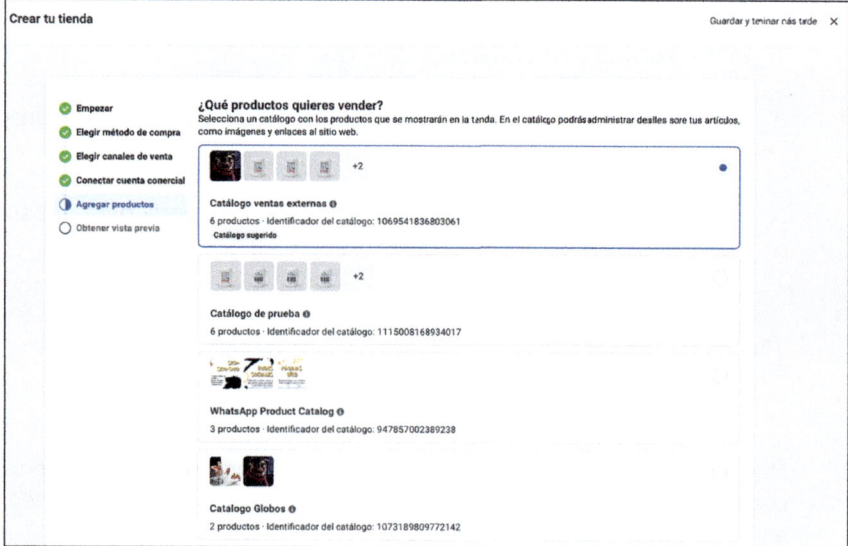

Pasos para configurar tu tienda en Facebook e Instagram.

- Puedes elegir dónde hace el cliente la conversión, dónde finaliza la compra: se le puede redirigir al sitio web donde tienes la tienda online o puede pagar en *Facebook* o Instagram por medio de Meta Pay (sólo funciona en *EE.UU.)*; también pueden hacer el pedido a través de un mensaje directo y privado con tu cuenta de *Instagram.*
- Una vez configurado, cuando subas una foto de tus productos en *Instagram* podrás etiquetarlos y el usuario podrá ver más detalles e incluso comprarlo según el método de conversión que hayas elegido.

4.6. *X*

☞ HILO CONDUCTOR

Carmen, de la empresa Aceite Soleado, S. L., sigue en el curso de redes y ve necesario abrir un perfil en *X* para conectar con su público. Quiere interactuar con sus seguidores y decide usar las encuestas de esta red. Va a publicar todos los lunes "La pregunta de la semana", una encuesta sobre curiosidades sobre el mundo del aceite que atraiga al lector y le provoque interactuar.

X es la red social de la brevedad y de la inmediatez. En 280 caracteres se transmite información de manera concisa. En definitiva, es la red que permite el tráfico de información de una forma rápida.

Twitter cambió su nombre a X para cambiar la percepción de la marca después de que la adquiriera X Corp

Repasemos los conceptos básicos que se han de saber:

- Puedes seguir a quien quieras y cualquiera te puede seguir.
- A los que tú sigues se les denomina **Siguiendo,** y a tus seguidores, **Seguidores.**
- Puedes poner **en privado** tu cuenta y no te podrán seguir sin tu consentimiento.

- El perfil de empresa es lo mismo que el personal, lo que cambia son los objetivos que quieres alcanzar y el contenido.
- Publicación (en inglés, *post*): es el *post* de 280 caracteres que compartes con tus seguidores.
- Repost: compartir un post de otro con tus seguidores. Puedes compartir también con tus seguidores publicaciones no propias.
- *Trending Topic* o tema de actualidad es un concepto sobre el que más se está hablando en la red social en un corto periodo de tiempo. En *X* se puede pagar para que un tema que a tu empresa le interesa aparezca en la tabla denominada "Tendencias para ti"; se hace a través de un *trending topic* patrocinado.

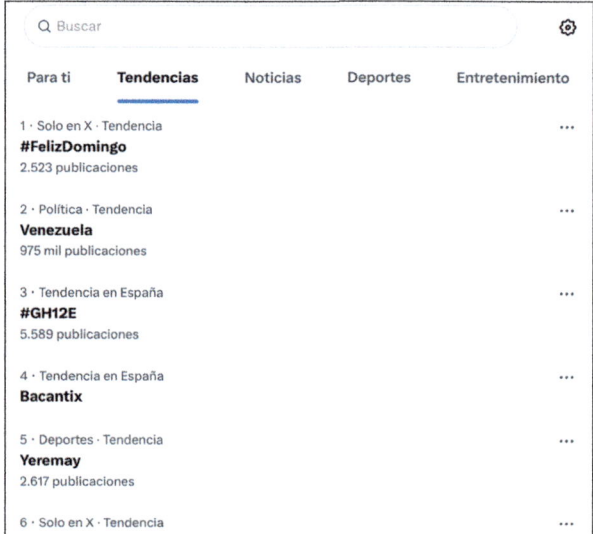

Ejemplo de cinco tendencias de España en X

- Mensajes directos, también mencionados con las abreviaturas MD o DM (*Direct Messages,* en inglés), son mensajes privados. Para poder mandar un mensaje directo a alguna cuenta, esta te debe seguir.

Registrarse es fácil y gratis

Una vez dentro de *X,* la interfaz es intuitiva y de fácil navegación. Vamos a repasar cada una de las pestañas.

Columna de navegación de X

———

Inicio

Desde esta pestaña puedes ver los posts de las cuentas que sigues, escribir un post y ver las tendencias.

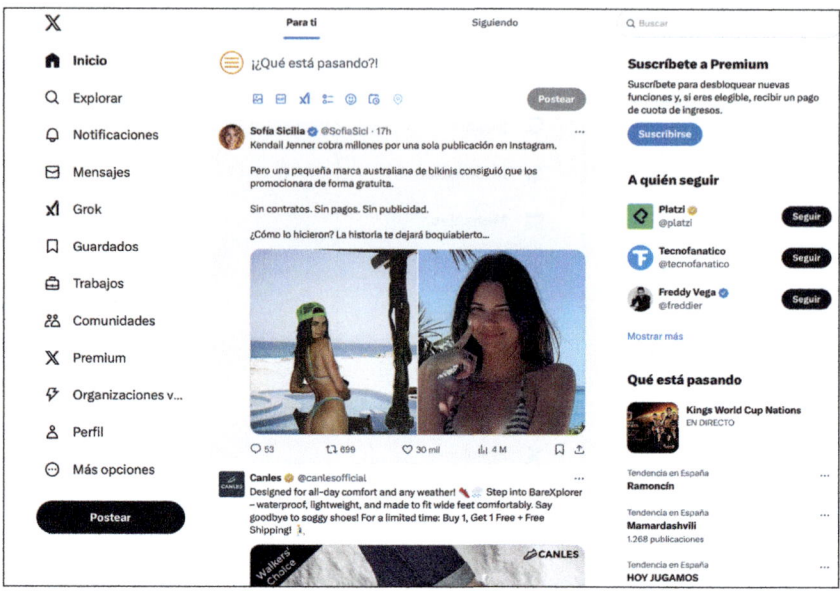

Interfaz de X, pantalla de inicio.

Crear un post

Hay varios caminos para empezar a escribir un tuit: desde la página de inicio o desde la pestaña de la izquierda **Postear.**

Caja para empezar a crear un post. Iconos inferiores: añadir foto o vídeo, añadir GIFT, encuesta, emoji, la posibilidad de programar sin olvidarnos de la posibilidad de generar imágenes mediante el uso de la inteligencia artificial o incorporar la ubicación en la que nos encontremos.

En la caja "¿Qué está pasando?", puedes escribir texto, *hashtags*, mencionar a otro perfil (poniendo una @ delante), añadir enlaces y símbolos; todo con un máximo de 280 caracteres, por lo que ser conciso es muy importante. Además, puedes añadir fotos o vídeos, GIFS, encuestas y emojis. Piensa en tu estrategia de contenido, cómo quieres conectar con tu público y usa estos elementos.

Como se ha comentado, solo dispones de 280 caracteres entre texto, *hashtags*, símbolos y enlaces. Hay una leyenda urbana acerca de los enlaces: si se usan acortadores también reducirán el uso de estos caracteres, pero esto nunca ha sido cierto; los enlaces ocupan 23 espacios los hayas o no acortado.

Para lo que sí sirven estos acortadores es para mostrar una mejor apariencia del post que tiene enlaces. Vamos a verlo con un ejemplo: observa la imagen donde hay dos enlaces que van a la misma web, uno está acortado y otro no. ¿Cuál te parece más limpio?

Comparación de dos enlaces en un mismo post que llevan a la misma página web, uno acortado y otro no. Observa que en el post se ha mencionado a Greenpeace España colocando una @ al comienzo de su nombre de usuario.

Existen varias herramientas para ello; una muy conocida es Bitly.com. Sin registrarte te da la opción de acortar el enlace (recuerda, para *X* siguen siendo 23 caracteres) y mejorar la apariencia de tu post. Pero si te registras, te proporciona dos ventajas más: estadísticas de cuánta gente ha pinchado en ese enlace y te da la opción de cambiar el nombre del *link* para personalizarlo.

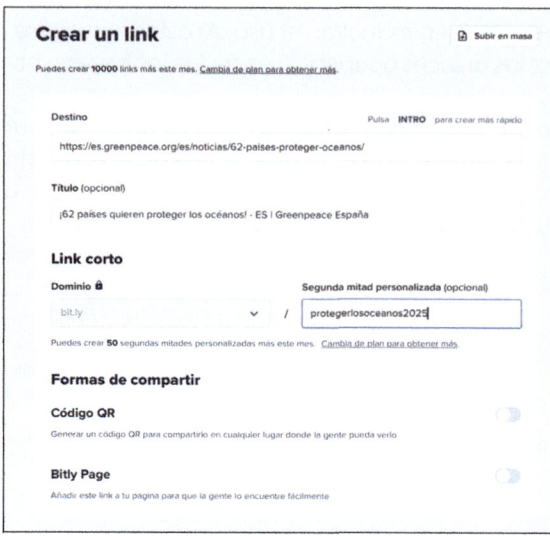

Ya hemos hablado de la importancia de escribir un post en la franja de tiempo que tus seguidores están conectados, de la inmediatez de los posts y de lo fácil que es que un post pase a segundo plano según va pasando el tiempo. *X* nos ofrece la posibilidad de programar los posts y publicarlos a la hora que más nos convenga. Es muy sencillo.

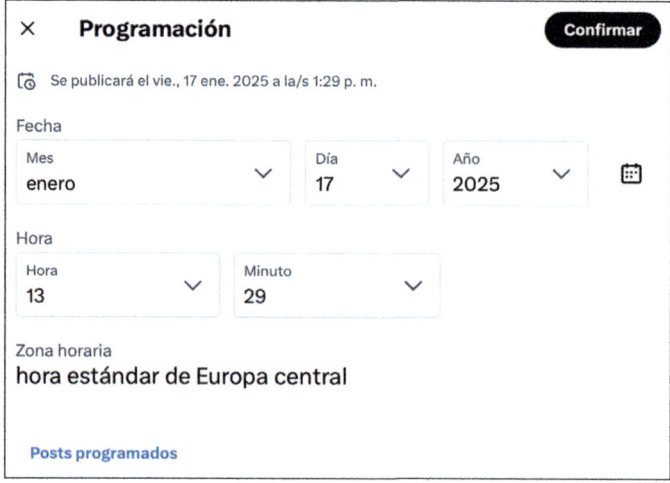

Interfaz de la aplicación de programar

RECUERDA

Un post, una vez publicado, no se puede editar a diferencia de lo que sucede con los de *Facebook* o *Instagram*. Si te has equivocado, la única opción que tienes en esta red social es borrar la publicación.

- -

Un post tiene un máximo de 280 caracteres, pero a veces necesitamos expresar algo más extenso y para ello se nos ofrecen los hilos, que nos permiten conectar varios tuits entre sí.

Ejemplo de un hilo en X de la cuenta @olga_grande

Qué hacer con un post

Podemos comentar, repostear para que nuestros seguidores vean el post, dar a "me gusta", enviar el post por mensaje directo, guardarlo o compartirlo por otras vías como *WhatsApp*.

Ejemplo de un post en el que se ven los iconos de comentar, repostear, dar a "me gusta" y compartir.

Aunque en *X* se te muestran los *post* por orden cronológico también tiene un algoritmo que hace que salgan en la pestaña de inicio aquellos *posts* de usuarios con los que más relación tenemos en la red (les sigamos o no), con aquellos a los que más hemos dado "me gusta", compartido..., en definitiva, con los que más hemos interactuado o somos más afines.

 **EJEMPLO**

X ya sabe que te gusta la política y que eres de Sevilla, registra los *post* que sueles ver y de qué tendencia política son. Por ello, seguirá ofreciéndote contenido de seguidores que son afines a tu perfil.

Los *posts* destacados son los más relevantes según nuestras búsquedas. *X* determina la relevancia de un *post* en función de su popularidad (por ejemplo, si mucha gente está interactuando con el o compartiéndolo a través de reposts y respuestas), las palabras clave que contiene y otros factores que la plataforma no desvela.

Perfil

Desde esta pestaña podrás editar tu perfil. Antes de hacerlo, observa cómo es un perfil:

Foto portada y foto perfil ——

Nombre descriptivo y nombre de usuario ⌐

Biografía ——

Siguiendo y seguidores ⌐

Posts ⌐

Post fijado ——

Ejemplo de un perfil visto por el propietario de la cuenta, no del usuario.

Ejemplo de perfil visto por un seguidor de la cuenta.

➲ **Foto portada y foto de perfil:** aprovecha este espacio para seguir comunicando.

➲ **Nombre descriptivo y nombre de usuario:** lo mismo que ya hablamos en _Instagram_. Tu nombre de usuario es único, empieza por @ y es el que deberás poner en tarjetas de visita, _e-mails_ o cualquier soporte de comunicación de tu empresa.

➲ **Biografía:** describe por qué deberían seguirte, qué van a encontrar en esta cuenta. Haz que sea atractiva, no describas solo tu empresa y ofrece aquello que a tu público le gustaría leer.

➲ **Siguiendo y seguidores:** listado de personas con las que te relacionas, bien porque les sigues o porque te siguen.

➲ **_Posts:_** pestañas donde puedes y pueden ver todos los _posts_ que has ido escribiendo ordenados cronológicamente. En ellas los _posts_ también están agrupados en categorías: los _posts_ con respuestas, aquellos con imágenes o vídeos y aquellos a los que tú has dado "me gusta".

 **RECUERDA**

A la hora de escoger el nombre de usuario consulta que está libre en todas las redes sociales en las que tu empresa va a estar presente. Ayúdate de herramientas como namecheckr o Instant User Name.

Puedes acceder a ellas a través de los siguientes enlaces:

https://redirectoronline.com/ifct380104

https://redirectoronline.com/ifct380105

Todo lo visto en este apartado se edita desde la pestaña **Editar perfil,** excepto el nombre de usuario, para lo que deberás ir a **Configuración.**

Explorar

Aquí podrás ver una selección de posts por ubicación (configuración que puedes cambiar) y por secciones: Para ti, Tendencias, Noticias, Deportes y Entretenimiento.

Fíjate cómo cambia la búsqueda dependiendo de la configuración que hagas:

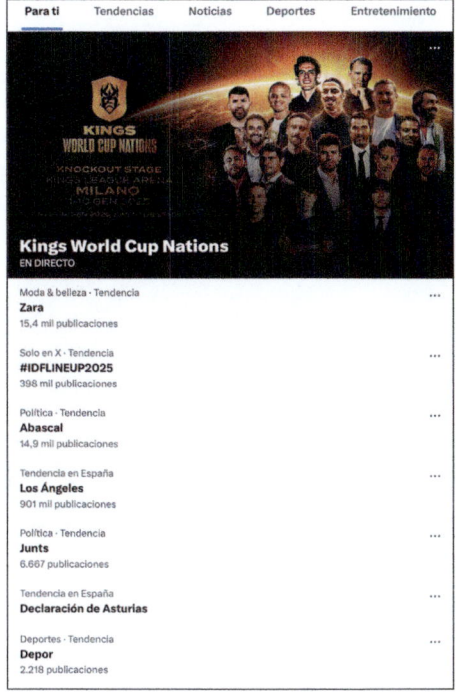
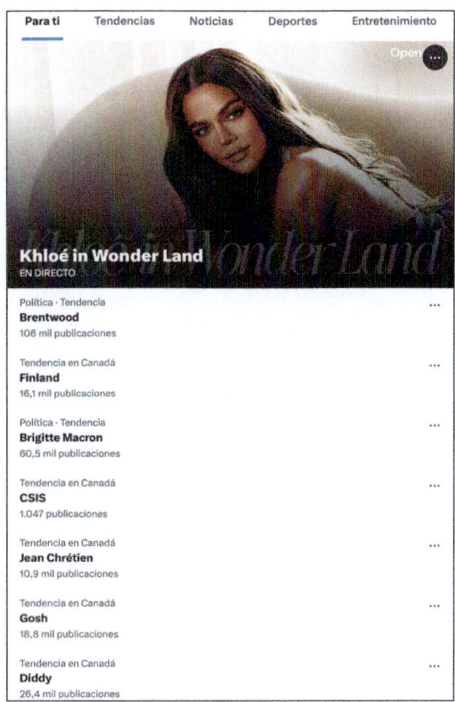

Ejemplo de búsqueda en el mismo periodo de tiempo para España y, cambiando la configuración, para Canadá.

Notificaciones

Desde aquí puedes ver la notificación de tus nuevos seguidores y de post recientes que han publicado estos seguidores, entre otras notificaciones. Además, si alguien te menciona, también se te informará en esta pestaña. Puedes editar los filtros para decidir qué deseas ver y qué no. Solo tienes que ir a la rueda superior derecha y editar tus preferencias.

Icono para editar preferencias

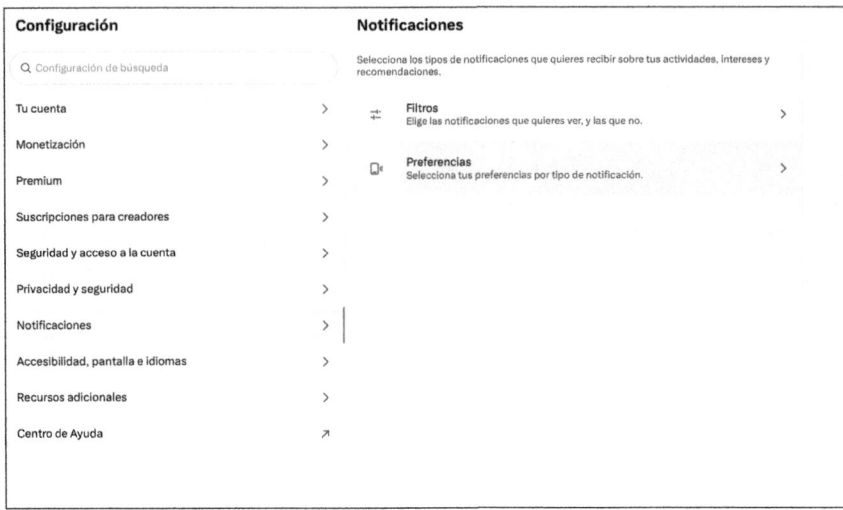

Pantalla de notificaciones y de los filtros y preferencias que puedes editar una vez seleccionas la rueda superior derecha.

Mensajes

Son los mensajes privados que recibes o que envías. Funcionan a modo de chat. En "Configuración de mensajes" puedes permitir que las personas que no te siguen te envíen solicitudes de mensaje; para responderles debes aceptar la solicitud. También podrás ocultar las solicitudes de mensajes que se identifiquen como posible *spam* o de baja calidad (irán a una bandeja de entrada separada) y permitir que las personas con las que estás intercambiando mensajes sepan si ya viste o no sus mensajes.

Guardados

Lugar donde podrás acudir para consultar los posts que hayas guardado. Desde la pestaña inferior del post que quieres guardar, podrás hacerlo de forma rápida.

Opción que te permite guardar un tuit para su posterior lectura.

_____

Listas

X es una red social en la que, como hemos dicho, prima la inmediatez. Si escribieses un post ahora y un seguidor se metiera en su cuenta de X pasadas tres horas, es probable que ya no le aparezca. Es fácil perder posts que pueden interesarte. En este sentido, las listas pueden ser una gran ayuda.

Con las listas organizas por categorías las cuentas que te interesa seguir. Por ejemplo, quieres estar enterado o enterada de las noticias que los medios de comunicación suben a X; si los añades a una lista, solo tendrás que dirigirte a ella para consultar los posts que van generando. Las listas pueden ser públicas (visibles para todo el mundo) o privadas (solo las puedes ver tú). Cuando añades cuentas a las listas públicas, estos perfiles serán avisados (en sus notificaciones) de que han sido añadidos a la lista con nombre "tal". En cambio, si los añades a una lista privada, no tendrán notificación alguna.

Es muy fácil crear una lista: dirígete al símbolo derecho superior y rellena la siguiente pantalla que aparece. Podrás subir una foto, poner nombre a la lista, hacer una descripción y definir si quieres que sea privada o pública. Una vez hecho esto, la lista ya estaría preparada para introducir los perfiles de X que te interesan.

 *Símbolo
derecho superior*

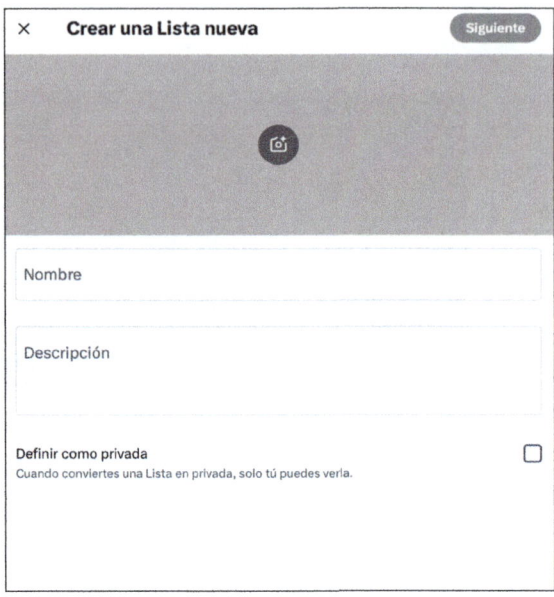

Pantalla inicial para crear una lista nueva en X

Para agregar cuentas a tu lista deberás ir al perfil que deseas añadir, abrir el desplegable de los tres puntos y agregar lista. Para leer las publicaciones de tu lista solo tendrás que volver a tu pestaña de listas.

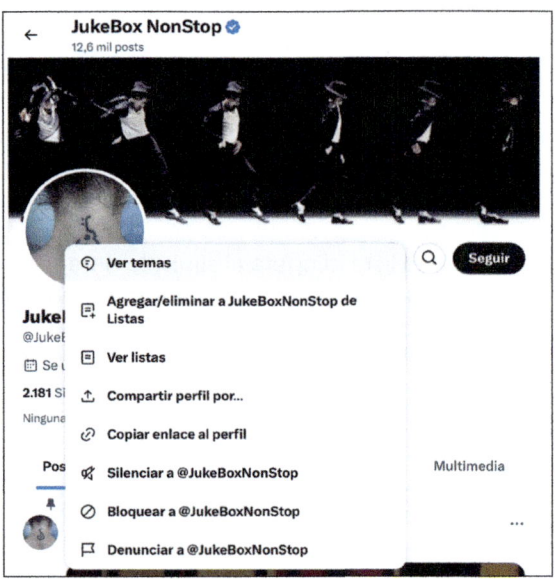

Pestaña de un perfil de X para agregarlo a una lista creada por ti o para crearla en ese momento.

◁◎▷ EJEMPLO

Si la empresa Aceite Soleado, S. L., quisiera hacer seguimiento de su competencia en *X*, podría crear una lista con nombre "Competencia" y añadir los perfiles que desea ver. Para que a las otras cuentas no les salga aviso de haber creado esa lista, Aceite Soleado, S. L., deberá hacerla privada.

Más opciones

En esta pestaña se abre un desplegable donde seguir trabajando tu cuenta en *X:* posibilidad de hacer publicidad *(Anuncios),* monetizar el perfil (para lo que se debe pagar una suscripción), crear un espacio para hablar con tus seguidores y configuración y privacidad.

*Desplegable de la pestaña **Más opciones***

Es muy interesante que pinches en Configuración y privacidad y navegues por cada una de las pestañas que te ofrece para saber y poner la cuenta a tu gusto.

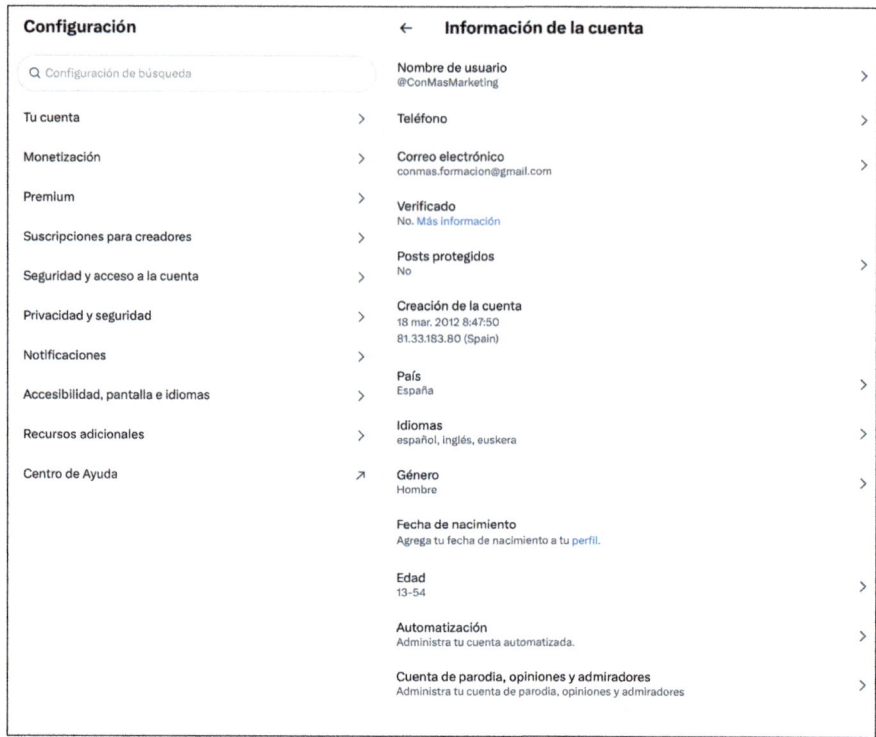

*Desplegable de la pestaña **Configuración**; "Tu cuenta" desde donde puedes realizar cambios de la misma*

Las **comunidades** son grupos de conversación moderados, donde las personas con los mismos intereses pueden conectarse y compartir conocimientos o inquietudes en *X*.

Tras unirte a una comunidad, todos los posts se compartirán con los miembros de la comunidad y con tus seguidores.

Trabajos es un espacio para personas y empresas en los que pueden encontrarse ofertas de trabajo filtrándolas por ubicación (solo disponible actualmente en X.com. Actualmente ya no es posible crear un Momento desde la aplicación de *X* para iOS o Android.

 **EJEMPLO**

La empresa Aceite Soleado, S. L., dio una conferencia el pasado martes sobre el grado de acidez en el aceite de oliva. En todas las comunicaciones, tanto en

Continúa en página siguiente >>

<< Viene de página anterior

redes como en la prensa especializada, añadían el *hashtag* #Aceiteyacidez. Los asistentes postearon sobre el evento utilizando el *hashtag* y los que no pudieron asistir siguieron qué se decía del evento a través dicho *hashtag*.

La empresa Aceite Soleado, S. L., se dio cuenta de que sus posts y los de otros perfiles aportaban tanto al tema que decidió agrupar los más interesantes en lo que *X* llama **Momentos,** y así ofrecer en una sola carpeta la selección de *posts* y difundirla.

NOTA

Boletín informativo, o ***newsletter,*** es el mensaje que recibes en tu correo electrónico cuyo remitente es algún blog al que te has suscrito. También puedes recibirlo porque hayas dado tus datos a alguna empresa (suele ser frecuente dar el *e-mail* a tiendas de ropa o supermercados para obtener descuentos).

TAREA 4

Volvemos a la empresa ficticia de la cual ya has creado la página de empresa en *Facebook* y otra en *Instagram*. Ahora crea una cuenta de empresa en *X* y prepárala para recibir a los usuarios: rellena la biografía y pon foto de perfil y de portada.

Además, haz una lista con cinco medios de comunicación de tu interés.

4.7. *Google Business Profile*

☞ HILO CONDUCTOR

Aceite Soleado, S. L., dispone de fábrica en Sevilla y vende normalmente a tiendas y supermercados.

Continúa en página siguiente >>

<< Viene de página anterior

Pero hace dos años, y pensando sobre todo en el turismo extranjero, que aprecia mucho el aceite de calidad, abrió una tienda en Mijas (Málaga). Carmen ha decidido crear una ficha en *Google Business Profile* e incentivar a las personas que compren a que hagan buenas reseñas.

Google Business Profile, o Perfil de Empresa en Google, es la herramienta gratuita de referencia para ayudar a posicionar los negocios locales en los resultados de búsqueda.

Para crear la cuenta solo se necesita una cuenta de *Gmail* y una página web de tu negocio. Si no dispones de una, *Google* te ofrece la posibilidad de crearla.

Google Business Profile es la ficha que aparece de los resultados de búsqueda de *Google* con la información de un negocio.

Esa información comprende nombre y tipo de negocio, horarios de apertura y cierre, fotografías del negocio y un pequeño mapa que ubica dónde se encuentra físicamente.

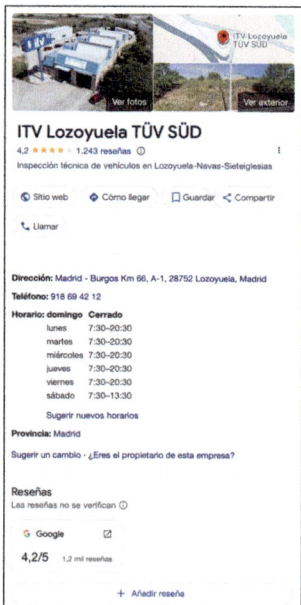

Al buscar en Google "ITV Lozoyuela", aparece en la columna de la derecha la ficha de la imagen.

Gracias a la fusión de varios servicios de *Google* bajo *Business Profile* se pueden gestionar desde un mismo lugar. Esto ayuda al pequeño comercio, dándole la oportunidad de posicionarse por encima de las grandes marcas.

Así, con la geolocalización, cuando un usuario realiza la búsqueda, localizará negocios que están más cerca de su ubicación y que tienen una buena reputación.

 **DEFINICIÓN**

Geolocalización

Es la localización geográfica de una empresa, un lugar, un objeto o una persona, en un momento determinado.

Ventajas de usar *Google Business Profile*

Esta herramienta gratuita creada para que las empresas y negocios puedan gestionar su presencia en internet cuenta con las siguientes ventajas.

Mayor visibilidad en la búsqueda de Google

Más del 98 % de las búsquedas se realizan a través de *Google,* por lo que es una buena herramienta para gestionar la forma en la que se desea que aparezca el negocio en el buscador.

Geolocalización

Permite que el negocio aparezca en *Google Maps* y quede geolocalizado. Uno de los factores de posicionamiento en los resultados de búsqueda es la ubicación, por lo que si se consigue relevancia y presencia en los resultados de búsqueda, se destacará por encima de los competidores del entorno.

Conecta con el público y valora sus opiniones

Otra pieza importante que tener en cuenta en el posicionamiento de un negocio son las valoraciones de los clientes. Se debe cuidar la relación con estos, pidiéndoles que dejen reseñas positivas y que ayuden a otros posibles clientes indecisos.

Google premia la naturalidad, así que no pienses en comprar reseñas o utilizar programas que lo hacen, pues *Google* está atento a esta mala práctica y puedes perder todo lo conseguido hasta el momento.

Además, *Google* no solo se fija en las reseñas de su propia aplicación, también tiene en cuenta las que tiene tu negocio en otros portales o webs. Por lo tanto, deberás esforzarte para conseguir una buena puntuación en internet y que *Google* te premie.

Si prestas un servicio de calidad o una atención al cliente excelente, las valoraciones en la ficha de *Google Business Profile* llegarán solas. Si te encuentras con alguna calificación negativa, contacta con el usuario y ofrécele la posibilidad de solucionar el fallo para que posteriormente reconsidere la valoración y la modifique de forma favorable.

Reseñas de ITV Lozoyuela en Google Business Profile

Información para el cliente

Cumplimentar correctamente la ficha que te ofrece *Google* y añadir la mayor cantidad de información posible te permitirá conseguir que los clientes cuenten con toda la información necesaria en un solo pantallazo.

Los datos de la ficha tienen que coincidir con los de tu ubicación y ser similares a los que aparecen en otras páginas que te nombran, aunque no pertenezcan a los servicios de *Google*. El nombre de la empresa es uno de los componentes que se incluyen en el denominado NAP *(Name, Address, Phone)*.

Tu nombre de empresa debe ser siempre el mismo, además de coincidir con el que se ha utilizado para darse de alta en *Google Business Profile*.

Detalle de la ficha de ITV Lozoyuela y sus datos NAP (Name, Adress y Phone).

Estadísticas de cómo las personas interactúan con el negocio

Mediante las estadísticas, puedes conocer varios datos para posteriormente analizar, entre otros indicadores:

➲ **Cómo te han encontrado:** si han buscado otra marca y les apareció tu empresa o si escribieron directamente en *Google* tu empresa, por ejemplo.

- ⊃ **Cómo interaccionan las personas con los diferentes elementos incluidos en la ficha:** cuántos han visitado tu web, cuántos han solicitado indicaciones para llegar, cuántos han dado al botón de la llamada y cuántos al de enviar un mensaje.
- ⊃ El **número de veces que se han visto las fotos de tu empresa,** en comparación con las de empresas similares.

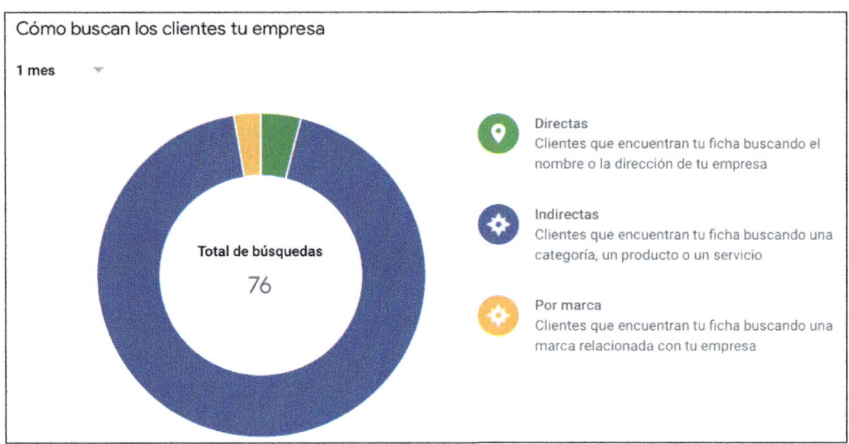

Ejemplo las estadísticas sobre cómo han llegado tus clientes a la ficha de la empresa.

Potencia la imagen de tu negocio

Como hemos comentado antes, *Google* tiene en cuenta no solo las valoraciones en su aplicación sino en todas aquellas en donde la empresa aparece. Así pues, empieza a potenciar la imagen del negocio: consiguiendo que medios locales, portales especializados, o personas con un gran número de seguidores hablen de tu empresa y si además tienes una repercusión amplia en redes sociales, te ayudará a mejorar esa imagen que *Google* tiene de tu empresa. Cuantos más *likes*, RT, FAV y seguidores tenga tu marca mucho mejor. Esta repercusión *Google* la traduce en un aumento en la posición que se obtiene en los resultados de búsqueda.

Cómo es *Google Business Profile* desde dentro

Para acceder a tu cuenta de *Google Business Profile* es sencillo, ve a https://www.google.com/business/ y comienza a gestionar la cuenta.

https://redirectoronline.com/ifct380106

Interfaz de la aplicación

Completa todos los campos de la ficha, agregando una descripción amplia de lo que haces, fotografías, categorías, horarios, teléfonos, etc., teniendo en cuenta la premisa que lo que indiques en la ficha lo tienes que cumplir, por lo que debes revisar los festivos o modificar los horarios en los que no estarás disponible.

Crea publicaciones y ofertas en la propia ficha para atraer a visitantes y clientes cuando busquen empresas similares a la tuya y puedan decidirse por ella por las ofertas que se les muestran.

Desde aquí también podrás crear una página web básica cuyo dominio será https://[nombre empresa].negocio.site y añadir a usuarios para que también puedan administrar la herramienta *Business Profile*.

4.8. *LinkedIn*

☞ HILO CONDUCTOR

Carmen, de Aceite Soleado, S. L., ha completado todo su perfil para poner en valor su experiencia y amor por el *marketing* y su gran conocimiento sobre el mundo del aceite. Desde este perfil, comparte información interesante sobre ambos mundos (el *marketing* y el aceite) y conversa con personas de su sector: productores, distribuidores y posibles compradores.

Además, ha creado una página de empresa donde inserta publicaciones sobre sus productos o noticias interesantes de la empresa.

- -

LinkedIn es la red social profesional por excelencia. Va más allá de subir un currículum y buscar trabajo. Es una red de relaciones comerciales y profesionales de empresas y particulares que buscan crear y desarrollar oportunidades de negocio, compartir información y buscar clientes potenciales.

LinkedIn funciona muy semejante a otras redes sociales: te abres un perfil personal llamado perfil profesional, contactas con personas que te interesan y ellos te tendrán que aceptar si quieren que formes parte de los contactos de su red. Además, puedes publicar contenido y compartirlo con tus contactos. Existe la posibilidad de crear una página de tu empresa que será gestionada desde tu perfil.

Las **grandes diferencias con el resto de redes sociales** son:

> Todo lo que escribas y leas gira en torno al mundo laboral.

> Existen grupos de los que te puede interesar formar parte, los miembros de estos se consideran parte de tu red y puedes contactarlos (aunque no tengáis contactos en común).

Continúa en página siguiente >>

<< Viene de página anterior

Tus contactos directos son de primer grado; los contactos de tus contactos son de segundo grado y puedes mandarles invitación a conectar. Los de tercer grado son los contactos de tus contactos de segundo grado, y en ocasiones también se te permite mandar invitación. El resto de personas *LinkedIn* los considera fuera de la red.

Tiene una versión gratuita y otra de pago, *Premium*.

Cuenta con un buscador muy potente de empleos, empresas, personas y grupos aunque si se usa la versión gratuita, los resultados que te muestra son aquellos que están unidos a tu red en primer o segundo grado.

Puedes editar tu perfil público y restringir lo que no quieres que muestren los motores de búsqueda y otros servicios fuera de *LinkedIn*.

Puedes crear una página de empresa cuyo contenido que publiques no solo aparecerá en *LinkedIn*, sino también en los buscadores como sucede con el perfil personal. Además, dispone de estadísticas sobre quienes son tus contactos.

Tu perfil personal, realmente, es un perfil laboral, por tanto, cuídalo.

El perfil profesional

Como hemos comentado, el perfil personal es realmente un perfil profesional que has de mimar para conseguir dar la imagen laboral que deseas dar. No solo consiste en volcar tu currículo, sino en moldear tus estudios, experiencias y acciones para proporcionar esa imagen sobre tu vida profesional que quieres mostrar. La configuración del perfil se estructura en tres apartados: **Esencial, Recomendado** y **Adicional.**

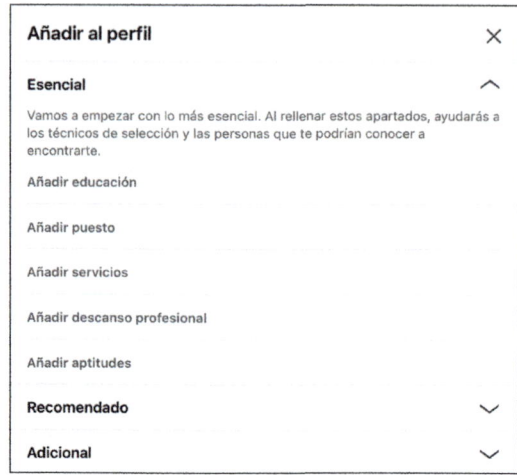

Desplegable del apartado "Añadir al perfil"

Dentro del apartado **Esencial,** se encuentra la información correspondiente al ámbito educativo y profesional. Este apartado es el más importante puesto que muestra la trayectoria educativa y profesional ayudando a la credibilidad profesional.

Esta sección es lo primero que se ve en el perfil, y lo que más influye en la impresión general que se llevan sobre ti. Entre los distintos campos que recoge están:

- **Experiencia:** sección principal para registrar la trayectoria laboral. Se pueden incluir los puestos actuales y anteriores, incluyendo el nombre de la empresa, cargo, fechas, ubicación y una breve descripción de las funciones, logros o proyectos destacados.
- **Educación:** permite incorporar los estudios académicos formales: institución, titulación, campo de estudio, fechas y actividades relevantes. Es crucial para mostrar la formación y las credenciales profesionales.
- **Ubicación y sector:** recoge el país, ciudad o región de residencia, y el sector profesional en el que se trabaja o sobre el que se tiene experiencia (por ejemplo: Salud, Tecnología, Finanzas). Esto ayuda a los algoritmos de *LinkedIn* a mostrar el perfil cuando alguien realiza una búsqueda relevante.
- **Información de contacto:** aquí se encuentra el correo electrónico, el número de teléfono, el sitio web o enlaces a las redes sociales profesionales. Facilita el contacto directo por parte de reclutadores o colaboradores.
- **Aptitudes:** listado de habilidades técnicas y blandas *(soft skills)* que se dominan, como "Gestión de proyectos", "Excel avanzado", "Negociación", "Comunicación efectiva", etc. Otros usuarios pueden validarlas mediante una recomendación.

Dentro del apartado **Recomendado** se incluyen secciones opcionales pero altamente valiosas para enriquecer el perfil y hacerlo más completo, atractivo y competitivo. Al completarlas, se aumenta la credibilidad y la posibilidad de destacar frente a otros candidatos o profesionales. Entre los principales contenidos que se pueden añadir se encuentran:

- **Elemento destacado:** permite resaltar contenido visual o importante, como publicaciones, documentos, enlaces externos (portfolio, blog, etc.), vídeos, artículos propios o logros clave.
- **Licencias y certificaciones:** se pueden incluir certificaciones obtenidas a través de cursos u organismos reconocidos. Ayudan a respaldar las habilidades técnicas o profesionales.
- **Proyectos:** se pueden trabajos concretos en los que se haya participado, tanto a nivel académico como profesional. Se recomienda incluir objetivos, resultados, equipo involucrado, herramientas utilizadas, etc.
- **Cursos:** sección donde se puede agregar formación adicional, como cursos online, seminarios, formaciones específicas que complementen el perfil, aunque no estén ligados a una institución académica formal.
- **Recomendaciones:** aquí otras personas (compañeros, jefes, profesores, clientes) pueden escribir comentarios positivos sobre el desempeño profesional. Aumenta la reputación y confiabilidad.

La sección **Adicional** permite añadir información complementaria que enriquece y profundiza en el perfil. Aunque no es obligatoria, puede marcar la diferencia mostrando aspectos más específicos, diferenciadores o personales de la experiencia y trayectoria. Entre los aspectos que contiene destacan:

- **Idiomas:** recoge los idiomas que se hablan y su nivel. Es útil para perfiles internacionales o para optar a puestos en los que se requieren competencias lingüísticas.
- **Logros:** puede desglosarse en varios tipos
- **Publicaciones:** artículos, libros o investigaciones escritos o en los que se haya colaborado.
- **Patentes:** invenciones registradas a tu nombre.
- **Premios y reconocimientos:** distinciones obtenidas en el trabajo, en los estudios o por aportaciones.
- **Resultados de exámenes:** certificaciones.
- **Proyectos y cursos:** también pueden aparecer aquí si no se han incluido en el apartado "Recomendado".
- **Intereses:** temas, empresas, *influencers* o grupos que se siguen en *LinkedIn.* Aunque es un campo menos destacado, puede dar pistas sobre las motivaciones y afinidades profesionales.

Ejemplo de la cabecera de un perfil personal/profesional

 ACTIVIDAD COMPLEMENTARIA

6. Ingresa en la página www.ingesaez.es, ve al blog y busca artículos con la palabra clave "perfil". Elige dos de todos los que te salgan y trata de aplicar sus recomendaciones a tu perfil de *LinkedIn*.

https://redirectoronline.com/ifct380107

Productos de *LinkedIn*

LinkedIn te ofrece herramientas extras, algunas gratuitas y otras de pago, que pueden ayudarte. Estas herramientas son las siguientes:

- *Learning.* Cursos en línea creados por expertos. Puedes disfrutarlos un mes gratis, el resto son de pago.
- *Insight.* Mediante el uso de inteligencia artificial, y enfocada al talento humano, analiza una gran cantidad de datos para ayudar a las empresas de reclutamiento o a los departamentos de recursos humanos a descubrir esos talentos.
- **Anuncios de empleo.** Herramienta con la que podrás dar con el profesional que andas buscando. El primer anuncio puede ser gratis, pero los siguientes son de pago.
- **Encuentra posibles clientes.** A la hora de buscar personas en el buscador de *LinkedIn,* te muestra exclusivamente los de tu red, no todos los resultados que tiene la plataforma. Mediante esta herramienta y diferentes planes de pago puedes ampliar este radio de búsqueda.
- **Grupos de *LinkedIn.*** Foros dentro del propio *LinkedIn* en los que puedes participar, conocer tendencias, buscar *influencers* y conectar con otros miembros.
- *Profinder.* Permite contactar entre profesionales para realizar proyectos de forma conjunta. Elige el servicio que necesitas y dale a buscar. Te aparecerán perfiles de profesionales con los que podrás contactar.
- *Salary.* Te descubre tu remuneración potencial, dependiendo de dónde trabajes.

Desplegable de los productos que LinkedIn ofrece

Página de empresa

Las empresas pueden contar con una página. Un perfil profesional puede abrirla de forma gratuita y la URL de esta será: linkedin.com/Company/miempresa.

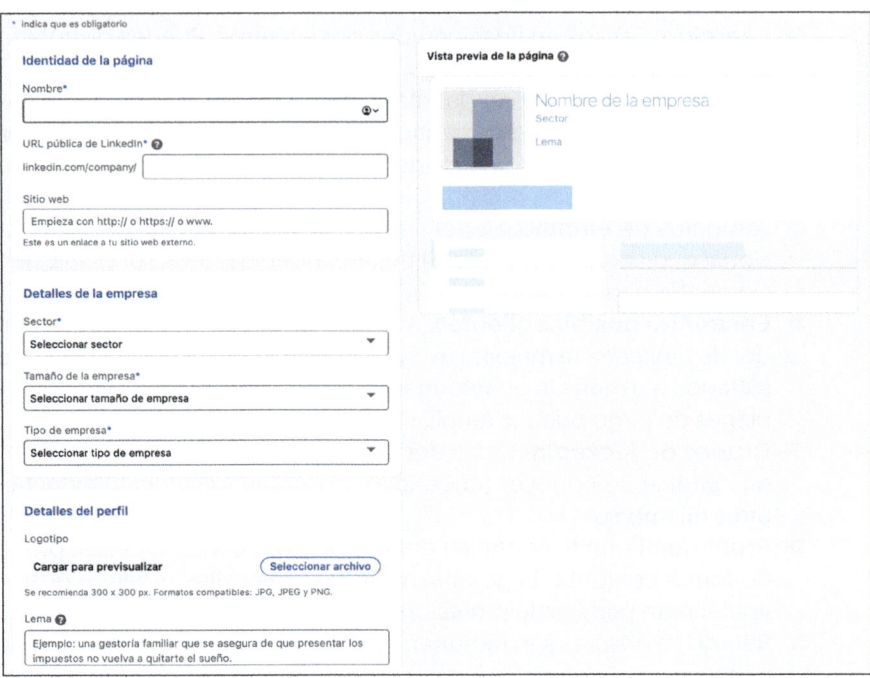

Datos que rellenar al comenzar a crear la página de empresa.

Puedes considerar una página de *LinkedIn* como un lugar donde explicar a tu público objetivo tus servicios o productos. Las personas te siguen, no son tus contactos, por lo que desde la página de empresa no podrás conversar con ellos, pero ellos sí pueden interactuar con las comunicaciones que publiques.

Existen varias razones por las que tu empresa debería abrir una página de empresa, estas son las siguientes:

⇨ **Posiciona en** *Google,* por lo que es otra oportunidad de que tu empresa aparezca cuando alguien busque información que coincida con tus palabras clave.
⇨ Podrás **publicar noticias** de la empresa que no encajan ser comunicadas desde tu perfil personal o desde algún perfil de los empleados.
⇨ Dispone de **estadísticas** donde puedes conocer cómo encuentran las personas tu página, datos demográficos y con qué secciones interactúan. Las secciones que una página de empresa puede ofrecer al visitante son: acerca de, publicaciones, empleo, personas y vídeos.
⇨ Puedes **seleccionar al** *target* o público objetivo al que quieres que le aparezca tu publicación, dentro de los que te siguen en su versión gratuita pero en todo *LinkedIn* en la versión de pago (anuncios).

Ejemplo de una página de empresa. Destacan las diferentes pestañas que pueden alimentarse: Acerca de, Publicaciones, Empleos, Personas y Vídeos.

APLICACIÓN PRÁCTICA

Un amigo te llama pidiendo consejo. Tiene una asesoría fiscal y quiere tener presencia en *LinkedIn.* Ha rellenado su perfil profesional y ha creado una página de empresa, pero no tiene muy claro cómo ha de trabajar la comunicación en ambas situaciones. ¿Debe publicar lo mismo en el perfil profesional y en la página de empresa? ¿Qué consejo puedes ofrecerle?

Solución

Lo ideal sería que se publique diferente. El perfil profesional es más que un CV en *LinkedIn;* ha de ser una página de venta de su saber hacer, de cómo tu amigo puede ayudar a otras empresas, cómo puede dar solución a sus problemas, por lo que el contenido que compartir debe ir orientado hacia ese objetivo. Piensa que un perfil personal genera más confianza y atrae a más seguidores. Por otro lado, si la empresa del amigo es pequeña, una página de empresa no será prioritario para él, pero es un lugar ideal para publicar los servicios que se ofrecen desde

Continúa en página siguiente >>

<< Viene de página anterior

la asesoría, contenido más enfocado a las características de estos servicios, a eventos, conferencias..., información que no tiene cabida en el perfil personal.

4.9. *YouTube*

 **HILO CONDUCTOR**

Aceite Soleado, S. L., se ha abierto un canal de *YouTube* para subir los vídeos que van a grabar dentro de su estrategia de comunicación; los subirán a su web y luego difundirán en las distintas redes.

YouTube es una plataforma basada principalmente en los vídeos a través de los cuales las empresas buscan conectar con su público objetivo. Es accesible desde los dispositivos móviles e incluso desde las pantallas de televisión, sobre todo en la visualización de canales de juegos o la realización de ejercicios físicos en el hogar.

El contenido en esta red es muy variado y te puedes encontrar personas anónimas que comparten sus conocimientos y habilidades, como empresas que muestran el funcionamiento de sus productos y ofrecen recomendaciones, comparaciones de productos, etc.

Cada minuto se suben 400 horas de vídeo, por lo que la posibilidad de encontrar vídeos que te interesan es muy alta. Claro que también hay una gran cantidad de ellos que se encuentran bloqueados debido a los derechos de autor, elemento que la plataforma controla de forma muy eficiente para evitar demandas por la violación de estos derechos. También vigila que se cumplan sus políticas, entre las que se encuentran la prohibición de vídeos de contenido pornográfico, de acoso, criminales, etc.

Crear cuenta en *YouTube*

Para crear una cuenta en *YouTube* se puede hacer mediante una cuenta de *Gmail* o a través de la dirección <https://www.youtube.com/>.

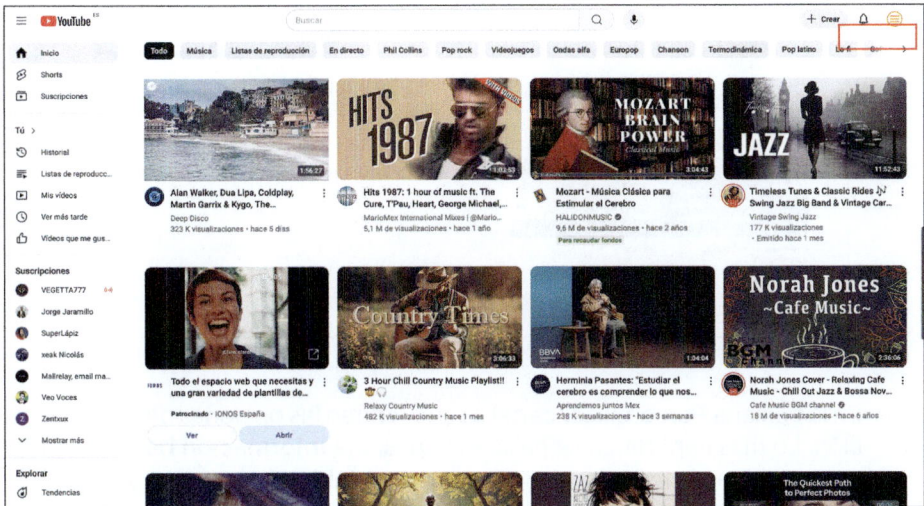

Interfaz de YouTube

Una vez creada la cuenta, se asigna el nombre de usuario que debe ser único y que coincide con el nombre de usuario de la cuenta de *Gmail*. Un mismo usuario puede tener diferentes canales.

Para acceder al canal, solo se debe pulsar en el icono de tu cuenta en la parte superior derecha y clicar "Tu canal".

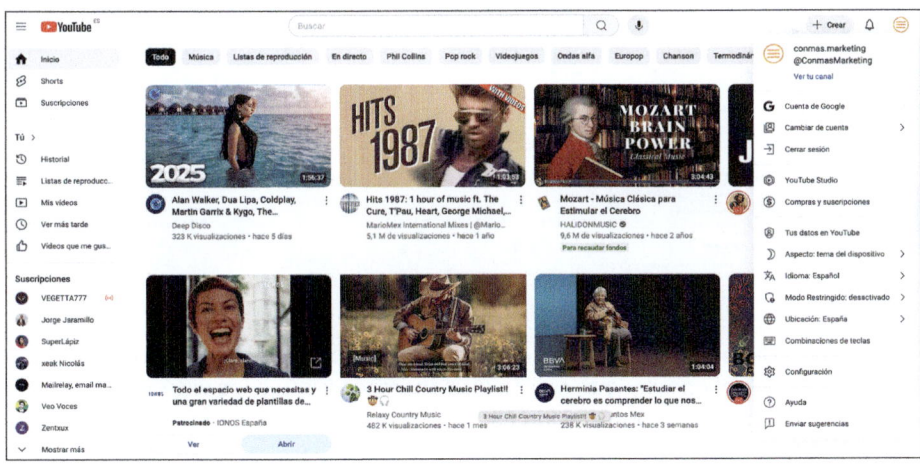

Una vez seleccionada la opción, se accederá a la ventana de configuración del canal. Los dos botones que aparecen en la parte superior de la ventana dan acceso a la configuración del canal y la gestión de los vídeos.

En la pestaña **Personalizar canal** se encuentran las opciones de personalización. Lo más importante se halla en la pestaña **Información básica,** donde, como se ve en la imagen inferior, se puede establecer el nombre y la descripción del canal, las URL del canal (la dirección estándar) y personalizada (la dirección web que puedes cambiar para ser recordada más fácil), así como la inclusión de enlaces relevantes para nuestra estrategia de contenidos.

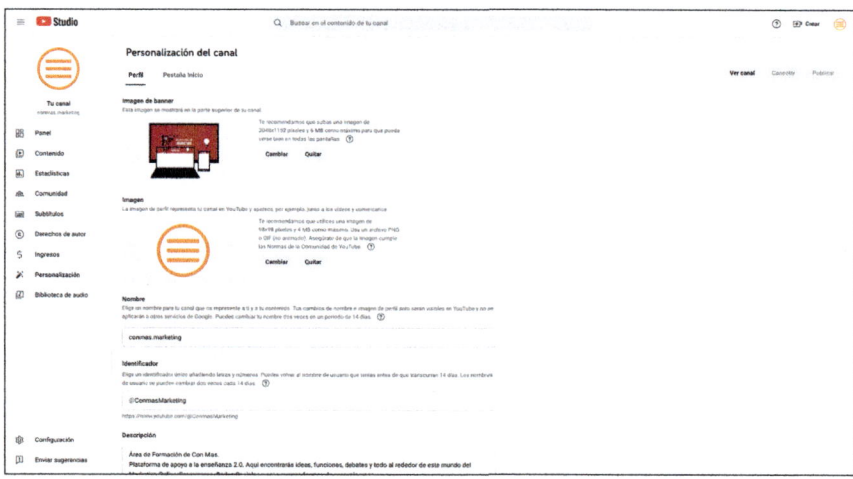

Dentro de la pestaña **Perfil,** se pueden modificar las imágenes de perfil que identifique al canal y que será la que aparezca junto a los vídeos y comentarios. Ten cuidado, puesto que esta imagen se modificará en todos los servicios de *Google* si la cambias.

También puedes añadir una imagen de *banner* que se mostrará en la parte superior del canal o incluir una marca de agua para proteger tus publicaciones contra copias o usos indebidos.

Una vez configurado el canal, solo queda subir vídeos al canal, mediante la opción "Subir vídeo" que aparece al pinchar sobre el icono de una cámara que aparece en la parte superior derecha, junto al icono de los servicios de *Google.*

Para subir un vídeo, es tan sencillo como seleccionarlo y seguir todos los pasos que indica la aplicación.

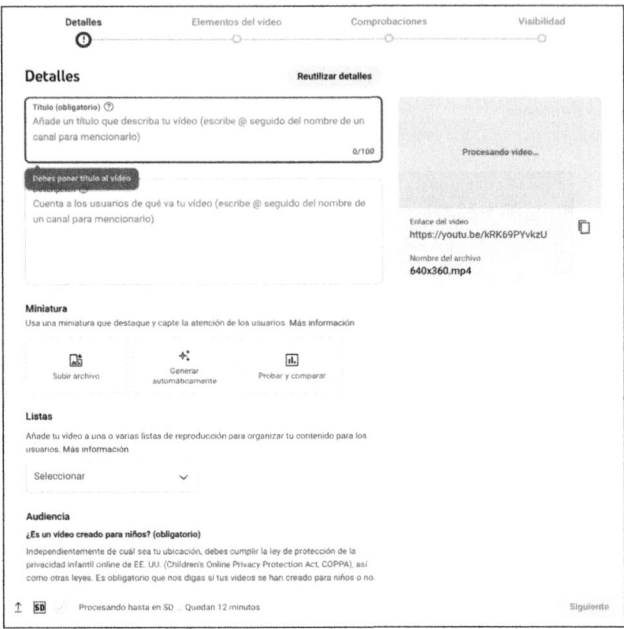

En la primera pantalla se encuentran los elementos más importantes y que ayudarán a que el vídeo tenga visibilidad.

El título es un elemento importante, ya que es lo que utilizarán los buscadores para mostrarlo en los resultados de búsqueda. Debe tratar de lo que el usuario verá en el vídeo.

En la descripción se puede ampliar a información del vídeo.

La miniatura corresponde a la imagen que se verá cuando el vídeo no se reproduzca. Si es un vídeo empresarial, es recomendable que se establezca la misma pantalla para todos los vídeos.

Las listas son "cajones" en los que se pueden agrupar los vídeos por contenidos, de forma que se reproducirán de manera continua cuando el usuario vea uno de los que componen la lista.

Una vez completado el proceso de creación y subida del vídeo a la plataforma, se debe pulsar el botón **Guardar** y el vídeo estará publicado en un par de minutos aproximadamente (si no se incumplen las políticas de *YouTube* ni los derechos de autoría).

5. Resumen

La **teoría de los nodos y los lazos** es una representación de las relaciones de cada individuo y el flujo de información que se transmite o recibe por parte de cada uno de los individuos. Extrapolada esta teoría al mundo 2.0, vemos que es la base en la que se asientan las redes sociales, compuestas por usuarios que generan y comparten contenido.

Siguiendo con esta idea, el sociólogo Duncan Watts estableció la **teoría de los seis grados de separación,** según la cual toda la gente del planeta está conectada a través de seis personas como máximo.

La **identidad digital** es el conjunto de información que publicas o publican sobre ti en internet y contribuye a construir la imagen que los demás tienen de ti; lo mismo pasa con la identidad digital de la empresa. Toda información creada o transmitida por ella o por cualquier usuario en internet va a ir haciendo que se forme la **identidad digital corporativa.** Para cuidar esta identidad y prevenir posibles daños algunas recomendaciones que seguir son:

➲ Definir una estrategia clara acerca de lo que es la empresa y cómo se quiere mostrar al público en internet.
➲ Establecer canales de comunicación de confianza con los usuarios para que en caso de tener comentarios negativos se puedan tratar de solucionar directamente con ellos.
➲ Definir los procesos y procedimientos que se van a seguir en las publicaciones y la línea editorial para tratar de detectar lo más rápidamente posible aquellas publicaciones que no se ajusten a las reglas e identificar una posible suplantación de identidad.
➲ Cumplir la normativa vigente, sobre todo si se encuentran en un comercio *online*.
➲ Establecer un plan de crisis.
➲ Tratar de conocer en todo momento lo que se publica acerca de la empresa y en caso de que sean comentarios negativos, tratar de modificarlos para que no se difundan.

Los *prosumer* son los individuos que no solo consumen la información que la empresa u otros pueden transmitir, sino que, gracias a todas las plataformas digitales, también son productores de información. En internet se habla de las empresas y sus productos, tengan o no redes sociales abiertas, por lo que es imprescindible que, dentro de su estrategia de comunicación, decidan si estar ahí con redes sociales activas o en la sombra, escuchando lo que se dice. Los objetivos principales de su presencia en redes podrían ser:

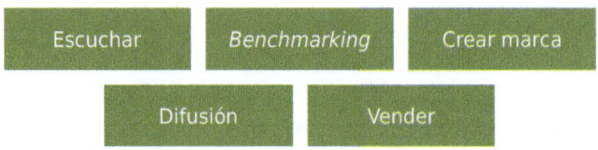

El mundo de las redes sociales está **en continuo cambio,** así que debes prepararte y preparar tu empresa para ello. Ninguna red social es eterna, por lo que a la hora de plantear la estrategia de comunicación se debe tener esto bien presente.

Podemos resumir los **primeros pasos que debe dar** una empresa cuando quiere comenzar en redes sociales en los siguientes:

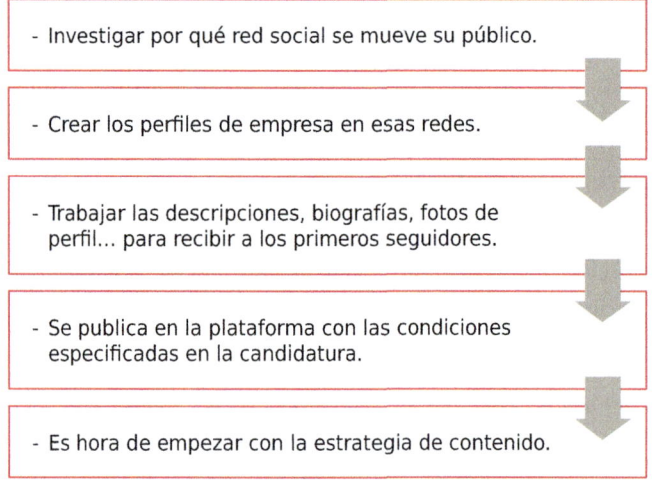

Todas las redes estudiadas trabajan con un **algoritmo** que busca que el usuario disfrute de su navegación en la red social, que lo que lea de amigos o seguidores es lo que quiere leer y que la publicidad sea sobre temas que le interesan.

Meta es la megaplataforma bajo la que viven las apps de *Facebook, Instagram* y *WhatsApp. Google Business Profile* es imprescindible para el posicionamiento en *Google* de todas las empresas. *X* es la que genera tráfico de contenido a más velocidad. *LinkedIn* une a profesionales y va más allá de solo el currículum para búsqueda de empleo y *YouTube* es un buscador potentísimo solo por detrás de *Google.*

Ejercicios de autoevaluación
Unidad de Aprendizaje 1

1. En la teoría de los nodos y lazos, un nodo es:

    a. Una app con la que todos los individuos están unidos en la red.
    b. Enlazamiento de una cuerda.
    c. Grupos o individuos que representan los componentes de la red y que tienen un objetivo común.
    d. Grupos o individuos que representan los componentes de la red y que no tienen un objetivo común.

2. Indica cuál no es una recomendación para cuidar la reputación de imagen de empresa:

    a. Interactuar con el público.
    b. Cumplir la normativa vigente.
    c. Establecer un plan de crisis.
    d. Monitorizar las informaciones de la competencia.

3. ¿Qué es un *Prosumer*?

    a. Un individuo que desea ser *influencer*.
    b. Un individuo que consume y produce información.
    c. Una herramienta para crear alertas sobre la crisis de reputación *online*.
    d. Una herramienta que permite estudiar al consumidor.

4. Señala la afirmación correcta:

    a. *Facebook* compró *YouTube*.
    b. Las redes sociales están en continuo cambio.
    c. Tu empresa siempre tiene que estar en *Facebook* y conversar con el público.
    d. Todas las opciones son incorrectas.

5. Indica cuál de las siguientes afirmaciones es verdadera o falsa:

a. *Facebook* compró *YouTube.*

- ■ Verdadero
- ■ Falso

b. Las redes sociales están en continuo cambio.

- ■ Verdadero
- ■ Falso

c. Tu empresa siempre tiene que estar en *Facebook* y conversar con el público.

- ■ Verdadero
- ■ Falso

d. *Google Business Profile* te ayuda a posicionar la empresa en *Google.*

- ■ Verdadero
- ■ Falso

6. ¿Cuál de estas definiciones de *Engagement* es la que trabajamos para lograr buenos resultados en *Facebook*?:

a. Es la fidelidad y la motivación con la que nuestros usuarios defienden y se sienten parte de la marca.
b. Interacciones con tu marca.
c. El usuario se toma un tiempo y esfuerzo en decir que le gusta la experiencia que le estás brindando.
d. Todas las opciones son correctas.

7. *Facebook* ha desarrollado un algoritmo que se llama:

a. *Edgerank*
b. *Engagement*
c. *Remarketing*
d. *Clickbait*

8. **Si quiero llevar la página de *Facebook* con un compañero, debo:**

   a. Compartirle mis contraseñas de *Facebook.*
   b. Nombrarle editor o administrador.
   c. Me debe pasar sus contraseñas de *Facebook* para darle acceso solo a él.
   d. Todas las opciones son incorrectas.

9. **Indica cuál de los siguientes consejos sobre la BIO en *Instagram* no es correcto:**

   a. Escribe la BIO en un párrafo, no dividas en líneas.
   b. Agrega un símbolo como una flecha, por ejemplo, para indicar que hagan clic en tu enlace.
   c. Cambia tu biografía de manera constante con tus nuevas acciones.
   d. Incluye los *hashtags* de tus campañas para que tus usuarios los tengan a mano.

10. **En *X* se agrupan cuentas de tu interés en:**

    a. Listas
    b. Momentos
    c. *Timeline*
    d. Todas las opciones son incorrectas.

Conocimiento de los requisitos para el ejercicio como *Community Manager*

Contenido

Objetivos

El objetivo general de esta Unidad de Aprendizaje es:

→ Gestionar redes sociales a nivel empresarial, teniendo en cuenta el Plan estratégico de la organización.

Los objetivos específicos de esta Unidad de Aprendizaje son:

→ Conocer la figura encargada de gestionar las redes sociales.

→ Saber trabajar la estrategia en redes orientada a la empresa: públicos y objetivos.

→ Identificar y analizar la competencia.

→ Conocer los diferentes formatos y estrategias de contenidos para alcanzar los objetivos planteados.

1. Introducción

Cuando surgieron las redes sociales, y las empresas las empezaron a usar para sus fines, la manera en la que estaban en ellas era copiando el comportamiento que tenían con los medios tradicionales, ofreciendo una comunicación unidireccional. Es decir, un anuncio y esperar a que surtiera efecto.

Pero las redes han traído un concepto muy distinto: **la comunidad.** La comunicación ya no es unidireccional, sino bidireccional, la empresa se ve obligada a conversar con su público porque este lo exige. Ya hablamos de que alguien debe estar 24 horas al día 7 días a la semana atento o atenta de qué se dice, quién lo dice, qué se espera de la marca, qué información poner, conversar..., en definitiva, ha surgido un **nuevo perfil.**

Aceite Soleado, S. L., sabe que la comunicación en las redes es constante y, al igual que hace con la comunicación *offline* de su empresa, debe crear una estrategia, saber de qué va a hablar, a qué público se va a dirigir y, sobre todo, qué quiere conseguir con las redes. Por todo ello contratará a un profesional.

2. La figura del *Community Manager*

👉 **HILO CONDUCTOR**

Aceite Soleado, S. L., ya tiene las redes sociales abiertas. A Carmen le falta tiempo y algo de experiencia para poder llevarlas. En el equipo de *marketing* está también Nicolás, un chico joven que sabe de redes, conoce la empresa y sus valores y tiene ganas de seguir aprendiendo. Es un buen candidato, pero le falta experiencia en las estrategias de comunicación. Carmen dudó si contratar a una empresa externa que las llevara. Al final se decidió por contratar a Imanol, que tiene conocimientos sobre redes y estrategias y que podrá hacer buen equipo con Nicolás. Ambos llevarán las redes, la publicidad *online*, la web, la tienda *online* y el blog que quieren crear.

En este cambio surge la figura del **Community Manager,** un profesional que se encarga de gestionar las redes sociales de la empresa: habla con los seguidores, les escucha y es la voz e imagen de la empresa en el mundo digital.

2.1. Habilidades sociales y técnicas

Cuando comenzaron las empresas a ver en las redes sociales un potencial de estar en contacto con su *target* o público objetivo, se lanzaron a las **plataformas digitales.** Empezaron con *Facebook,* porque todo el mundo estaba, y siguieron con *X,* aunque no sabían muy bien para qué.

Por aquellos años iniciales, las empresas buscaban a **profesionales con titulaciones informáticas** para que se encargaran de las redes sociales.

El número de redes fue aumentando y las marcas se fueron dando cuenta de que lo importante no son las habilidades informáticas, sino **saber comunicar, llegar al público** y **saber mostrar la imagen que la empresa desea dar.**

Todavía al respecto hay mucho camino que andar. Desde siempre, e incluso aún hoy en día, cuando una empresa quiere poner un anuncio en prensa o televisión, hacer una cuña en radio, poner un anuncio en una marquesina de autobús o cualquier acción de comunicación tradicional, si no tiene un departamento de *marketing* en su compañía, contrata a una empresa exterior para que lo gestione, lo diseñe y consiga decir lo que la marca desea. Pero, con las redes sociales hay entidades que parecen no tomárselo tan serio. Solo buscan gente que conozca las redes sociales y pocas veces personas que sepan ser sus portavoces en el mundo *online,* que conozcan los valores que transmitir y que sepan las estrategias de la empresa, como qué objetivos desea conseguir en unos años, por ejemplo.

IMPORTANTE

No olvides que la comunicación de la empresa en el mundo *online* es un arma muy poderosa para lo bueno y, por supuesto, para lo malo. Esa capacidad de viralizar las noticias impide que cualquiera pueda llevar el timón del barco digital.

Un Community Manager es alguien capaz de conversar en el mundo digital en nombre de la marca.

Por lo tanto, el *Community Manager* es ese profesional preparado para afrontar todo este lado de la comunicación digital. Ya en la Unidad 1 hablábamos que las redes sociales están en continuo cambio. Unas van transformándose, otras aparecen y otras desaparecen. Es un mundo muy inestable en donde las reglas de juego que ahora sirven en unos meses pueden cambiar drásticamente.

Ante esta realidad, el profesional debe **saber amoldarse y evolucionar con las redes** sin perder de vista los objetivos de la empresa y el público al que se dirige.

Con todo lo dicho, demos unas pinceladas de cómo podría ser el profesional ideal para este trabajo:

> Conocedor de los **valores de la empresa**, para poderlo transmitir en el mundo digital. Debe conocerla muy bien e incluso ser su primer fan.

> **Habilidades sociales**, deberá conversar con el público y atraerlo hacia la marca. Debe saber comunicar.

> Conocedor de las **redes sociales** y de otras aplicaciones y herramientas, también debe ser consciente de que solo son los medios para obtener los objetivos, no el fin último.

> **Autodidacta**, debe estar formándose constantemente. Recuerda, es un mundo cambiante.

> Conocedor de técnicas de ***marketing online*** y de estrategias de publicidad.

> **Resiliencia**, con capacidad para saber adaptarse a las situaciones adversas con resultados positivos.

> **Creativo**. Capaz de generar nuevas ideas que acerquen al público a la marca.

> **Proactivo**, ha de saber dinamizar las redes y a su público para generar las acciones deseadas.

> **Capacidad analítica** para medir y evaluar los resultados y rectificar si la estrategia planteada no cumple con los objetivos.

APLICACIÓN PRÁCTICA

En tu empresa te piden ayuda para seleccionar entre varios candidatos una persona que lleve las redes sociales. Indica quién crees que debería ser y argumenta tu decisión.

- **Roberto, desarrollador de páginas web y especialista en SEO.**
- **Esteban, informático y conocedor de las redes sociales.**
- **Olga, periodista y conocedora de las redes sociales.**

Solución

Nos tenemos que plantear cuál de estos perfiles cumple con requisitos básicos como tener habilidades sociales, saber comunicar, saber dinamizar a los seguidores y, por supuesto, conocer las redes sociales.

Con los datos ofrecidos, y teniendo en cuenta lo que se enseña en la formación de los diferentes perfiles (desarrollador, informático y periodismo), la persona que puede llegar a cumplir estos requisitos es Olga.

2.2. Actitud y toma de decisiones

¿Y qué debe esperar una empresa de la actitud de un profesional? Por supuesto, que alcance los objetivos marcados, pero existen unas actitudes que el *Community Manager* debería tener en cuenta:

> Nunca hables en tu nombre, sino en el nombre de la empresa.

> Nunca digas lo que piensas, sino lo que la empresa piensa.

> No mires el tiempo, un *Community* no tiene horarios (claro que para poder vivir existen herramientas que nos facilitan la gestión de las redes, como la de programar contenido).

> Sé natural y transparente para conseguir construir lazos con la comunidad.

Continúa en página siguiente >>

<< *Viene de página anterior*

> Sé una persona abierta y respetuosa, la diversidad existe, es una realidad. Evita ser tajante en tus declaraciones (además, recuerda que hablas en nombre de la empresa).

> Sé una persona estratega, tienes unos objetivos y busca cómo conseguirlos.

Las actitudes de un Community Manager deben llevar a una comunicación fluida con la comunidad y a la consecución de objetivos.

Con lo dicho hasta ahora parece que las funciones esenciales del *Community* son crear lazos y medir si se alcanzan los objetivos. Podríamos decir que en esencia así es, pero internet no es un medio estable y pueden surgir situaciones que provoquen crisis que hagan tambalear la imagen de la empresa creada hasta ahora. Basta con que alguien hable mal de la compañía y otros le sigan para que la situación de caos comience.

Podríamos abrir debate de quién debería ser quien tome las decisiones a la hora de contestar, pero un buen consejo es que nunca se ha de olvidar que este profesional forma parte de una empresa, con una filosofía, unos valores y unas formas de actuar y a la hora de tomar decisiones debe contar con la aprobación de dirección.

Muchos son los casos en el día a día que esta premisa no se cumple, que el *Community* responda erróneamente en nombre de la empresa, o incluso que la propia empresa no sepa gestionarlo y se produzca lo que llamamos crisis de reputación **online**.

👁 EJEMPLO

El **anuncio** lanzado **por Pepsi con Kendall Jenner** fue parte de una campaña publicitaria para promover el consumo de la bebida. En el video, Jenner, una supermodelo conocida a nivel mundial, se ve en medio de una manifestación aparentemente pacífica. Al principio, ella está en una sesión de fotos, pero al ver la protesta, decide unirse. El momento culminante llega cuando Jenner ofrece una lata de Pepsi a un oficial de policía en medio de la protesta, lo que quiso simbolizar un gesto simbólico de reconciliación y paz.

La idea detrás del anuncio era transmitir un mensaje de unidad y resolución pacífica a través de la marca Pepsi, pero la forma en la que fue ejecutado fue ampliamente criticada. La crítica se centró en que el anuncio trivializaba las protestas sociales y los movimientos que luchan contra la violencia y la injusticia sistémica, al retratar estas luchas como algo que se resuelve de manera fácil y superficial con un simple gesto comercial.

Además, muchos sintieron que el anuncio usaba el activismo social de manera inapropiada para vender un producto, lo que se convirtió en acusaciones de explotación de temas sociales para fines comerciales. La crítica también fue feroz en las redes sociales, donde se viralizó rápidamente, y la marca Pepsi fue acusada de no comprender completamente los contextos culturales y sociales involucrados.

Tras las fuertes críticas, Pepsi retiró el anuncio y emitió una disculpa pública, aunque no fue suficiente para calmar la indignación de muchas personas. El daño a la imagen de la marca ya estaba hecho.

El caso no solo fue ampliamente comentado en los medios, sino que se convirtió en un tema de discusión sobre cómo las marcas deben abordar las cuestiones sociales y culturales, así como el uso adecuado del activismo en la publicidad.

El caso de Pepsi y Kendall Jenner se convirtió en un ejemplo de **cómo una estrategia publicitaria mal ejecutada puede dañar significativamente la reputación de una marca.** A partir de este incidente, muchas empresas comenzaron a reflexionar más profundamente sobre la forma en que abordan temas sociales en sus campañas de *marketing*, especialmente al intentar conectar con audiencias más jóvenes y concienciadas socialmente.

Continúa en página siguiente >>

<< Viene de página anterior

Puedes ver el polémico vídeo en el siguiente enlace:

https://redirectoronline.com/ifct380201

El Instituto Nacional de Ciberseguridad (INCIBE) recomienda que, ante una crisis de reputación, se establezcan los siguientes pasos y tiempos para tratar de evitar el desastre:

Fase	Descripción	Tiempo estimado	Responsable
Fase inicial	- Detección del incidente y recopilación de datos. - Inicio del protocolo de gestión de crisis: alerta interna. - Preparación de informe de situación.	Antes de 6 horas	*Community Manager*
Fase de lanzamiento	- Reunión del gabinete de crisis. - Presentación del informe de situación.	A las 6 horas como máximo	Gabinete de Crisis (*Community Manager*, Dirección, Dpto. Comunicación, otros dptos.)
Fase de auditoría	- Realización de una auditoría interna y externa. - Preparación de un informe preliminar.	Antes de 18 horas	
Fase de evaluación	- Reunión del gabinete de crisis. - Principales pasos a seguir. - Tareas y planificación	Antes de 18 horas	Gabinete de Crisis (*Community Manager*, Dirección, Dpto. Comunicación, otros dptos.)

Continúa en página siguiente >>

<< Viene de página anterior

Fase	Descripción	Tiempo estimado	Responsable
Fase de contención (acciones inmediatas	- Resolución de errores, si los hubiera. - Actuación de denuncia. - Publicación de respuesta oficial en canales propios. - Respuestas individualizadas a los usuarios de redes sociales.	Antes de 24 horas	*Community Manager,* Dpto. Comunicación
Fase de estabilización (acciones posteriores)	- Publicación de hechos y respuesta oficial en medios de comunicación. - Monitorización exhaustiva.	A partir de 24 horas	*Community Manager,* Dpto. Comunicación

Esquema de actuación frente a una crisis online. Fuente: Instituto Nacional de Ciberseguridad (INCIBE).

 ACTIVIDAD COMPLEMENTARIA

7. Busca e investiga en internet casos reales de crisis de reputación *online* y responde:

· ¿Cuál fue la situación y el error?
· ¿De quién fue el error?
· ¿Cómo se solucionó?

 APLICACIÓN PRÁCTICA

La empresa de caramelos Dulces Sorpresas, con motivo del día de San Valentín, ha publicado en las redes una foto que creían romántica, pero varios seguidores la han tachado de machista. ¿Cómo crees que debería actuar el *Community Manager*?

Solución

Lo ideal sería que la empresa tuviera un plan de actuación en estos casos. De no tenerlo, debe notificar a Dirección esta situación y buscar juntos la manera más idónea de actuar. En un caso tan inocente como este, donde en ningún

Continúa en página siguiente >>

<< Viene de página anterior

momento se ha deseado crear malestar y polémica, una opción diplomática podría ser pedir disculpas por el malentendido causado y la retirada del post. Dándoles a todos una respuesta humilde y sincera, las críticas no podrán ir a más.

Funciones de un *Community Manager*

Muchas son las tareas diarias y esporádicas a las que debe hacer frente un *Community Manager* se irán explicando a lo largo de esta unidad. A continuación se relacionan varias:

Diarias	Esporádicas
Búsqueda y curación de contenidos.	Creación de campañas estratégicas.
Publicación de contenidos propios y de otros.	Creación y gestión de campañas de publicidad.
Revisión de la analítica.	Creación y gestión de eventos.
Monitorización de la marca, qué se habla de ella.	Creación y gestión de concursos online.
Interactuar con los seguidores: dar "me gusta", comentar...	Revisión de la interfaz de las redes.
Atención al cliente: responder mensajes y hacer seguimiento de ellos.	Elaboración de informes.

3. Simulación de la definición de un plan estratégico y su organización para el despliegue de las redes sociales en una empresa

👉 HILO CONDUCTOR

Nicolás e Imanol empiezan a trabajar con las redes de Aceite Soleado, S. L., y ven imprescindible organizarse y trazar un plan. Estudian a qué público quieren llegar con esas redes, qué objetivos quieren conseguir y comienzan a elaborar un calendario donde van colocando las acciones de comunicación que quieren llevar a cabo para conseguir esos objetivos marcados.

Toda empresa necesita seguir un plan, planificar cómo debe ser el camino para llegar adonde se desea estar. Pueden planificarse sus acciones:

Cuando la empresa marca objetivos a largo plazo, se habla de un **plan estratégico.** Este plan se centra en conocer a sus consumidores y necesidades, en buscar nuevas oportunidades, nuevos nichos de mercado y estudiar la competencia. Para ir alcanzando estos objetivos, la empresa se plantea acciones más concretas a más corto plazo; es lo que se llama **plan operativo o táctico.** Las acciones digitales de llevar las redes sociales formarían parte de un plan operativo, lo mismo que trabajar el *e-mail marketing,* el sitio web, el SEO o el SEM.

DEFINICIÓN

E-mail marketing
Envío masivo y estratégico de correos electrónicos a un público segmentado.

SEO
Acrónimo de *Search Engine Optimization*, posicionamiento orgánico (no de pago) de los sitios web en los buscadores como *Google*.

SEM
Acrónimo de *Search Engine Marketing*, posicionamiento de pago de los sitios web en los buscadores como *Google*.

Tanto el plan estratégico como el operativo deben caminar en sintonía, remar hacia los mismos objetivos.

	Estratégico	Operativo
Tiempo	- Largo plazo	- Corto-medio plazo
Duración	- 3 a 5 años	- Menos de 3 años
¿Qué define?	- El qué	- El cómo
Se centra en	- Conocer a los consumidores y sus necesidades. - La búsqueda de nuevas oportunidades. - Analizar la competencia.	- Acciones concretas para ir alcanzando los objetivos del plan estratégico.

Diferencias entre plan estratégico y operativo

3.1. El plan *Social Media Marketing*

Todo plan de *marketing* tiene la misma estructura:

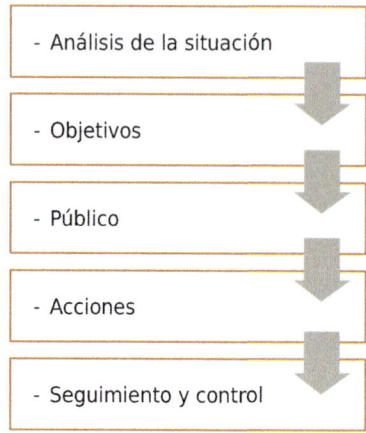

Entendido e interiorizado bien este esqueleto, podemos plantear cualquier plan.

El **plan *Social Media Marketing*** (**SMM**) se elabora para trabajar las estrategias en redes sociales. Sí, el llevar las redes sociales para la empresa suele, o mejor dicho, debería estar planificado. No se trata de publicar fotos al tuntún, sino de crear, subir y difundir contenido dentro de una estrategia para conseguir unos objetivos; y por supuesto, estos objetivos deben estar en línea con los del plan estratégico de la compañía. Podríamos decir que **un plan en redes es un plan operativo de acciones concretas para ir alcanzando los objetivos del plan estratégico.**

Al igual que el plan de *marketing,* el plan *Social Media Marketing* se estructura en varias partes:

Análisis
- Interno de la empresa, conocer la comunicación realizada hasta la fecha, su web, las campañas de *e-mail marketing*, los productos de la empresa, el lugar de venta..., además de un análisis de la competencia y análisis del público que tienes o al que deberías acercarte.

Continúa en página siguiente >>

<< Viene de página anterior

Objetivos
- Marcar los objetivos que deseas conseguir.

Público
- Indicar y comprender el público al que dirigirte para conseguir los objetivos señalados anteriormente.

Acciones de contenido
- En todo momento teniendo presente los objetivos y el público, difundir contenido organizado en las redes sociales.

Seguimiento y control
- Durante todo el plan se hará un seguimiento de cada acción llevada a cabo y se controlará si dichas acciones llegan a cumplir los objetivos marcados.

3.2. Análisis interno

Elaborar e implementar un plan *Social Media Marketing* implica conocer la situación hasta la fecha de cómo ha gestionado la empresa las cuatro variables sobre las que puede trabajar, ya que son sobre las únicas que tiene el control: las conocidas cuatro pes del *Marketing Mix:*

- **Producto** *(Product):* cuál es el producto o servicio que vendes y qué lo hace diferente, cuál o cuáles son los atributos que hacen que al público le guste tu marca.
- **Precio** *(Price):* a qué precio lo vendes o qué coste tiene.
- **Distribución** *(Place):* entendido como el canal de distribución y el punto de venta, que en el mundo digital es *everywhere,* "en cualquier lugar", en tienda *online,* en plataformas de ventas, en redes sociales...
- **Promoción** *(Promotion):* entendido como venta personal, publicidad, relaciones públicas y promociones, que en las estrategias digitales las podemos traducir en **comunicación bidireccional**.

Conocer bien las cuatro variables y tenerlas en cuenta para diseñar tu plan *Social Media Marketing* son clave si quieres dedicarte al *marketing* digital. Recuerda que el *Community Manager* debe ser el fan número uno de la empresa y, por tanto, debe conocerla perfectamente.

Decir que son las cuatro variables sobre las que la empresa tiene el control es una realidad que debe tenerse en cuenta y no olvidar. Pensar que se puede controlar al público o a la competencia es un error; nuestras acciones pueden influir de alguna forma en ambas, pero estas acciones solo pueden producirse en tu producto, en tu precio, en tu distribución y tu comunicación. Pero que no tengamos el control no significa que no podamos estudiarlas; al revés: debemos seguir bien de cerca a la competencia y al público.

SABÍAS QUE...

El concepto de *Marketing Mix* fue desarrollado en 1950 por Neil Borden, profesor de *marketing* y publicidad en Harvard, que definió el *marketing* como una mezcla de doce elementos (diseño del producto, marca, *packaging*, investigación y servicio, entre otros). No fue hasta diez años después cuando McCarthy lo simplificó en los cuatro que conocemos: producto, precio, distribución o lugar de venta y promoción, lo que se conoce como las cuatro pes del *marketing*.

3.3. Vigila a la competencia

La competencia seguramente ya está en las redes sociales. Por tanto, estúdiala, analiza lo que le funciona y lo que no y trabaja tu contenido en consecuencia; es un buen faro si estás comenzando con las redes de tu empresa.

Las razones por las que vigilar y analizar la competencia son muchas. Algunas que debes tener en cuenta son:

> Te ofrece una visión general de tu sector.

> Podrás detectar sus fortalezas y debilidades

> Puedes conocer mejor a tu público, viendo cómo y quién interactúa con tu competencia. Puedes perfilarlo, además de localizar a los *influencers* del sector, para luego trabajarlo.

Continúa en página siguiente >>

<< Viene de página anterior

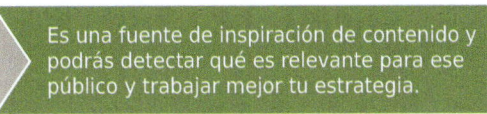

Es una fuente de inspiración de contenido y podrás detectar qué es relevante para ese público y trabajar mejor tu estrategia.

SABÍAS QUE...

Las 22 leyes inmutables del marketing, de Al Ries y Jack Trout y publicado en los años noventa, es un completo manual de éxitos y fracasos empresariales y supone hoy en día el libro de cabecera de los gurús del *marketing.* Algunas de estas leyes hacen referencia directa a la competencia de cualquier empresa. Para lograr cumplirlas, en la actualidad, el uso de las redes sociales puede suponer una baza muy importante. Las 3.ª y 4.ª leyes dicen:

- *Ley de la mente. Es mejor ser el primero en la mente del consumidor que en el punto de venta.*
- *Ley de la percepción. El marketing no es una batalla de productos, sino de percepciones.*

Localiza y analiza la competencia

Trabajar la competencia resulta un trabajo más largo de lo que puede suponer la mera observación y llevar una metodología te ayudará a no descuidar ningún dato.

Identificar la competencia	Definir qué quieres analizar	Recopilar datos y analizar

Este procedimiento de trabajo debería hacerte pasar por tres fases bien definidas:

1.ª Identificar quién es tu competencia

Observa webs, redes sociales, foros e incluso abre bien los ojos en los formatos de comunicación tradicional como puede ser la prensa especializada. Poco a poco irás conociendo a tu competencia digital que no tiene por qué coincidir con tu competencia tradicional. Además de identificarla, en el proceso irás localizando cuentas de empresa que te gusten, cómo hablan en las plataformas digitales, y analizarlas también te ayudará mucho con las tuyas.

El método más acertado en un comienzo es la **observación.** Es un trabajo muy laborioso y aunque no existe un camino directo, existen herramientas que nos pueden facilitar algo esta labor:

⊃ *Google Alerts:* herramienta sencilla de usar y que te permite crear alertas de palabras o conjunto de palabras que recibirás en tu *e-mail.* Permite configurarlo para supervisar el nombre de tu empresa, el de tu competencia e incluso palabras clave.

Puedes acceder a esta aplicación a través del siguiente enlace:

https://redirectoronline.com/ifct380202

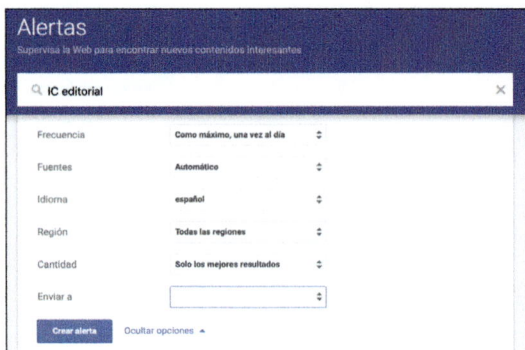

La configuración de la alerta es tan sencilla como introducir el texto del que deseas hacer seguimiento e introducir el e-mail al que quieres que se envíe.

➲ ***Google maps:*** herramienta que se vio en la Unidad 1 y ahora nos puede servir para encontrar competidores locales usando su buscador.

➲ ***Listas de X:*** visita cuentas de *influencers* y de otras empresas del sector y apunta a quién ha incluido en las listas.

➲ ***Fedica From Followerwonk:*** herramienta de pago que permite comparar y analizar distintas cuentas en *X*. Se caracteriza por centrarse exclusivamente en esta red social. Se pueden realizar informes de *hashtags* tanto por ubicación como por relevancia de las personas o entidades que los publican.

Para acceder a esta aplicación utiliza el siguiente enlace:

https://redirectoronline.com/ifct380203

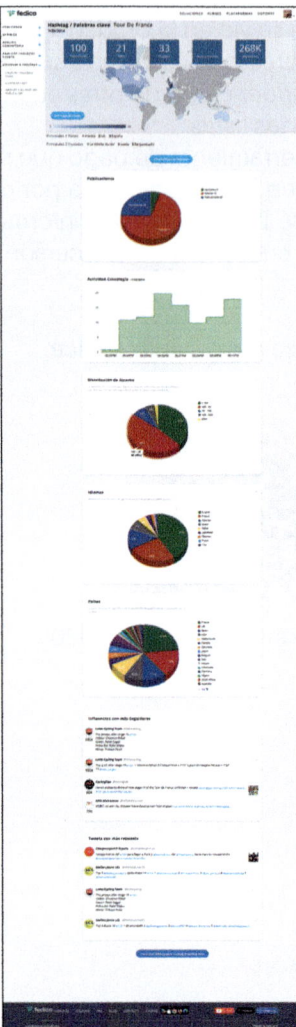

Búsqueda en Fedica From Followerwonk de los términos "Tour de Francia"; localización: Mundial. Se puede ver en la última columna de la derecha la autoridad social de cada cuenta, Social Autority.

 **DEFINICIÓN**

Social Autority

Es la autoridad que una cuenta tiene en *X* y en otras redes sociales. Herramientas como *Fedica From Followerwonk* calculan su valor teniendo en cuenta los seguidores y las interacciones que tienen sus posts. El valor va de 0 a 100.

2.ª Definir qué datos o variables quieres analizar

Una vez tenemos identificada la competencia, ¿qué datos crees que necesitarías saber y analizar? Algunos podrían ser:

- ¿En qué redes sociales están?
- ¿Cada cuánto publican? ¿Diariamente? ¿Semanalmente?
- ¿Publican en todas las redes de igual forma? ¿Tienen diferente estrategia en las redes?
- *Engagement:* ¿cuántos seguidores tienen?, ¿cuántos "me gusta" por *post?*
- Contenido: ¿sobre qué hablan?, ¿cuáles son los temas que atraen a sus seguidores?, ¿de qué tipo de contenido publican?; *post,* historias/*fleets,* vídeos, memes, GIFTS, contenido en carrusel, sorteos, juegos...

3.ª Recopilar datos y analizar la información obtenida

Sobre este punto profundizaremos en unidades posteriores. Mientras, ve recogiendo esos datos definidos anteriormente: en qué redes están, qué tipo de contenido hacen, número de seguidores que tienen... y añádelos a un documento donde los guardes de la manera más visual posible (por ejemplo, en una tabla *Excel)* para tenerlos a mano y así poder analizarlos.

3.4. Objetivos SMART

Los objetivos que conseguir a través de las redes sociales deben ser objetivos que ayuden a lograr los estratégicos de la compañía. Si un objetivo es conseguir ser una empresa referente en el sector en un plazo de tres años, un objetivo en las redes sociales, como mínimo, deberá ir encaminado hacia ahí, por ejemplo: "incrementar nuestro *Engagement* en X en diez interacciones cada semana".

Podemos decir que el objetivo del ejemplo es un objetivo **cuantitativo**, ya que el logro que propone es fácil de medir, es una cifra concreta. Pero también los objetivos **cualitativos** tienen cabida, de hecho, ambos tipos de objetivos pueden estar relacionados entre sí y conseguir uno puede ayudar al otro y al revés. Los cualitativos son aquellos cuyas metas son más genéricas, como mejorar la imagen sobre la marca en la campaña de Navidad; su medición no se expresa en cifras, pero las métricas que tener en cuenta pueden ser:

- Número de comentarios positivos y negativos en la red.
- Número de "me gusta", "me encanta"...

⮑ Número de compartidos.
⮑ Visitas al perfil.

En toda empresa existen objetivos que se buscan lograr a largo, medio y corto pazo.

A largo plazo
- Suelen ser los objetivos generales de la empresa. No solo tienen que ver con las redes sociales, sino con el conjunto de elementos y variables que intervienen. Los más comunes suelen ser, entre otros:
   - Aumentar las ventas.
   - Mejorar la atención al cliente.
   - Fidelizar.

A medio plazo
- Son objetivos más concretos que pueden ir centrándose en distintas áreas de la empresa, entre ellas, la comunicación y, por ende, las redes sociales:
   - Mejorar la imagen de la marca, el llamado *branding*.
   - Aumentar la presencia de la marca en las redes.
   - Favorecer los testimonios de usuarios.
   - Mejorar la reputación *online*.
   - Crear comunidad en torno a la marca.

A corto plazo
- Son objetivos que se buscan lograr en poco espacio de tiempo:
   - Conseguir nuevos seguidores, comentarios, testimonios.
   - Dar a conocer los productos o servicios que vendes.
   - Dar cobertura a eventos, ofertas y promociones.

Por tanto, vemos cómo las empresas cuentan con varios objetivos para alcanzar en distintos periodos de tiempo y las redes pueden ser el mejor medio. Así, es necesario que toda empresa defina sus objetivos, tanto cuantitativos como cualitativos.

A la hora de formularlos, estos han de cumplir una serie de premisas: que sean específicos, medibles, alcanzables, relevantes y en un tiempo determinado. Son los denominados objetivos SMART.

SMART GOALS

APLICACIÓN PRÁCTICA

Imanol y Nicolás, de Aceite Soleado, S. L., enumeran los objetivos que quieren alcanzar trabajando sus redes en los tres meses siguientes:

- **Lograr testimonios favorables hacia su marca.**
- **Conseguir que más personas conozcan los diferentes aceites.**
- **Conseguir seguidores en las redes sociales.**

Pero se han dado cuenta de que no son objetivos SMART. Ayúdales a transformarlos.

Solución (Posible Solución)

- Lograr veinte testimonios favorables hacia a marca en el periodo de un mes.
- Conseguir un *Engagement* en *Instagram* de veinte interacciones por cada *post* sobre aceite "Extra Suave Soleados" en el primer mes.
- Incrementar los seguidores de *Instagram* en doscientos el primer mes.

En redes sociales hay posibilidad de lograr diversos objetivos. Además de conseguir seguidores o crear imagen de la marca, hay otros que merecen que nos detengamos en ellos por su importancia:

⇨ **Testimonios.** El ser humano se guía por recomendaciones; si tal persona lo ha probado y le ha gustado nos animamos a comprarlo. ¿Qué es lo primero que haces antes de reservar *online* una habitación de hotel? Ver las opiniones, seguro. Vale mil veces más la opinión que digan otros de un producto o servicio a lo que diga la empresa. Por todo ello, el objetivo de buscar clientes que expresen su experiencia y compartan sus impresiones debería estar presente.

- **Viralizar.** En redes sociales queremos llegar a todo nuestro público objetivo y cuando publicamos un contenido buscamos que guste, que se comparta, que se guarde y que cada vez llegue a más gente. No hay una fórmula mágica y rápida para conseguirlo, pero la clave está en hacer un contenido que le encante a tu público, y apoyarte en publicidad de pago es una muy buena combinación.

- **Interacción.** Interactuar con una publicación es darle a "me gusta", compartir, comentar o guardar. Recuerda el algoritmo de las redes: interpretan qué está gustando el contenido y lo enseñarán a más gente que posiblemente le interese si tiene interacciones.

 **TAREA 5**

Sobre la empresa ficticia que estás trabajando desde la Unidad 1, identifica los objetivos que quieres lograr con tus acciones en redes sociales. No te olvides de hacerlos SMART.

- -

3.5. Identifica a tu público

Será el centro de todas tus estrategias y, dependiendo del público al que te dirijas, trabajarás unas redes u otras y el contenido también variará, porque no es lo mismo dirigirte a un joven de 18 años interesado en las motos que a una mujer de 40 años con tres hijos; estás de acuerdo, ¿verdad? Por lo que el contenido debe adaptarse al segmento al que te dirijas y elegir las redes en función de si tu público está en ellas.

Para identificar a tu público necesitas dos cosas: paciencia e investigación. Y no descartes el método ensayo y error; en redes sociales es más común de lo que crees.

Pautas para identificar a tu público

Puedes empezar dando respuesta a estas preguntas pensando en tu modelo de negocio:

- ¿Cómo es tu público *offline?* Defínelo por edad, sexo y otros datos demográficos. Nos dará pistas de cómo puede ser el *online.*
- ¿Cuáles son sus intereses? Sus gustos.
- Localiza sus *pain points* o "puntos de dolor", como lo nombran en manuales de *marketing.* Estos puntos son problemas o situaciones que hacen mover a tu público (de forma consciente o no) y que tú podrías solucionar con tus productos o servicios. Para apuntarse a un curso de auxiliar administrativo con posibilidad de trabajo, el punto de dolor del joven de 18 años, amante de las motos, y el punto de dolor de una madre de 40 años en paro, es bien diferente. Para el primero, su motivación puede ser el deseo de encontrar su primer trabajo que le deje tiempo para su gran afición; para la segunda, volver a la vida en activo tras criar a los hijos. El mensaje con el que hablaremos a ambos deberá ser diferente porque a los dos les motivan temas diferentes. **Debes convertirte en la solución del problema de tu cliente.**
  Para identificar estos puntos de dolor puedes empezar por investigar en webs y blogs de tu sector; observa los comentarios que se hacen, escucha lo que dicen en las redes, bucea en grupos de *Facebook* o de *LinkedIn,* sigue *hashtags* relacionados e incluso habla con los comerciales de la empresa, conocen muy bien al público.

Existen aplicaciones como *Semrush,* con su herramienta **Keyword Magic Tool,** donde tienes la opción de consultar una palabra clave y te muestra las preguntas más frecuentes que la gente hace en internet. Estas preguntas pueden ser parte de sus puntos de dolor que tú puedes solucionar con tu producto o servicio. Puedes acceder a esta herramienta a través del siguiente enlace:

https://redirectoronline.com/ifct380204

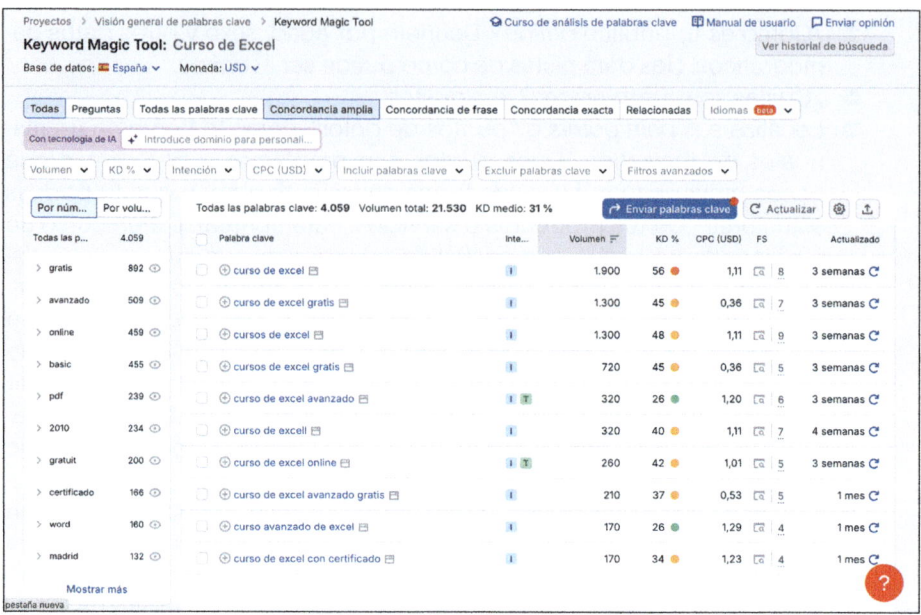

Búsqueda en Keyword Magic Tool sobre lo más buscado respecto a "Curso de Excel".

 **EJEMPLO**

En el caso de Aceite Soleado, S. L., usan la herramienta *Keyword Magic Tool,* de *Semrush,* con la palabra "aceite" y filtran por "España". Se dan cuenta de que muchas consultas en los buscadores empiezan por "¿para qué sirve...?", seguido de las palabras aceite de coco, aceite de ricino, aceite de rosa mosqueta, argán, árbol de té. Otra consulta muy común es "¿a qué temperatura hierve el aceite?".

Concretan más la búsqueda con las palabras "aceite de oliva" y se encuentran con más preguntas, además del "para qué sirve", leen "¿es malo cocinar con aceite de oliva?", "¿de dónde es el mejor aceite de oliva de España?" o "¿es bueno el aceite de oliva para la cara?".

Conclusiones: cuando Aceite Soleado, S. L., cree el contenido de las redes, estos puntos los tendrá en cuenta. Por ahora, piensan que sería buena idea trabajar contenido sobre las propiedades del aceite de oliva en la comida, recetas, propiedad de aceite de oliva en la cosmética y cuidado corporal y trabajar sobre el aceite en España, las diferencias de aceites que hay...

Otra herramienta que vuelca lo que la gente busca en *Google* es **Google Trends,** donde incluso puedes comparar entre tres palabras para saber cuál es la que la gente más utiliza. Además, te indica en un mapa dónde es tendencia ese término.

Accede al siguiente enlace para comenzar a utilizar esta herramienta:

https://redirectoronline.com/ifct380205

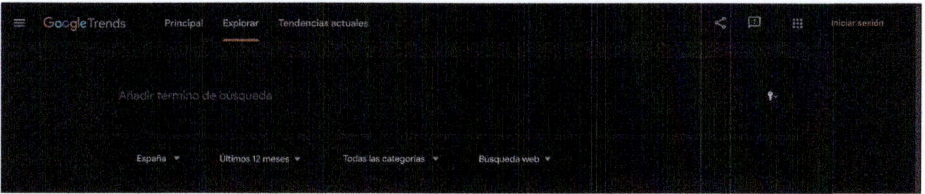

Introduce el término que quieres buscar y deja que Google Trends te diga cuánta gente ha buscado sobre él. Te puede dar pistas si el término es un punto de dolor.

 SABÍAS QUE...

En 2020, año del comienzo de la pandemia, los tres temas generales más buscados en *Google* España, según *Google Trends,* fueron: "coronavirus", "elecciones EE. UU." y *"classroom"*. Sobre recetas, se buscó: "pan casero"; sobre cómo hacer: "cómo hacer una mascarilla de tela"; sobre ¿por qué?: "por qué la gente compra papel higiénico".

Los **influencers** son personas que tienen una cuenta en alguna red social, desde donde ejercen una gran influencia sobre sus seguidores. Siempre han existido este tipo de personas: actores, políticos..., pero ahora esa influencia se ha democratizado gracias a internet.

Los *influencers* pueden convertirse en prescriptores interesantes de tu marca, pero no te ciegues en la cantidad de seguidores que tengan e interactúen, no es tan importante. No solo puede ser prescriptor aquel que tenga muchos seguidores que interactúen con él; piensa también en aquellos que tienen mucha autoridad en una comunidad concreta y que a ti te interese, son los llamados *microinfluencers*. No solo pienses en tamaño, piensa también en autoridad, relevancia y reputación.

👁 EJEMPLO

Karlos Arguiñano, el conocido cocinero, es un gran prescriptor que tiene muchos seguidores en sus redes sociales y llega a diferentes tipos de público.

Siéntete Joven, es una entrenadora valenciana de *YouTube* con una comunidad concreta: personas que desean ponerse en forma desde su casa, principalmente mujeres.

El **marketing de influencia** es algo clave en una estrategia de contenidos, siempre y cuando sepamos hacerlo correctamente. Elegir uno o varios *influencers* dependerá de la estrategia que llevemos y del presupuesto. Algunos *influencers* cobran en especie, con los productos o servicios que ofreces. Por ejemplo, eres un salón de belleza y pactas con una *influencer*, a quien le haces un peinado para una boda a cambio de que lo suba en *Instagram* y te etiquete. Otra opción es hacerlo a cambio de dinero, y tienen unas tarifas establecidas. Para saber cuál es el modo de trabajar de cada uno, lo mejor es ponerse en contacto con ellos y acordar cuál es la mejor forma de colaborar. Algunas recomendaciones son:

- Busca aquellos que estén en línea con tu marca y tus valores, no tanto por la cantidad de seguidores.
- Pídele que te presente números de alcance de sus *post,* de las interacciones, que te hable del perfil de sus seguidores...
- Cierra las condiciones por escrito, no olvides que estás trabajando la imagen de tu marca y no te quieres sustos.
- Deja que la creatividad surja del prescriptor, no le impongas cómo debe presentar tu producto o servicio porque perderá su naturalidad.
- No tienes por qué colaborar con un solo prescriptor.
- Contempla trabajar el *marketing* de influencia en un largo periodo de tiempo, que sea parte de la estrategia, no una colaboración puntual.

NOTA

Aunque la mejor forma de encontrar a los *influencers* de tu sector es hablando con tu público y observando si existen herramientas que nos pueden facilitar algo esta investigación. Conócelas a través de los siguientes enlaces:

https://redirectoronline.com/ifct380206

https://redirectoronline.com/ifct380207

https://redirectoronline.com/ifct380208

Además, existen empresas, como socialpubli.com por ejemplo, que, por un precio, pueden relacionar *influencers* de tu sector con la campaña de *marketing* que te interesa promocionar.

El 1 de enero de 2021 entró en vigor el nuevo código sobre el uso de *influencers* en la publicidad, en el que se propone la utilización de indicaciones como "*Ads*", "patrocinado por" o "publicidad" cuando un *influencer* haga publicidad.

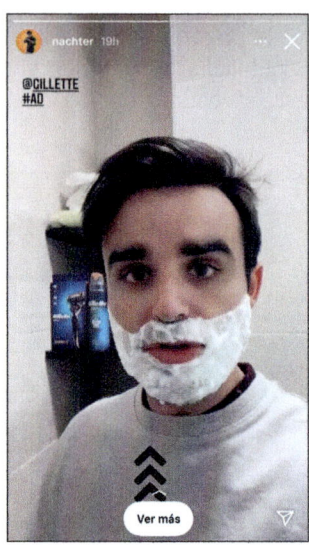

Ejemplo de la cuenta @nachter en Instagram de cómo en sus historias, cuando hace publicidad de un producto, coloca el indicador de publicidad

 TAREA 6

Sobre la empresa ficticia que estás trabajando desde la Unidad 1, identifica tu público en redes y estúdialo: en qué redes se mueve, datos demográficos, cuáles son sus *pain points,* los temas que les interesa saber...

Gestión de crisis

La gestión de las crisis en las redes sociales se refiere al conjunto de estrategias y acciones que una marca implementa para mitigar el impacto negativo de un evento inesperado o de una situación adversa que afecta su reputación o imagen pública, especialmente cuando estas situaciones se desarrollan o se amplifican en las redes sociales como *Facebook, X, Instagram, LinkedIn* o *TikTok.* Es indiscutible que hoy en día, las redes sociales tienen un poder de difusión y viralización tan grande que un pequeño error puede convertirse en una crisis de marca en cuestión de horas, si no se maneja adecuadamente.

Las crisis en redes sociales pueden ser desencadenadas por comentarios negativos, escándalos, errores en las campañas publicitarias, fallos de atención al cliente, desacuerdos públicos, o comentarios mal manejados por parte de la empresa o sus empleados. Además, las crisis no tienen que ser causadas por la propia empresa; las críticas externas, los comentarios de *influencers* o seguidores, los movimientos sociales o las campañas de boicot pueden generar una situación de crisis que necesite ser gestionada con rapidez y eficiencia.

Una de las características más complejas de las crisis en redes sociales es su rapidez de propagación. La información o los rumores pueden difundirse a una velocidad increíble, y los usuarios pueden generar contenido viral que es imposible de detener una vez que se ha compartido ampliamente. Este fenómeno puede tener consecuencias graves para la reputación de la marca, como son la pérdida de clientes, los boicots o incluso tener repercusiones financieras.

Por lo tanto, es crucial para las organizaciones tener un plan de respuesta a estas crisis que esté bien definido, que contemple estrategias para monitorizar las redes sociales en tiempo real, para responder rápidamente de manera efectiva, gestionar la comunicación de manera transparente y, en última instancia, recuperar la confianza del público. Una respuesta rápida y adecuada puede reducir los efectos negativos y, en algunos casos, puede convertir una crisis en una oportunidad para mejorar la relación con los clientes y fortalecer la marca.

El uso de herramientas de monitorización de las redes sociales es clave para conocer en todo momento lo que se habla de la marca. La gestión de las crisis de reputación de la marca debe involucrar a los equipos de *marketing,* atención al cliente y dirección. La forma en que la marca maneje una crisis en las redes sociales puede tener un impacto profundo en su reputación a largo plazo y en la confianza de sus consumidores y seguidores.

Para una gestión efectiva de las crisis en las redes sociales se recomienda seguir los siguientes pasos:

⮞ **Monitorización permanente:** las marcas deben estar al corriente de lo que se dice sobre ellas en las redes sociales. Pueden utilizar herramientas de monitorización como *Hootsuite, Brandwatch* o *Sprout Social* que ayudan a detectar posibles crisis antes de que no se puedan controlar.
⮞ **Respuestas rápidas y transparentes:** el tiempo es esencial durante una crisis. Las respuestas deben ser rápidas, claras y honestas. Si hay un error o un malentendido, se debe reconocer cuanto antes y ofrecer soluciones.
⮞ **Mantener la calma:** durante una crisis, las respuestas deben ser calmadas y profesionales, evitando cualquier tipo de lenguaje defensivo o

agresivo. Las redes sociales pueden generar una reacción emocional en el público, por lo que es fundamental utilizar un tono adecuado.

⮑ **Asumir responsabilidad:** si la crisis es debida a un error interno de la marca, es importante asumir la responsabilidad. La transparencia es clave para recuperar la confianza de los usuarios.

⮑ **Seguir comunicando constantemente:** mantener al público informado con actualizaciones regulares sobre la situación es crucial. No dejar de comunicar, sin inundar las redes con mensajes innecesarios, asegurando que la gente vea que la empresa está tomando medidas.

⮑ **Escuchar y responder a la comunidad:** escuchar lo que los usuarios están diciendo y ofrecerles respuestas personalizadas. Se deben evitar las respuestas genéricas y, en su lugar, interactuar de manera directa con los usuarios para demostrar que se valoran sus opiniones.

⮑ **Evaluar la situación y aprender de ella:** después de que haya pasado la crisis, es fundamental evaluar cómo se ha gestionado, qué se puede mejorar y qué lecciones se pueden aprender para evitar que vuelva a ocurrir.

 **EJEMPLO**

Un ejemplo de mala gestión de crisis en redes sociales fue el caso de United Airlines. La aerolínea fue duramente criticada después de que un video viral mostrara a un pasajero siendo arrastrado violentamente fuera de un avión para dejar espacio a un empleado de la aerolínea. El vídeo fue grabado por otros pasajeros y rápidamente se difundió en las redes sociales, generando una reacción masiva.

Desarrollo de la crisis:

- **Respuesta inadecuada:** *United Airlines* inicialmente respondió a la situación de manera defensiva, culpando al pasajero por no cooperar con las autoridades. Esta respuesta fue percibida como insensible y contribuyó a intensificar las críticas.
- **Respuesta tardía:** aunque la aerolínea emitió una disculpa después de las críticas, la respuesta fue tardía y poco convincente en comparación con la rapidez con la que el video se hizo viral.
- **Impacto en la imagen:** el incidente tuvo un impacto negativo en la imagen de la aerolínea, con una caída en la confianza del consumidor y una significativa pérdida de clientes. Las redes sociales desempeñaron un papel clave en amplificar la crisis.

Continúa en página siguiente >>

<< Viene de página anterior

Lecciones y mejoras:

- **Reconocer el error rápidamente:** en una crisis, es crucial que las empresas actúen rápidamente para reconocer la situación y asumir responsabilidad. Las disculpas deben ser sinceras y no pueden parecer una estrategia para calmar la situación sin tomar medidas reales.
- **Capacitación en gestión de crisis:** las empresas deben capacitar a sus empleados y equipos de comunicación sobre cómo manejar situaciones críticas de manera eficaz, especialmente en redes sociales donde la información se propaga rápidamente.

Resultado final:

Aunque la empresa terminó implementando cambios en sus políticas de gestión de pasajeros y personal, la percepción pública seguía afectada por la crisis. La aerolínea aprendió la importancia de la comunicación efectiva y la transparencia para evitar que situaciones similares escalen en el futuro.

---

4. Establecimiento a través de un caso práctico de la estrategia de contenidos y el plan de medios de una empresa

☞ **HILO CONDUCTOR**

Imanol y Nicolás, de Aceite Soleado, S. L., desean dirigirse a un público familiar; hombres y mujeres con hijos. Han hecho una escucha activa de este público a través, principalmente, de *Facebook*, *Instagram* y de blogs de alimentación y se han dado cuenta de que la mayoría de las personas coinciden en su preocupación por una alimentación sana y equilibrada, ya que consideran que es la base de un buen crecimiento para sus hijos. Este es uno de sus puntos de dolor: crecimiento sano de sus hijos.

Una vez analizada la situación, estudiado el público al que te vas a dirigir y planteados los objetivos que quieres alcanzar, llega el momento de elegir las redes en las que debería estar la empresa para llegar a ese público y cumplir los objetivos. Además, deberás planificar cómo estar en esas redes y cuál es el contenido con el que las vas a alimentar, en definitiva, debes **idear la estrategia.**

Es lógico pensar que si una empresa vende zapatos, el público espera que se le hable de los zapatos y el mundo del calzado, pero la relación en las redes va más allá. Es una relación en la que la empresa está humanizada, tiene seres humanos detrás y hay una historia que contar.

El contenido que irás compartiendo en tus cuentas para tus seguidores podrás crearlo tú o compartirlo de otras cuentas. No desperdicies la posibilidad de compartir contenido de otros porque piensa que lo que quieres es dar información que interese a tus seguidores. Además, compartiendo ese contenido y mencionando o etiquetando al autor, también te haces visible.

4.1. *Storytelling*

Una tendencia que está tomando fuerza en las redes es el llamado *storytelling,* palabra inglesa que significa "contar historias". Se trata del uso de la narrativa aplicada al *marketing* para conectar mejor con tus clientes.

Consiste en construir un relato alrededor de tu marca y dar coherencia a todo lo que transmitas en las redes sociales y más allá, en la web, en los *e-mails* y en la publicidad, entre otros. A través del *storytelling* puedes compartir con tu público historias que transmitan los valores de tu marca. Recuerda que la identidad digital de una marca es la suma de lo que dices y lo que comentan los demás.

 IMPORTANTE

No olvides que una de las funciones esenciales de todo *Community Manager* es crear y trabajar una comunidad digital alrededor de su marca. Crear una comunidad implica que el público se involucre y participe, y para conseguirlo se debe despertar una emoción que conecte a su corazón, o a su parte racional, o que le cause un impacto (el efecto *wow).*

En las redes sociales hay muchas posibilidades de trabajar las historias que quieras contar; a través de vídeos (muestran muy bien las emociones), a través de historias y *reels* de *Instagram, fleets* e hilos de *X...* La esencia es humanizar tus publicaciones, mostrar tus emociones (de la empresa) pensando siempre que el protagonista de tus historias es el cliente.

Trabajando el *storytelling* trabajas el *marketing* de contenidos, basado en crear, publicar y compartir contenidos que aporten valor a tus seguidores y que sean capaces de atraer y fidelizar.

El estudio de Cabrera Mir (2019) dice que hay varias razones por las que un usuario comparte contenido: es atractivo visualmente, le hace sentirse bien como persona, le anima y que ya ha sido compartido previamente por más personas.

Analicemos el trabajo de *storytelling* en las redes sociales con la marca Estrella Galicia:

En febrero de 2025, Estrella Galicia lanzó una campaña que generó gran expectación y polémica. La marca presentó un producto que aparentaba ser un caldo para paella valenciana, lo que inicialmente causó indignación entre los valencianos. Sin embargo, al abrir el envase, se revelaba que no contenía caldo, sino una edición especial de su cerveza, transmitiendo el mensaje de que algunas recetas tradicionales no deben alterarse.

Esta campaña fue difundida en las redes como *Instagram, Facebook* y en *X.* Sin embargo, en *TikTok* dejaron que los demás hablaran de la campaña.

estrellagalicia Os traemos el nuevo caldo para Paella Valenciana de Estrella Galicia. 🍺 Para todos los que la amáis y no queréis renunciar al sabor auténtico. Listo para usar, sin complicaciones, con el toque inconfundible de Estrella Galicia. Parece una locura, ¿verdad? Pues igual no lo es tanto.

👉 Por si te pica la curiosidad, te dejo el link en la bio.

♡ 1400   ○ 105   ▽ 62

Presentación en redes sociales del nuevo caldo para Paella Valenciana de Estrella Galicia.

estrellagalicia Ayer anunciamos nuestro Caldo para Paella Valenciana y nos pusisteis a caldo. Pero tranquilos, fue broma.

Lo que sí es real es nuestra Edición Especial Valencia, un homenaje a esa pasión con la que defendéis vuestra paella. La misma que ponemos nosotros en nuestra cerveza. Porque tenemos claro que hay recetas que no se tocan.

Toda la info de la Edición Especial Valencia en la bio 🥘

#EdicionValencia #HayRecetasQueNoSeTocan

Parte del vídeo que difundió el día después mostrando su nueva Edición Especial Valencia y el slogan de que hay recetas que no se tocan.

Estrella Galicia no solo promocionó su producto, sino que construyó una historia con suspense, emoción y un mensaje final impactante. Generó expectación y conversación al anunciar un supuesto caldo para paella valenciana, rompió con la idea de que una cervecera se meta en un ámbito tan tradicional como la gastronomía valenciana. Esto generó sorpresa e indignación en redes, con muchos usuarios reaccionando de forma negativa.

Creó un giro inesperado. Al abrir el envase, los consumidores descubrieron que no era caldo, sino una edición especial de su cerveza. La marca transmitió así un mensaje claro: "Hay cosas que no deben tocarse", en referencia a la receta original de la paella.

Conectó con la audiencia a nivel emocional al defender una receta tradicional, Estrella Galicia apeló al orgullo cultural y gastronómico de los valencianos. Esto hizo que la campaña no solo fuera viral, sino que también se compartiera con un sentimiento de pertenencia y humor.

Fue una campaña original que, en lugar de hacer una promoción convencional del nuevo producto, usaron una historia bien construida para captar la atención.

En definitiva, Estrella Galicia utilizó el *storytelling* para generar conversación, reforzar su imagen de marca auténtica y conectar emocionalmente con su audiencia de una forma creativa y viral.

 ## ACTIVIDAD COMPLEMENTARIA

8. Una estrategia de base muy parecida es la que llevó a cabo Galletas Príncipe en 2014 cuando renovó su marca, su producto y *packaging;* hasta el príncipe cambió su aspecto pareciéndose más a un príncipe de Disney, y se le sumaron unos amigos: el Universo Princeland.

   Crearon *spots* con las aventuras de estos y bajo el *hashtag* #tunuevoprincipe trabajó las redes sociales.

   Conociendo ahora sus antecedentes, ve a su canal de YouTube y analiza el contenido que aporta hoy en día en esta red social.

   ¿Cuál es el tema de los vídeos? ¿De qué hablan? ¿Solo tratan de sus galletas? ¿Crees que cuenta una historia más allá de las galletas?

4.2. Línea editorial

Se puede hablar de tres formas de compartir contenido en las redes sociales:

Orgánica
- Tu contenido aparece en los muros de tus seguidores (recuerda el algoritmo de las redes sociales y la dificultad cada vez mayor de salir en estos muros).

Continúa en página siguiente >>

<< Viene de página anterior

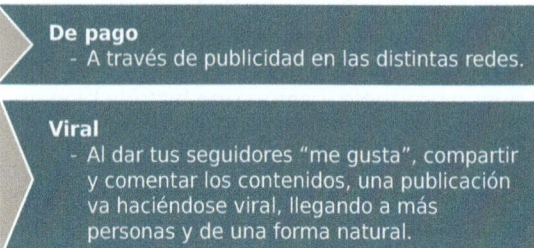

De pago
- A través de publicidad en las distintas redes.

Viral
- Al dar tus seguidores "me gusta", compartir y comentar los contenidos, una publicación va haciéndose viral, llegando a más personas y de una forma natural.

Una vez la empresa tiene definidos los objetivos que desea lograr a través de las redes y el público bien identificado, el siguiente paso sería saber de qué temas vas a hablarles y que den pie a conversación y nos ayuden a crear la comunidad alrededor de la marca.

Recuerda lo explicado en el apartado del público: para saber cuáles son los *pain points,* debes convertirte en la solución del problema de tu cliente. Teniendo estos puntos de dolor, te será más fácil enumerar los posibles temas.

Los temas tienen que ser categorías que nos permitan hacer diferentes *post* a lo largo de las semanas o meses, y cada uno de estos temas debe corresponder a uno o varios objetivos que se quieren conseguir.

 **EJEMPLO**

Una asesoría fiscal, cuyo principal público son autónomos, ha observado que estos se hacen un lío cada vez que tienen que presentar los papeles trimestrales del IVA; todo el papeleo les inquieta. Cuando empiezan lo intentan hacer todo ellos, pero después de un tiempo se van dando cuenta de que deben delegar. Por tanto:

- Punto de dolor de los autónomos: mucho papeleo cuya gestión no dominan, se sienten inseguros y les lleva mucho tiempo.
- Objetivos que conseguir en las redes sociales por parte de la asesoría: darse a conocer y convertirse en referente de su sector.

Teniendo estos dos puntos bien claros, alguno de los temas posibles pueden ser hablar del papeleo trimestral, tratar sobre trámites para casos excepcionales, hacerse eco de las nuevas leyes...

ACTIVIDAD COMPLEMENTARIA

9. Los *post* de Nescafé en *X* son un claro ejemplo de creación de contenido teniendo en cuenta los puntos de dolor del público al que se dirige. Conoce muy bien a su consumidor en *X* y crea contenidos que hacen que se sientan identificados y lo que le provoca el aumento de las interacciones. Mensajes como:

Busca otra marca en cualquier red social que refleje también este uso de los puntos de dolor y localiza cinco *post* y coméntalos.

APLICACIÓN PRÁCTICA

Aceite Soleado, S. L., con todo lo estudiado sobre su público y sus puntos de dolor, ha preparado una línea editorial con temas que saben que le van a interesar:

- Recetas saludables que incluyan aceite de oliva.
- ¿Sabías que...? Contenido que proporcione datos curiosos sobre las virtudes del aceite, usos en el pasado...

También, trabajaron las palabras que buscan las personas y se referían hacia el cuidado personal, por lo que extraen otro tema sobre el que crear contenido, como "los trucos de la abuela", contenido sobre los beneficios del aceite para el día a día.

Otro objetivo es mostrar la cara humana de la empresa. Para ello los temas serán:

- Mostrar el proceso de elaboración del aceite contado desde las personas que participan.
- Historia de la empresa.

Para asegurarse de que estos temas pueden ayudar a conseguir sus objetivos, elabora un cuadro relacionando tema con objetivos. Ayúdales a terminar de completarlo.

Línea, temas o categorías	Objetivos
Recetas saludables con sus aceites	Generar interacción
¿Sabías que...? Falsos mitos	
Sobre los aceites que venden	Generar tráfico a la web
Los trucos de la abuela (beneficios del aceite de oliva para el día a día)	
Proceso de elaboración del aceite	
Historia de la empresa	Mostrar la cara humana

Continúa en página siguiente >>

<< Viene de página anterior

Solución (Posible solución)

Una de las muchas propuestas podría ser el siguiente cuadro:

Línea, temas o categorías	Objetivos
Recetas saludables con sus aceites	- Generar interacción - Crear comunidad alrededor de la marca - Fidelizar - Dar a conocer los aceites
¿Sabías que...? Falsos mitos	- Generar interacción - Crear comunidad alrededor de la marca

Línea, temas o categorías	Objetivos
Sobre los aceites que venden	- Generar tráfico a la web - Dar a conocer los productos
Los trucos de la abuela (beneficios del aceite de oliva para el día a día)	- Generar interacción - Crear comunidad alrededor de la marca
Proceso de elaboración del aceite	- Ser referente en el sector - Dar a conocer los productos - Generar confianza sobre el producto - Mostrar la cara humana
Historia de la empresa	- Mostrar la cara humana

 TAREA 7

Sobre la empresa ficticia que estás trabajando desde la Unidad 1, teniendo en cuenta los objetivos que deseas lograr y el público que has identificado, elabora una lista de seis temas (línea editorial), y asocia cada uno al menos a uno de los objetivos que tienes planteados.

4.3. Calendario editorial

Ya tienes los temas de los que vas a hablar y ya podrías empezar a crear contenido, pero antes párate un tiempo a reflexionar sobre cuándo vas a publicar qué tipo de contenido. ¿Verdad que no ves lógico publicar toda una semana recetas y no volver a publicarlas hasta dentro de un mes? Eso puede pasar si no controlamos cuándo queremos publicar, cuando no planificamos. Al principio somos conscientes y alternamos la publicación de todos los temas que tenemos (y que están asociados a los objetivos que queremos lograr), pero cuando el día a día va pasando factura, y la creatividad hay que buscarla, es muy fácil caer en la tentación de publicar solo temas de los que nos es más fácil hablar. Cuando llegas a este punto, como te saltas temas, te saltas también objetivos y eso no interesa.

Para evitar cometer estos errores, una herramienta muy útil es crear un calendario de contenido y, con un solo vistazo, ver que se hablan de todos los temas y por ende se persiguen todos los objetivos.

A la hora de empezar a rellenarlo, hay un tema o categoría del que no hemos hablado y es aconsejable ponerlo el primero de todos. Son las festividades y fechas señaladas: el Día del Padre, Navidad, día nacional de... o internacional de..., entre otros. Hay días internacionales o nacionales para casi todo y pueden servirte de excusa para generar contenido alrededor de esa temática sin olvidarte de tus objetivos.

 EJEMPLOS

Aceite Soleado, S. L., ha decidido realizar en sus redes un sorteo de un lote de aceites en el Día Internacional del Olivo, el 26 de noviembre. Durante la semana anterior todo el contenido que ponga tendrá un recordatorio de dicho sorteo.

El 1 de mayo es el Día Internacional de los Trabajadores y la asesoría fiscal ha decidido que durante toda esa semana va a publicar contenido acerca de la contratación de trabajadores: anécdotas históricas, papeleo necesario para la contratación o despido de un trabajador...

PARA SABER MÁS

A través del siguiente enlace accederás a una página web en la que podrás consultar un calendario con todos los días internacionales y días mundiales, semanas y años internacionales.

https://redirectoronline.com/ifct380210

Los calendarios pueden ser muy variados: van desde los que solo ponen los temas a tratar hasta los más concretos, que indican la red social, los *hashtags* que han de utilizarse, si debe tener foto o vídeo o ser una historia... Elegir qué tipo será decisión de cada uno, qué es lo que le viene mejor para trabajar el contenido.

Según vayas trabajando con las redes o si las trabajas o no en equipo con otras personas, valorarás qué calendario es más conveniente.

Un calendario sencillo de **todo el mes** puede ser de esta forma:

Noviembre						
1	2	3	4	5	6	7
Día de todos los Santos *No publicar*	Sobre los aceites	Día Mundial *Sándwich* Receta de *sándwich* con aceite	¿Sabías que...?	Proceso de elaboración del aceite	El truco de la abuela	
8	9	10	11	12	13	14
Historia de la empresa	Sobre los aceites	Receta	Día Mundial de la Calidad *Proceso de elaboración del aceite*		¿Sabías que...?	El truco de la abuela

Continúa en página siguiente >>

<< Viene de página anterior

Noviembre						
15	16	17	18	19	20	21
Historia de la empresa	Proceso de elaboración del aceite	Receta	Sobre los aceites	¿Sabías que...?	El truco de la abuela	¿
22	23	24	25	26	27	28
Historia de la empresa + sorteo Día del Olivo	Sobre los aceites + sorteo Día del Olivo	Receta + sorteo Día del Olivo	Recordatorio Sorteo Día del Olivo	Día Mundial del Olivo *Proceso de elaboración del aceite y sorteo*	¿Sabías que...?	El truco de la abuela
29	30					
Historia de la empresa	Proceso de elaboración del aceite					

Siguiendo con los temas elegidos por Aceite Soleado se ha elaborado un calendario sencillo de un mes, poniendo primero los días internacionales y fechas señaladas.

Un calendario sencillo de **una semana** puede ser de esta forma:

Semana 1	Lunes	Martes	Miércoles	Jueves	Viernes	Sábado	Domingo
Facebook	Receta	Sobre los aceites	Proceso de elaboración del aceite	Sobre los aceites	Historia de la empresa	¿Sabías que...?	El truco de la abuela
Instagram	El truco de la abuela	Sobre los aceites	Proceso de elaboración del aceite	Receta	Sobre los aceites	¿Sabías que...?	
X	Sobre los aceites	¿Sabías que...?	Receta	Sobre los aceites	Receta	El truco de la abuela	
		Proceso de elaboración del aceite		Historia de la empresa			
LinkedIn	Historia de la empresa	Sobre los aceites		Proceso de elaboración del aceite			

Siguiendo con los temas elegidos por Aceite Soleado se ha elaborado un calendario sencillo de un mes, poniendo primero los días internacionales y fechas señaladas.

NOTA

Recuerda que en muchas ocasiones es prueba y error. Observa qué te está funcionando y qué no.

Y un **calendario más completo** podría hacerse de esta forma:

Marzo 2022	Semana 1			
	Lunes	**Martes**	**Miércoles**	**...**
Facebook	Tema: *Receta* Formato: *vídeo* *#recetassaludables* Copy: *La receta de la semana...* CTA: *Prueba a hacerla, sube una foto con el resultado, etiquétanos y entra en el sorteo de...*	Tema: *El truco de la abuela* Formato*: carrusel* *#truco* Copy: *Si todo lo que cocinas con tus sartenes se pega, prueba a seguir este truco de la abuela...* CTA: *Menciona a un amigo al que le viene bien este consejo.*	Tema: *Proceso de elaboración del aceite* Formato: *infografía* *#almazara* *#economiasostenible* Copy: *5 pasos en la elaboración del aceite que harán que este sea de una calidad u otra.* CTA: *Escribe en comentarios qué te ha parecido.*	...
X	Tema*: Sobre los aceites* Formato: *post* *#elaceiteesoro* Copy: *Cuando se dice que el aceite de oliva es oro líquido, esta variedad de aceite hace la frase más real si cabe...* CTA: *Visita la página web para conocer toda la variedad.*	Tema: ... Formato: ... #... Copy: ... CTA: ...	Tema: ... Formato: ... #... Copy: ... CTA: ...	...
Instagram	Tema: *El truco de la abuela* Formato: *carrusel* *# Truco* Copy: *Para limpiar los extractores de las casas prueba con poner un poco de aceite en un paño limpio y...* CTA: *Comenta si lo has probado alguna vez*	Tema: ... Formato: ... #... Copy: ... CTA: ...	Tema: ... Formato: ... #... Copy: ... CTA: ...	...
LinkedIn	*No publicar*	Tema: ... Formato: ... #... Copy: ... CTA: ...	...	...

para todos los *post:* #aceitedeoliva #aceitesoleado #elaceitedetumesa #aceiteoliva #aove #delcampoacasa

Ejemplo para Aceite Soleado de un calendario completo en el que se detalla no solo el tema (línea editorial), formato del contenido y hashtag que usar, sino que también se escribe el texto (copy) y la llamada a la acción (CTA).

TAREA 8

Sobre la empresa ficticia que estás trabajando desde la Unidad 1, crea un calendario para un mes. Tú eliges si hacerlo sencillo o con más detalles.

- -

4.4. Formatos para la elaboración de contenidos

👉 HILO CONDUCTOR

Aceite Soleado, S. L., está preparando un listado de posibles formas de presentar los temas que ha ido eligiendo. Sabe que algunas formas funcionarán porque lo ha observado en la competencia, pero quiere probar otras nuevas que atraigan a su público.

- -

Una vez establecido qué se habla y cuándo, faltaría ver **cómo se habla,** porque hay diferentes formas de contar las cosas.

Si un tema que quieres trabajar son los productos de tu empresa, puedes mostrarlos de diferentes formas. Imagina que vendes varios tipos de café soluble y quieres dar a conocer uno nuevo: "café con chocolate" para disfrutarlo en casa. Puedes encontrar infinitas formas de presentarlo en las redes y conseguir cumplir más de un objetivo:

- ⮞ Una foto bodegón del producto a modo de presentación. **Objetivo:** mostrarlo e ir creando imagen de marca.
- ⮞ Un juego visual, por ejemplo, el de las siete diferencias: dos fotos casi iguales donde se vea el café y haya diferencias entre sí. **Objetivo:** además de los anteriores, darlo a conocer e ir creando imagen de marca, también incitas a que se interactúe.
- ⮞ Una infografía referente a los beneficios del café y del chocolate. **Objetivos:** darlo a conocer, ir creando imagen de marca y que interactúen, ya que, por sus formatos, si les interesa lo guardarán o compartirán.
- ⮞ Un vídeo y aquí trabajaríamos muchos tipos de vídeos. Para historias, *reels...* **Objetivos:** todos los mencionados hasta ahora.
- ⮞ Un sorteo. **Objetivo:** darlo a conocer, crear imagen y que se viralice.

Un artículo de un blog de un tercero donde comenta sobre tu nuevo café-chocolate. **Objetivo:** darlo a conocer, crear imagen y mostrar testimonios.

Toda una diversidad de presentación de contenido —imágenes, texto, infografías, vídeos, sonido...— hará que este sea ligero para ser consumido y aportará un valor a los usuarios que lo verán, compartirán y recomendarán.

Desde antes de las redes, las empresas contaban con un documento llamado **libro de estilo** en el cual se recogía el estilo sobre el lenguaje que utilizar, la expresión escrita y la imagen gráfica de la empresa en su comunicación interna y externa. Con la creación de contenido, ahora, en medios digitales como son las redes sociales, se han añadido nuevos apartados como el tipo de fotografías y vídeos, filtros, tipo de letra de los *post* o dónde deben aparecer los logotipos.

👁 EJEMPLO

En el *feed* de la cuenta en *Instagram* de @chocolatesvalor se ve muy claro que sigue un mismo estilo en sus fotos/vídeos (cómo son, colores utilizados, qué aparece), así como el uso del logotipo.

Todos los post deben tener el logotipo de Valor en la parte inferior derecha. En las fotos debe aparecer el producto que se desea mostrar a excepción de los post de festividades (en el ejemplo es el Día del Padre), donde siempre trabajan las onzas de chocolate, dotándolas de vida. También en los sorteos hay una variación: en la parte superior derecha hay una pestaña roja en la que se puede leer la palabra "Sorteo". Además, respecto a las tonalidades, siempre han de ser la gama del marrón.

 **EJEMPLO**

En el caso de Aceite Soleado, S. L., los formatos elegidos están siendo los siguientes:

Tema	Formatos	Objetivos
Recetas saludables con sus aceites	- Vídeo dinámico de 30 segundos	- Generar interacción - Crear comunidad alrededor de la marca - Fidelizar - Dar a conocer los aceites
¿Sabías que...? O falsos mitos	- Post de diseño propio - Compartir post del blog de un tercero	- Generar interacción - Crear comunidad alrededor de la marca
Sobre los aceites que venden	- Post de diseño propio - Juegos - Fotos/vídeos de asistencia a ferias	- Generar tráfico a la web - Dar a conocer los productos
Los trucos de la abuela (beneficios del aceite de oliva para el día a día)	- Carrusel	- Generar interacción - Crear comunidad alrededor de la marca
Proceso de elaboración del aceite	- Infografías - Vídeos - Entrevistas a los protagonistas de conseguir que el aceite vaya del campo a la mesa: agricultor, almazara, embotelladora...	- Ser referente en el sector - Dar a conocer los productos - Generar confianza sobre el producto - Mostrar la cara humana
Historia de la empresa	- Fotografías o vídeos rescatados de la hemeroteca de la empresa - Precios concedidos	- Mostrar la cara humana

Relación de temas, formato y objetivos. Fíjate en que los objetivos son los marcados desde el comienzo y cómo tienen sentido los temas y los formatos para la consecución de estas metas. Las tres columnas están relacionadas.

Un libro de estilo digital es una herramienta indispensable de trabajo. No importa en qué tipo de empresa estés trabajando o si es una empresa pequeña y solo hay un *Community Manager;* no debes cometer el error de no tener libro de estilo. Nunca sabes qué puede pasar, cualquier contratiempo puede hacer que el *Community Manager* se ausente un largo periodo de tiempo, o puede cambiar de empresa o puesto de trabajo. En este caso si no hubiera un libro de estilo, habría que invertir mucho tiempo y esfuerzo en ver qué línea se ha seguido, cómo se ha actuado, qué lenguaje se ha utilizado...

 ACTIVIDAD COMPLEMENTARIA

10. Cada uno de los siguientes enlaces lleva a dos ejemplos de libro de estilo digital o guía de usos y estilos en las redes sociales. En el portal de la Administración Electrónica del Estado, descárgate la Guía de Comunicación Digital; también tienes acceso a la Guía del Gobierno Vasco.

    Accede a ellas e identifica qué aspectos tienen en cuenta. Por último, señala algo que te llame la atención.

Guía de Comunicación Digital para la Administración General del Estado	Guía del Gobierno Vasco

https://redirectoronline.com/ifct380211	*https://redirectoronline.com/ifct380212*

4.5. Curación de contenidos

Día a día debes ir alimentando las redes con contenido, bien creado por ti, bien compartido de otras fuentes. Es indudable la necesidad de estar al día de lo que se habla en el entorno, de lo que tu público comenta, de lo que publica tu competencia e incluso para encontrar inspiración para tu contenido. Este trabajo se denomina **curación de contenidos.**

En internet existe una enorme cantidad de información que nos está esperando. De media al día, por ejemplo, en *YouTube* se suben 5.000 millones de vídeos, en *Instagram* 100 millones de fotos y vídeos y se publican más de 5 millones de *post* en blogs.

 SABÍAS QUE...

"Infoxicación" es un término que hace referencia en términos coloquiales a la cantidad de información que internet ofrece y que produce la "intoxicación" de información.

Aparece un rol nuevo, el de curador de contenido (en inglés, *Content Curation*), persona que selecciona y comparte contenidos en internet teniendo muy presente qué información quiere o necesita su público y le aporte valor.

Este rol está muy vinculado al *Community Manager* y las funciones principales serán:

> Recopilar y filtrar información relevante valiéndose de herramientas que pueden facilitarle el trabajo como *Feedly*.

> Analizar y aportar valor, enriquecer la información. No consiste solo en recoger información de terceros y difundirla.

> Distribuir la información y medir resultados. Poco a poco irá encontrando qué contenidos funcionan mejor y tienen más interacción, y eso irá marcando la línea que seguir.

5. Valoración de las ventajas de adoptar buenas prácticas en materia de gestión de redes sociales

👉 HILO CONDUCTOR

Aceite Soleado, S. L., ha sacado un nuevo formato de aceite de oliva y quieren que la gente lo conozca. La dirección le pide a Nicolás e Imanol que se encarguen de la difusión digital. Han pensado en crear un sorteo cada semana durante un mes con el fin de que la gente conozca este nuevo formato, y para que llegue a más personas harán publicidad del sorteo.

Para estar en las redes sociales no has de pagar dinero (a excepción de aquellas que tienen una versión Pro como *LinkedIn),* pero dista mucho de que estas sean gratis. Hay una frase muy difundida que dice: "Cuando el producto es gratis, el producto eres tú". Y en el caso de las redes, así es. Nuestros datos sirven para que empresas como la tuya haga publicidad de pago en las redes y llegue al perfil del público que realmente interesa.

El cómo obtener estos datos es muy sencillo. Aunque no hayas escrito nada en la red sobre ti, tu escuela, tu trabajo, tus gustos..., las redes tienen una forma de recopilar datos. Van registrando el contenido que consumes, a quién sigues, a qué le das "me gusta". La red social te va perfilando para poder ofrecer mejores resultados a las empresas que quieren hacer publicidad.

En *Facebook,* por ejemplo, tienes la posibilidad de ver "¿Por qué veo este anuncio?".

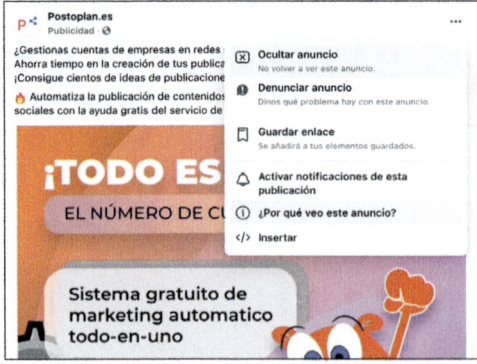

Publicidad en el perfil personal, pinchando en los tres puntos en la parte superior derecha llegas al apartado "¿Por qué veo este anuncio?".

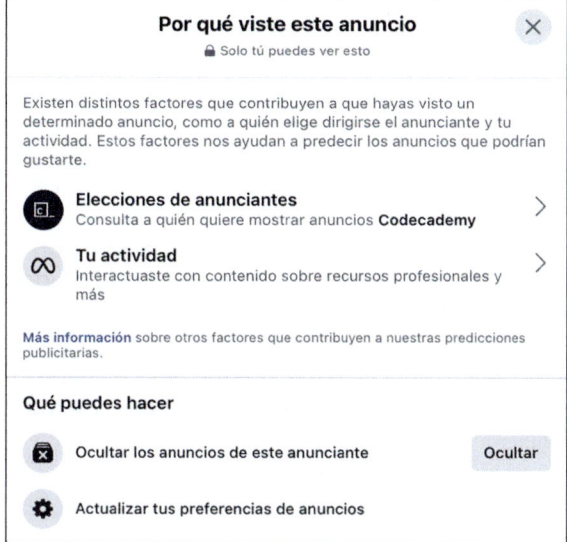

Pestaña donde Facebook te explica por qué te sale un determinado anuncio, dónde puedes bloquear al anunciante y cambiar tus preferencias.

 **RECUERDA**

La idea de *Facebook* es que recibas como usuario solo la información que desees. Por ello te aparece solo información de los amigos o empresas con los que más interactúas.

Pero esa publicidad te llega no solo por los datos que ha ido obteniendo *Facebook,* sino que existen más situaciones. Hagamos un repaso a las más comunes:

- Páginas de empresa en las redes que has indicado que te gustan.
- Información de tu perfil en las redes.
- Anuncios con los que has interactuado, has dado a "me gusta", has abierto el enlace, has solicitado información...
- Lugares en los que has indicado que estabas cuando subes un *post* o incluso el lugar donde esté tu teléfono.
- Tu actividad en el sitio web de la empresa anunciadora. *Facebook* tiene una herramienta llamada **pixel,** de la que hablaremos un poco más adelante, con la que el anunciante puede hacer que todas aquellas personas que entren a su página web o a una página concreta reciban un

determinado anuncio, diseñado exclusivamente para esas personas. Es lo que sucede cuando entras en una web de reservas de hotel, luego vas a *Facebook* y te salen anuncios del destino que has buscado.

⮥ Si figuras en una lista de la empresa anunciadora. Las empresas te pueden tener en una base de datos que pueden subir a *Facebook* y establecer que les salte un anuncio diseñado para la ocasión a todos los miembros de esa lista.

⮥ Si eres un perfil similar a lo que está buscando. Con la información de lo que hacen tus contactos o la información que proporcionan a las redes, estas crean públicos similares.

Por todo ello, la próxima vez que alguien nos diga que en una red social no hay que pagar por estar, duda. La base de cualquier red social son los datos que maneja.

5.1. Publicidad en *Facebook e Instagram*

Desde https://adsmanager.facebook.com podrás gestionar tanto la publicidad en *Facebook* como la de *Instagram,* crear los anuncios y hacer seguimiento del rendimiento de ellos.

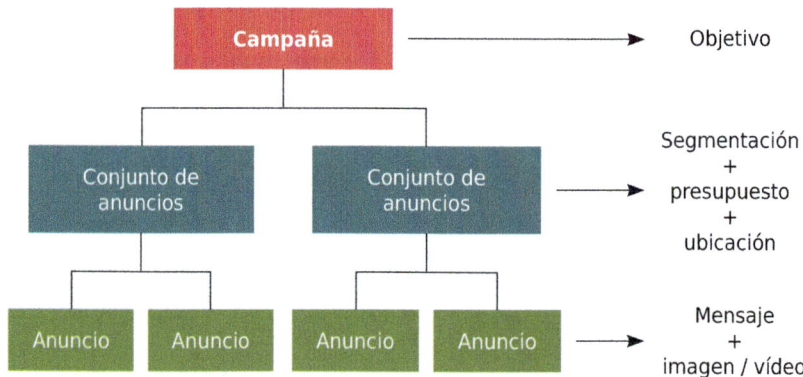

La estructura de las campañas de *Facebook* e *Instagram* está formada por tres etapas consecutivas:

⮥ **Campaña.** Cuando quieres crear un anuncio, debes comenzar otorgando un nombre a la campaña y señalando qué objetivos quieres conseguir con la publicidad.

⮥ **Grupo de anuncios.** En este nivel deberás elegir la segmentación de tu público por localización geográfica, datos demográficos, intereses... Establecerás cuánto deseas invertir por día o por el total de las fechas que quieras que dure la campaña e indicarás en dónde aparecerá el anuncio: en *Facebook,* en *Instagram,* en historias...

➲ **Anuncios.** Es en este nivel en el que realizas la parte creativa. Añadirás imagen o vídeo, escribirás el texto o *copy* y elegirás la llamada a la acción o CTA: más información, mensaje, visita sitio web...

Ejemplos de anuncios en *Facebook* e *Instagram*

Ejemplo de publicidad en Facebook ofreciendo un webinar con una imagen prediseñada y con llamada a la acción "Más información".

Ejemplo de publicidad en Instagram ofreciendo un taller online con una imagen prediseñada y con una llamada a la acción de "Ir al perfil de Instagram".

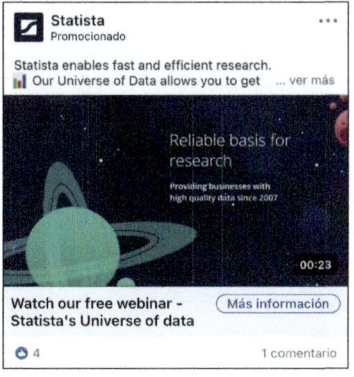

Ejemplo de publicidad en Instagram con una llamada a la acción de "Comprar".

Ejemplo de publicidad en Facebook ofreciendo un webinar con un vídeo, en vez de imagen, y llamada a la acción "Más información".

6. Venta en redes sociales

👉 HILO CONDUCTOR

Nicolás e Imanol acaban de salir de una reunión con la dirección de Aceite Soleado, S. L. Han estado analizando a sus diferentes públicos digitales y en qué lugar del proceso de compra están. La mayoría aún no conocen sus aceites, ni que existe la empresa, por lo que las ventas van a ser difíciles. Deberán darse a conocer a través de las redes sociales, atraer al público a su marca, para que este los tenga en cuenta a la hora de la decisión de compra y, por supuesto, termine comprando.

Cada paso que des en las redes sociales se produce para llegar a unos objetivos, como ya hemos visto. Puede decirse que el fin último es la conversión en ventas; esta es la razón de la existencia de toda empresa.

En las redes, y en internet en general, nos encontraremos con un público objetivo que no nos conoce y con otro que ya es seguidor nuestro. En este momento se nos plantean dos estrategias iniciales:

- ➲ Trabajar con los que no nos conocen para que lo hagan y nos sigan.
- ➲ Trabajar con los seguidores para que nos compren, fidelizarlos y luego convertirlos en prescriptores.

DEFINICIÓN

Fidelizar
Acciones destinas a que los clientes repitan la compra de productos o servicios.

Prescriptor
Persona que recomienda a otras que compren un producto o servicio que le ha gustado.

Esta estrategia se llama **embudo de venta,** *funnel* o **ciclo de venta del cliente,** y es el proceso por el cual todos los consumidores pasan al realizar una compra, y por el que se va filtrando al público objetivo hasta llegar a quedarse con el que compra. Es el camino que deberá recorrer tu cliente hasta que se produzca la venta. La empresa debe estar a lo largo del recorrido para acompañarle y darle lo que necesite hasta que se decide.

Desde que los clientes potenciales no nos conocen hasta que alguno de estos realiza una compra, la empresa debe acompañarlos en cada etapa y orientarlos hasta la compra.

En diferentes manuales se habla de las distintas etapas existentes, pero las vamos a simplificar y observar qué tipo de contenido y estrategia se puede desarrollar en cada:

Conocimiento y atracción	- El consumidor detecta una necesidad y busca opciones. Es el momento de hacerle saber que existes como marca y atraerle a tus redes sociales; con la publicidad de pago, con los testimonios de otros y con un buen contenido que guste y se viralice puedes ir trabajando este nivel. Los sorteos son otra posibilidad pero los concursantes muchas veces son infieles.
Consideración	- En esta fase el cliente evalúa si tu producto cumple con las necesidades que busca y compara con otros. Una vez en tus redes trabajarás su confianza y credibilidad en la empresa y en los productos/servicios para que, a la hora de la compra, te considere un posible candidato. Crea contenido relevante sobre los beneficios de este, válete de testimonios y cuenta la historia de la marca; esto te ayudará a darle ese pequeño empujón hacia la compra.
Compra	- En el momento de compra le surgirán dudas sobre el producto/servicio que sabrás resolver, ayudando a la persona a elegir la solución que mejor le convenga para su situación. Aquí puedes valorar si ofrecerles ofertas o cupones a los que están en duda.

Cuando el cliente quería comprar a través de las redes, hasta no hace mucho la única opción que tenía era hacer el pedido enviando un correo electrónico, hacer una llamada o enviar un *WhatsApp,* o se le redirigía a un sitio web (tienda *online,* por ejemplo), donde podía efectuar la compra.

En *Facebook, Instagram* o *WhatsApp,* además de estas opciones, puedes crear una tienda *online* y hacer la transacción a través de *Facebook Pay.*

Embudo de venta o ciclo de venta del cliente

1. Conocimiento
- El consumidor detecta su
  necesidad y busca alternativas.

2. Atracción
- El consumidor se siente atraído
  por algunas marcas.

3. Consideración
- El consumidor evalúa y compara qué
  producto o marca le sirve para cubrir
  la necesidad detectada.

4. Compra
- El consumidor se decide por
  comprar un determinado producto

Pero una vez hecha la venta, no se acaba el trabajo, pues debes conseguir que los que te han comprado una vez, repitan y que además sean prescriptores:

- ➲ **Fidelización.** Se debe seguir trabajando, ofreciendo al cliente contenido de valor para lograr que vuelva a confiar en la empresa y que vuelva a comprar en el futuro, quizá productos de mayor precio. En las redes puedes trabajarlo haciendo publicidad de pago para que tengan la marca en mente.
- ➲ **Prescripción.** Convertir al cliente en una persona que recomiende nuestro producto y marca. Un medio para conseguirlo es a través de los sorteos.

*Carrusel informativo del ciclo de compra de los clientes en el Instagram
de @ninjadeltiempo*

7. Buenas prácticas

👉 HILO CONDUCTOR

Nicolás e Imanol ya tienen definido su público, los objetivos que quieren alcanzar, los temas sobre los que hablar y cuándo deberían hacerlo; ahora les queda la parte más creativa: la creación de contenido.

Ten siempre presente a tu público y tus objetivos, y trabaja el contenido con creatividad buscando siempre enamorar para conseguir crear la comunidad alrededor de tu marca.

Busca que el usuario interactúe

Consigue "me gusta", compartir, comentarios...

Donettes hace una pregunta abierta para que se comente apoyado de una imagen original

Chocolates Valor muestra tres variedades de producto e incita a que el usuario escoja su preferido.

Starbucks fomentando los comentarios en Instagram

Grefusa pidiendo comentarios en Instagram

Chocolates Valor pidiendo comentarios e interacciones en Instagram

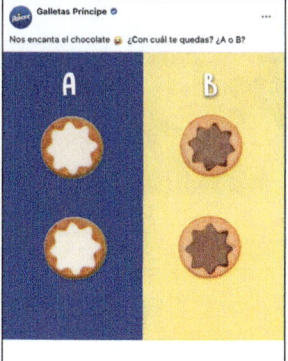

Galletas Príncipe pidiendo comentarios e interacciones en Instagram

Celebra festividades y días señalados

Son un buen motivo para interactuar con tu comunidad, en Navidad, el Día de la Madre o del Padre, incluso en días internacionales. Consejo: cuando estés preparando el calendario de contenido, señala primero los días especiales que tu público vaya a celebrar.

McDonald´s y el Año Nuevo en Instagram.

McDonald´s y el Día del Perro en Instagram.

Continúa en página siguiente >>

<< Viene de página anterior

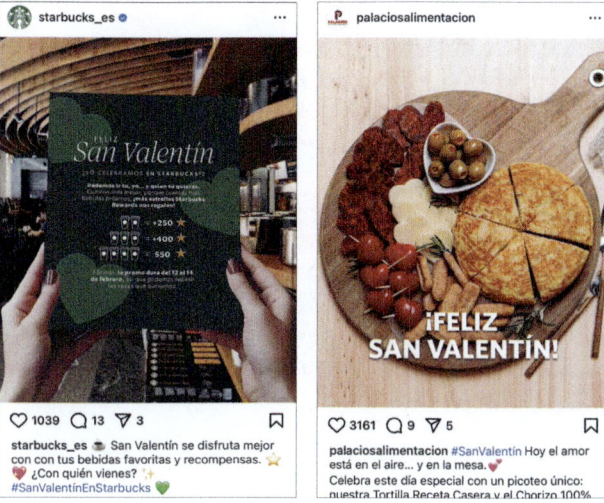

Distintos perfiles deseando Feliz San Valentín

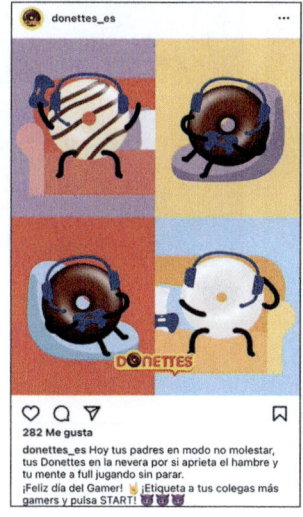

Donettes y el día del Gamer en Instagram

Galletas Príncipe y la noche de San Juan en Facebook

Galletas Príncipe y los Reyes Magos.

Grefusa y el Día del Hashtag en Instagram.

Chocolates Valor y el Día de Reyes en Instagram.

Chocolate valor celebrando el día mundial de la Tarta de Chocolate y buscando interacción.

Oreo celebrando la Noche Buena.

Oreo haciendo un guiño a la lotería de Navidad un 22 de diciembre.

Palacios aprovecha el día internacional de las legumbres para mostrar su producto relacionado con ese día.

Palacios aprovecha el día internacional de la croqueta para mostrar un producto relacionado.

Busca testimonios

Qué mejor que otros hablen de tu marca. Si eso ocurre, dales eco en tus redes, en *post,* en historias o como encaje mejor en tu estrategia de contenido.

Repost de Nescafé en X: otros usos de los tarros

Repost de Nescafé en X: recetas con Nescafé

Galletas Príncipe comparte en Facebook testimonios de ususarios, recetas que hacen con sus galletas e invita a más gente a compartir sus creaciones.

Válete de juegos

Sigue creando comunidad haciendo que tus seguidores se diviertan. No tiene por qué haber un premio por acertar una pregunta o resolver un jeroglífico; a veces, con la ilusión de acertar es suficiente para que los seguidores respondan.

McDonald´s, desde las historias de *Instagram,* plantea juegos para generar interactividad.

Hilo de historias compuesto por dos historias en Instagram

Hilo de historias compuesto por cuatro historias en Instagram

Otros ejemplos de marcas que se valen de juegos para lograr sus objetivos en las redes sociales son:

Oreo propone una sopa de letras

Oreo propone un juego visual deslizando los puntos de las imágenes. El efecto visual que se consigue es que la galleta baja y sube.

Oreo propone encontrar las 7 diferencias

Starbucks nos pone a prueba con un reto de observación

Ofrece contenido informativo

Recetas, trucos, menús o tutoriales harán que los usuarios compartan e interactúen.

Philadelphia propone recetas con su producto

Ikea muestra tutoriales

Reel de Chocolates Valor sobre cómo hacer un muñeco de nieve

Carrusel de información sobre distintos tipos de logos

Rowenta ofrece errores comunes

Informa sobre tu negocio

Las redes no dejan de ser una plataforma para comunicar sobre tu empresa: nuevos horarios, historia, rebajas... Se trata de contenido esporádico que será bien recibido.

Despierta la curiosidad del usuario

Los "¿Sabías que...?" son otra forma de hablar a tu público sobre tu producto y sobre tu sector, demostrar que sabes de qué hablas.

Explora el humor

Es una línea muy difícil de caminar, en algunos casos este es sutil y gusta en general pero algunas otras cuentas lo usan para generar polémica. Tenlo en cuenta a la hora de usarlo.

Carrusel de McDonald´s en post de Instagram contestando en tono de humor a comentarios que ha ido recibiendo

Ryanair utiliza el humor y la crítica como parte de su estrategia de comunicación. Aunque tiene muchos detractores, también cuenta con una gran cantidad de seguidores que disfrutan de su contenido. A través de un tono humorístico o crítico, la aerolínea informa sobre sus productos, se burla de las quejas de los clientes y comenta de manera sarcástica sobre las nuevas leyes aéreas y la labor de los controladores aéreos.

Se ríe de situaciones que pueden pasar en los vuelos

En clave de humor informa de su servicio de reserva de parking

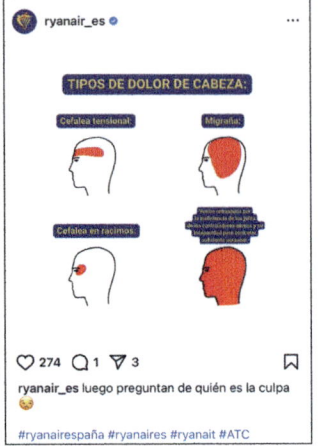

Critica a los jefes de los controladores aéreos

Critica a los jefes de los controladores aéreos

Responde con humor a quejas en redes sociales

Concursos y sorteos

Un punto y aparte se merecen los concursos y sorteos. Son un buen sistema para lograr objetivos como dar a conocer tu marca, generar tráfico a la web, aumentar seguidores o interacción o para conseguir datos del público como *e-mails* sobre los que luego trabajar el *e-mail marketing.* Dependiendo de cuál sea tu objetivo, deberás pensar en la dinámica del concurso. Por ejemplo, si tu objetivo es conseguir *e-mails,* la dinámica para participar podría ser que los usuarios respondan a una pregunta dando su dirección de correo electrónico. Si quieres generar tráfico a tu web, hacer una pregunta con la que se vean obligados a mirar la respuesta en la web. Si tu objetivo es aumentar la comunidad, la dinámica sería pedirles que se hagan seguidores.

Por tanto, piensa en el objetivo y trabaja la dinámica en consecuencia.

NOTA

La diferencia entre sorteo y concurso está en el sistema de selección de ganador: el sorteo es al azar y el concurso mediante un jurado.

El comportamiento de un mismo usuario cambia según en qué red social esté, por lo que no deberías preparar los sorteos del mismo modo en todas las redes sociales.

Algunos ejemplos:

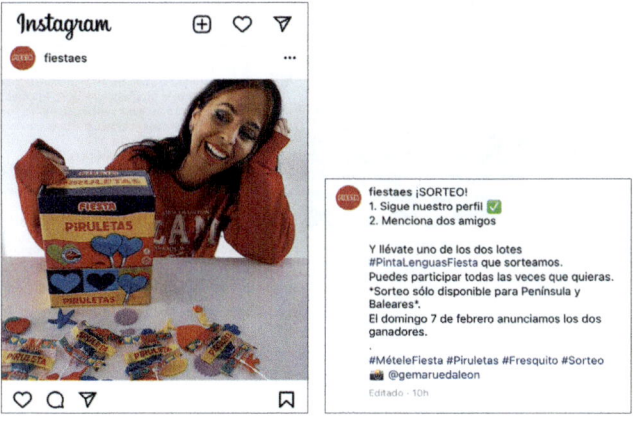

Sorteo en Instagram de la marca Fiesta.
Dinámica: Seguir al perfil y mencionar a dos amigos.
Bases del concurso directamente en el post.

CONCURSO! ⚠️ Y con quién podíamos derrochar tanto #AmorTijuanático si no era con @fini_golosinas? 😍 En forma de corazón ellos también nos dan su duuuulce amor! 🧡💜💙Y aquí hay de sobra: dulce y salado!! 👌
Queremos compartirlo con vosotros también, por supuesto, por eso, aquí van 3 LOTES🙌
Para participar! 👇
👉 Sigue a @fini_golosinas y @Grefusa
👉 Etiqueta a tu amor más dulce y al más salado (puedes mencionar a personas diferentes en varios comentarios, sin límites de participación) 👌
Ganadores el lunes! 👌
BBLL Aquí👉 https://bit.ly/3ncbFL0
Sorteo disponible también en FB y Tw!

2037 Me gusta

Sorteo en Instagram de la marca Grefusa.
Dinámica: Seguir a dos cuentas y mencionar a dos amigos.
Bases del sorteo en un enlace que lleva a su página web, donde se describe las bases legales del sorteo https://grefusa.com/wp-content/uploads/2020/11/BBLL_Fini_Corazones-Tijuana_v2.pdf

nescafe_es ¡Feliz Día del Desayuno! ☕ Y para celebrarlo os traemos ¡este maravilloso SORTEO de 4 lotes de productos NESCAFÉ! ¿Eres de los que disfruta del aroma del café recién hecho? ¿Es el café imprescindible en tus desayunos? ¡Queremos saberlo todo!
Para participar solo necesitas:
1. Seguirnos en @nescafe_es
2. Etiquetar a quien no puede vivir sin café en el desayuno
3. y contarnos cómo disfrutas de tu café en este momento del día ☕.
#DíaDelDesayuno #Nescafé #MakeYourWorld

Tienes tiempo para participar hasta el día 20 de febrero. BBLL en bio.
¡Suerte!

736 921 19

nescafe_es ¡Feliz Día del Desayuno! ☕ Y para celebrarlo os traemos ¡este maravilloso SORTEO de 4 lotes de productos NESCAFÉ! ¿Eres de los que disfruta del aroma del café recién hecho? ¿Es

Sorteo en Instagram de la marca Nescafé.
Dinámica: Seguir, etiquetar y comentario.
Bases del sorteo en la Biografía.

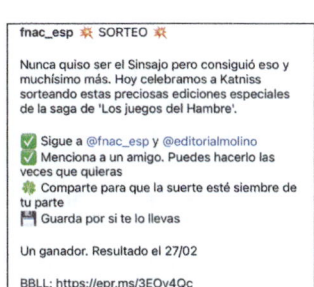

Sorteo en Instagram de la empresa fnac
Dinámica: Seguir, mencionar y compartir
Bases del sorteo en un enlace inactivo
Los sorteos en redes sociales van evolucionando, y una estrategias cada vez más utilizadas es la colaboración entre marcas. Este enfoque permite ampliar el alcance, atraer nuevas audiencias y generar mayor engagement. Al unir fuerzas, las marcas pueden ofrecer premios más atractivos y potenciar su visibilidad de manera mutua, logrando un impacto más significativo en sus comunidades digitales.

Grefusa se une a José Cuervo y sortea 5 packs de bebida y snack

Oreo se une a Matchaflix y sortean 2 packs de Oreo y Matchaflix

Nescafé se une a WeekendDesk y sortean un lote Nescafé y una escapada de una noche para 2 personas

Las bases legales para participar en los sorteos o concursos deben estar claras y ser accesibles para el participante y así prevenir posibles malentendidos. Por ejemplo, si sorteas un bolso y no indicas quién corre con los gastos de envío al ganador, puede crearse un malentendido. O en este mismo caso, si decides que los portes vayan a cargo de tu empresa y el sorteo lo gana una mujer que vive en Vancouver, Canadá, la empresa tendrá que pagar el envío.

Recoger en un documento las bases legales y hacerlas accesibles a tus seguidores no te llevará mucho tiempo y resolverá muchos posibles conflictos antes de que surjan.

Puntos importantes que debes recoger en las bases:

- ⮑ Duración, fecha y hora final del sorteo o elección del ganador.
- ⮑ Premio o premios a los que se opta participando.
- ⮑ Cómo se selecciona al ganador. Si es un concurso, los aspectos que se van a tener en cuenta y si va a haber jurado; si es un sorteo, cómo se obtiene al ganador. Existen herramientas *random* que pueden ayudarte: introduces todos los participantes y obtienes un ganador de forma aleatoria. Algunas de estas son las siguientes, pero hay muchas más en internet:

Sortea2	Augeweb.com
https://redirectoronline.com/ifct380213	*https://redirectoronline.com/ifct380214*

- ⮑ Informar de aspectos como que puede quedar el premio desierto; por ejemplo, si no se recoge en tienda en el plazo de un mes ya no habrá opción de hacerlo; también que no se puede cambiar por su valor en metálico. Cuanto más especifiques en estas bases, menos sorpresas te puedes encontrar.
- ⮑ Cómo se comunica los ganadores, si mediante un nuevo *post,* si la empresa se pondrá en contacto con él...

- ⮕ Cesión de derechos de propiedad intelectual y de imagen. Si tienes pensado usar el nombre, imagen o lo que ha hecho al usuario ganador del concurso (una foto, un relato...), lo debes especificar para que quien participe sepa a qué atenerse.
- ⮕ Por exigencia de *Facebook* e *Instagram,* deberás incluir en las bases la exoneración de cualquier responsabilidad de estas redes. Para conocer en profundidad sus políticas y normas, sigue los siguientes enlaces:

https://redirectoronline.com/ifct380215

https://redirectoronline.com/ifct380216

https://redirectoronline.com/ifct380217

Mecánica de participación, es decir, cuál es la dinámica que debe seguir el usuario para participar. Cada red social tiene sus propias reglas al respecto y que muchas cuentas de empresa no respetan y pueden perder alcance del sorteo/concurso o incluso, en el caso de *Facebook,* tu página sea cerrada.

Siguiendo la política de *Instagram,* puedes pedir comentar la publicación, que se mencione a amigos e incluso que se use un *hashtag*.

En *X* se permite pedir al usuario que te siga, que haga *repost,* que comente o que publique un *post* con un *hashtag.*

La política de *Facebook* te permite que los usuarios tengan que dar "me gusta" y comentar la publicación, pero no se puede pedir que sigan una cuenta ni que etiqueten a amigos. Para hacerlo correctamente has de sugerir que te sigan y que comenten algo que planteas mencionando a uno o varios amigos.

 ## APLICACIÓN PRÁCTICA

Los siguientes requisitos de la cuenta de *Facebook* de Aceite Soleado no cumplen la política de esta red social. Transfórmalos para que sí lo hagan.

Requisitos para participar:

- **Sigue a @aceitesoleado.**
- **Etiqueta a dos amigos.**

Solución (Posible solución)

Requisitos para participar:

- Debes ser seguidor de @aceitesoleado.
- ¿Con quién te encantaría disfrutar de este premio? Menciona a esos amigos y si ganas, ellos recibirán el mismo premio.

- -

 ## ACTIVIDAD COMPLEMENTARIA

11. Dirígete a la página de Grefusa, donde encontrarás todas las bases legales de sus sorteos. Elige una de ellas y reflexiona sobre todos los apartados que contiene el documento.

Continúa en página siguiente >>

<< Viene de página anterior

Puedes consultar su página en el siguiente enlace:

https://redirectoronline.com/ifct0212

Los sorteos o concursos pueden hacerse de forma manual como hemos visto o utilizando plataformas como *Easypromos,* que te ofrece diferentes posibilidades para crear tus concursos y sorteos y con forma sencilla de recoger los datos, presentar las condiciones de participación y elegir el ganador. Accede a su página en este enlace.

https://redirectoronline.com/ifct380218

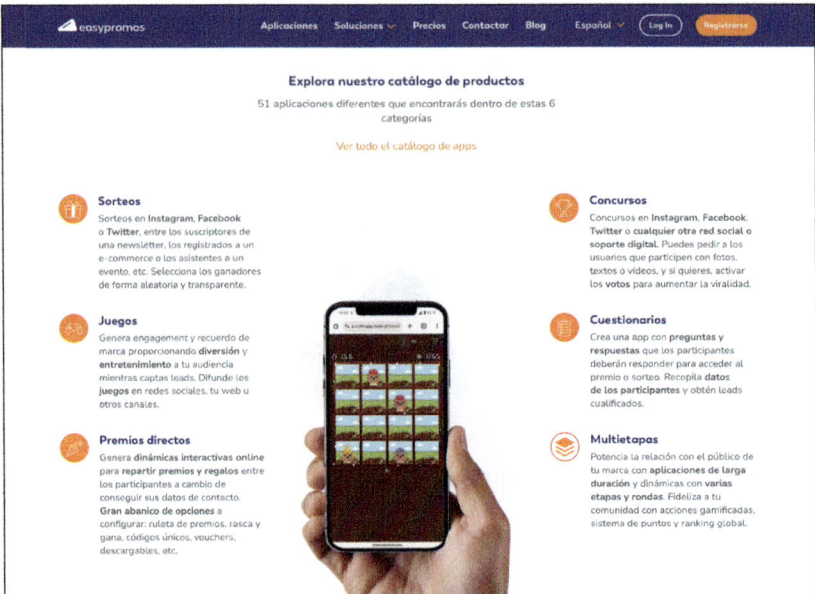

Algunas de las aplicaciones de Easypromos que pueden serte útiles a la hora de realizar sorteos y concursos

 **PARA SABER MÁS**

Otras herramientas que pueden interesarte para trabajar los sorteos y concursos son *Cool Tabs* y *Winnergram,* pero no descartes investigar por tu cuenta y encontrar la que mejor se adapte a tus intereses.

8. Reconocer diversos mecanismos para la prevención de malas prácticas en materia de gestión de redes sociales

HILO CONDUCTOR

La encargada de la tienda de Mijas que tiene Aceite Soleado, S. L., abrió una cuenta de *Instagram* con la intención de comunicarse de una forma más

Continúa en página siguiente >>

<< *Viene de página anterior*

cercana con los clientes del establecimiento. Esta acción no entraba dentro de la estrategia de empresa y no seguía ningún manual de estilo corporativo. Además, publicaba contenido cuando tenía tiempo, podía pasar un mes sin publicar y en una semana publicar diez *post*.

Las malas prácticas en las redes suelen venir por desconocimiento de cómo llevar la comunicación digital, más que por falta de conocimiento de las herramientas. No olvidemos lo ya comentado al principio de la unidad: es una nueva profesión que requiere conocimientos de comunicación y de conocer los valores y objetivos de la empresa. Entre otros aspectos, hay que evitar:

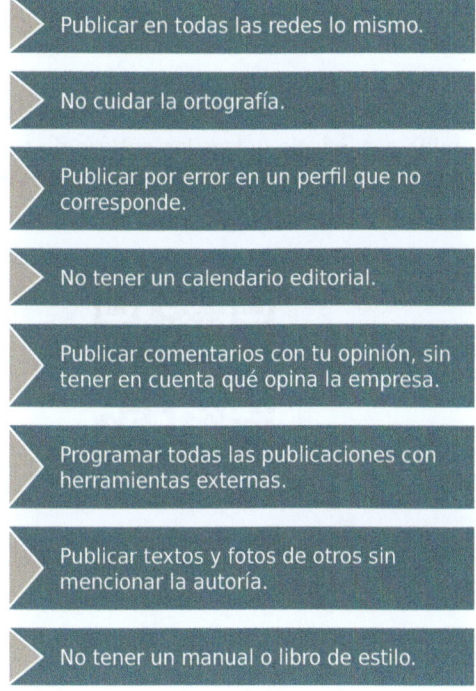

- Publicar en todas las redes lo mismo.
- No cuidar la ortografía.
- Publicar por error en un perfil que no corresponde.
- No tener un calendario editorial.
- Publicar comentarios con tu opinión, sin tener en cuenta qué opina la empresa.
- Programar todas las publicaciones con herramientas externas.
- Publicar textos y fotos de otros sin mencionar la autoría.
- No tener un manual o libro de estilo.

Nunca hay que olvidar que lo que se dice en las redes no se queda solo en las redes: la información puede correr como la pólvora, llegar a miles de personas y generar opiniones en masa que pueden crear crisis de imagen o de reputación *online*.

👁 EJEMPLOS

En enero de 2021, el PDeCAT tuvo que retirar un vídeo preelectoral de sus redes por ofender la sensibilidad de familiares de una exministra fallecida.

El vídeo se hizo rápidamente viral y fueron muchas las voces que se alzaron para que fuera retirado:

https://redirectoronline.com/ifct380219

El modelo Jon Kortajarena criticó en *Instagram* la gestión de una empresa de entrega de comida a domicilio, y tras las críticas de sus seguidores por su insensibilidad y los memes generados, se vio obligado a dar la cara. Si te interesa conocer más sobre este hecho, lee el siguiente artículo:

https://redirectoronline.com/ifct380220

9. Resumen

Con las redes sociales han aparecido figuras nuevas como los *Prosumer*, donde los consumidores son también generadores de contenido simplemente al escribir comentarios sobre los productos o servicios en sus redes, así como la figura del *Community Manager*, profesional encargado de gestionar las redes de una empresa: buscar, crear y publicar contenido que interese al público que la empresa desea, monitorizar la imagen digital de la compañía, atender al cliente que se comunica digitalmente... Una serie de acciones cuyo fin último es crear comunidad alrededor de la marca.

Toda empresa, grande o pequeña, debe tener un plan estratégico a medio-largo plazo y el trabajo en las redes sociales debe llevar a la consecución de parte de los objetivos de ese plan. Para ello, se redactan planes más cortos de tiempo y más concretos, los llamados planes operativos, que, teniendo en cuenta el uso exclusivo de las redes sociales, se denominan planes de *Social Media Marketing*.

Para redactar la redacción de un plan de *marketing* se han de completar cinco fases consecutivas:

- ➲ Análisis del público, de la empresa, de la competencia.
- ➲ Fijación de objetivos que conseguir con las redes sociales.
- ➲ Público al que nos interesa dirigirnos.
- ➲ Crear contenido que consiga alcanzar los objetivos señalados por la empresa y teniendo en cuenta los *pain points* o puntos de dolor del público.
- ➲ Seguimiento y control de cada acción que se realice para conocer qué está funcionando y qué no y poder rectificar en ese caso.

Las herramientas que hemos visto en esta unidad son:

Tema	Herramienta	Descripción
Competencia Público	Google Alerts	Herramienta de *Google* que te permite crear una alerta sobre las palabras que necesites monitorizar; los resultados te llegan al *e-mail*.
	Google Maps	Herramienta de *Google* que te permite geolocalizar y encontrar tu competencia física.
	Fedica From Followerwonk – Search Bios, de X	Herramienta de pago, que te permite encontrar por palabras clave cuentas de *X* e incluso filtrar por ubicación.

Continúa en página siguiente >>

<< Viene de página anterior

Tema	Herramienta	Descripción
Público *Influencer*	Semrush -*Keyword Magic Tool*	Herramienta con versión gratis y de pago, te permite consultar una palabra clave y te muestra las preguntas más frecuentes que la gente hace en internet.
	Google Trends	Herramienta que te muestra lo que la gente más suele buscar en *Google* respecto a una palabra.
Influencer	Heepsy	Herramienta para búsqueda de *influencers*.
	Fedica From Followerwonk – Search Bios, de X	Herramienta para búsqueda por palabras clave de cuentas de *X* y que te muestra la *Social Authority* de estas cuentas para localizar *influencers*.
	Buzzsumo	Herramienta *online* que te ayuda a localizar *influencers* y a generar ideas para crear contenido de alto *Engagement*.
Sorteos y concursos	Easypromos	Plataforma con la que podrás crear sorteos y concursos de forma profesional.
	Sortea2	Herramienta *random* con la que extraer un número o persona ganadora de un sorteo.
	Augeweb - Azar	Herramienta *random* con la que extraer un número o persona ganadora de un sorteo.

Ejercicios de autoevaluación
Unidad de Aprendizaje 2

1. El plan *Social Media Marketing*...

    a. ... se elabora para presentar en sociedad.
    b. ... se elabora para trabajar las redes sociales.
    c. ... no es importante para trabajar las redes sociales.
    d. Todas las opciones son incorrectas.

2. Indica si las siguientes afirmaciones son verdaderas o falsas:

    a. Un *Community Manager* puede responder a un comentario en las redes con su opinión.

        ■ Verdadero
        ■ Falso

    b. Ante una crisis de reputación *online,* el Instituto Nacional de Ciberseguridad propone que se ejecuten acciones antes de las 24 horas.

        ■ Verdadero
        ■ Falso

3. Un plan operativo es un plan...

    a. ... realizado a medio-largo plazo con acciones exclusivamente para conseguir ventas.
    b. ... realizado a corto-medio plazo con acciones exclusivamente para conseguir ventas.
    c. ... realizado a corto-medio plazo con acciones concretas para alcanzar los objetivos estratégicos.
    d. Todas las opciones son incorrectas.

4. La estructura de un plan *Social Media Marketing* es...

    a. ... análisis de situación, objetivos, acciones y seguimiento y control.

    b. ... análisis de situación, objetivos, público, acciones y seguimiento y control.

    c. ... objetivos, público, acciones y seguimiento y control.

    d. ... análisis, objetivos, público y acciones.

5. Indica si siguientes afirmaciones son verdaderas o falsas:

    a. Estudiar tu competencia te puede ayudar a conocer mejor a tu público.

        ■ Verdadero
        ■ Falso

    b. No estudies tu competencia con la idea de extraer contenido relevante para trabajar mejor tu estrategia.

        ■ Verdadero
        ■ Falso

6. El liderazgo de cada perfil en redes, medido en número de usuarios e interacción con los *post* que publica, se llama:

    a. *Funnel*

    b. Curación de contenidos

    c. *Social Suthority*

    d. *Storyelling*

7. Señala si la siguiente afirmación es verdadera o falsa: "Incrementar mis seguidores en *X* en 20 por semana es un objetivo SMART".

    ■ Verdadero
    ■ Falso

8. **El uso de la narrativa aplicada al *marketing* para conectar mejor con tus clientes se llama:**

   a. *Funnel*
   b. Curación de contenidos
   c. *Social Authority*
   d. *Storytelling*

9. **Si trabajas tú solo de *Community Manager* para una empresa pequeña, no es importante tener una línea y calendario editorial.**

   a. Verdadero.
   b. Falso.
   c. La línea editorial es importante, pero el calendario no tanto.
   d. El calendario es importante, pero la línea editorial no tanto.

10. **El proceso de filtración por el que los clientes pasan hasta realizar una compra se llama:**

   a. *Funnel*
   b. Curación de contenidos
   c. *Social Authority*
   d. *Storytelling*

Herramientas, analítica e informes

Contenido

1. Identificación de diferentes recursos de apoyo y definición de las pautas para su uso
2. Demostración de las habilidades necesarias para hacer uso de herramientas para la gestión de redes sociales
3. Demostración de las habilidades necesarias para el manejo de software para el análisis de datos
4. Aplicación de pautas de diseño para conseguir campañas de éxito

Identificación de diferentes recursos de apoyo y definición de las pautas para su uso

Contenido

Objetivos

El objetivo general de esta Unidad de Aprendizaje es:

→ Conocer diferentes herramientas de apoyo para la creación y difusión de contenido.

Los objetivos específicos de esta Unidad de Aprendizaje son:

→ Conocer herramientas para trabajar diferentes formatos de contenido.

→ Saber localizar información de inspiración, tendencias y fuentes.

1. Introducción

A lo largo de las dos primeras unidades hemos ido viendo herramientas básicas para el trabajo de un *Community Manager,* pero existen otras muchas que te pueden facilitar el trabajo. En esta unidad nos centraremos en herramientas para crear contenido, bien sea vídeo, infografías, infoproductos u otros.

En el día a día de un *Community* no todo es crear contenido; como ya vimos, debe conocer tendencias que atraigan a su público sobre las que hablar y necesita estar al día de novedades. Las fuentes de información localizadas y bien gestionadas son la base de un buen trabajo.

En Aceite Soleado, S. L., ven la necesidad de crear diferentes contenidos que atraigan al público al que quiere llegar y con el que crear comunidad. Explorarán la posibilidad de usar vídeos, infografías y hasta memes.

2. Herramientas de contenido

☞ HILO CONDUCTOR

Las redes sociales de Aceite Soleado, S. L., ya han comenzado a ser alimentadas. Nicolás e Imanol ven la necesidad de trabajar los diferentes formatos de contenido de una forma creativa. Van a empezar a trabajar los vídeos y a crear infografías, siempre teniendo en cuenta qué le interesa al público leer, ver o escuchar. Han estudiado muy bien lo que hace la competencia y quieren innovar; el método prueba y error les dirá si van por buen camino.

Como hemos visto, crear contenido en redes sociales no solo es diseñar un *post* cada cierto tiempo, sino que todo el contenido que creemos va vinculado a una o varias estrategias. Para ello, las cuentas en redes se valen de fotos, vídeos, infografías, memes y otros formatos. Hagamos un repaso a los principales y veamos cómo sacarle el mejor partido, además de repasar herramientas que nos pueden ayudar a crearlos.

La mayoría de estas herramientas tienen una versión gratuita y otra de pago.

2.1. Imágenes

En redes sociales como *Instagram* o *Pinterest,* no se puede crear contenido si no comienzas subiendo una imagen, lo que les ha convertido en redes cuyo contenido visual es muy cuidado e incluso inspiracional. Pero este hecho no resta importancia al valor que las imágenes tienen también en otras redes. Un post puede ser solo texto, pero atrae mucho más si va acompañado de una imagen; *Facebook, X* y *LinkedIn* ofrecen la opción de crear historias (basadas en fotos y vídeos) que duren 24 horas, como lleva tiempo haciendo *Instagram* y antes *Snapchat*. Cualquier contenido en redes se ve enriquecido si va acompañado de imagen.

Para la creación y gestión de imágenes cuentas con muchas herramientas y recursos. A continuación, te mostramos los más populares.

Gimp

Excelente herramienta gratuita que deberás descargarte en el ordenador y te sirve para editar imágenes como un profesional. Permite trabajar las capas, los textos y cuenta con numerosas herramientas muy similares al programa de pago *Photoshop*.

Puede acceder a su página a través del siguiente enlace:

Logotipo de la herramienta de edición de imágenes Gimp.
https://www.gimp.org

Canva

Programa gratuito con una versión de pago muy interesante. En los últimos años ha evolucionado tanto que te ofrece servicios de diseños increíbles, con un gran banco de imágenes (algunas gratis, otras de pago) y la posibilidad de un acabado muy profesional. Hoy en día es la herramienta imprescindible para todos aquellos que diseñen sin ser diseñadores.

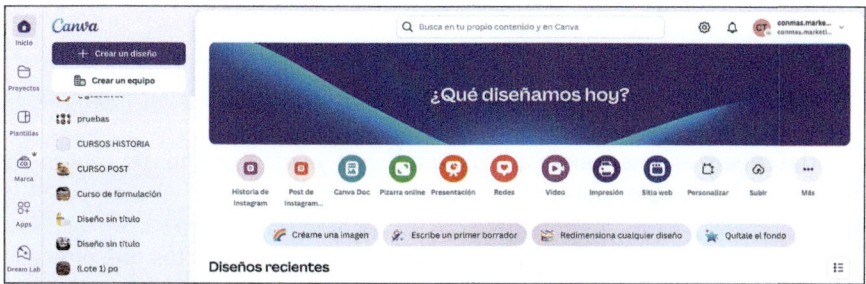

Interfaz inicial de la herramienta online Canva. Desde aquí podrás empezar a diseñar o ver los diseños que ya has creado y seguir editándolos.

Con las plantillas que te ofrece, o sin ellas, puedes llegar a crear increíbles montajes de fotos, infografías, mapas mentales, calendarios... En cuanto a los formatos de redes sociales, te ofrece plantillas para crear *post, reels* e historias de *Instagram; post,* portadas y anuncios para *Facebook* y *X,* además de otros formatos para más redes sociales. Por ejemplo, los formatos carrusel de los *post* o el estilo rompecabeza del *feed* de *Instagram* son muy sencillos de trabajar con esta herramienta.

⊕ PARA SABER MÁS

Similar a *Canva* es la herramienta *PicMonkey.* Prueba ambas y decide cuál usar.

Canva	PicMonkey
https://redirectoronline.com/ifct380301	https://redirectoronline.com/ifct0380302

TAREA 9

Inscríbete en una cuenta gratuita en *Canva* y crea tres tipos de contenido para las redes sociales para practicar:

- Un *post* para *Instagram* buscando mostrar los productos que ofreces.
- Una historia en *Instagram* y otra en *Facebook,* buscando generar interacción: que la gente envíe mensaje o conteste a encuestas o preguntas.
- Un *post* formato carrusel para *Instagram* ofreciendo cinco *tips* imprescindibles relacionados con el sector de tus redes sociales.

Bancos de imágenes

Ninguna imagen debe usarse si no es nuestra o no nos han cedido el uso, si no la hemos comprado o si no la hemos cogido de un banco de imágenes gratuitas. No puedes tomar una foto de *Google,* por ejemplo, y usarla; estaríamos incumpliendo los derechos de autor y podría tener consecuencias legales.

Pixabay es un ejemplo de los muchos bancos de imágenes gratuitas de libre distribución que existen.

Buscador de imágenes por palabra clave en Pixabay. Solo has de introducir la palabra de lo que estás buscando, filtrar por imagen, vector o ilustración y darle a buscar.

Otras herramientas para la creación de contenido visual

Existen muchas herramientas en el mercado, como ya se sabe; unas gratuitas, otras de pago y otras mixtas. Conocer muchas no te convierte en un buen *Community Manager;* en cambio, usar las adecuadas para llegar a crear el contenido que te llevará a la consecución de los objetivos, sí es propio de un buen *Community.* Por ello, salsea las herramientas que ves que otros usan, que te recomiendan o que te encuentras por internet, pero solo trabaja con las imprescindibles.

Algunas herramientas más que pueden hacer que tu contenido sea diferente son:

➲ *Spacegram:* si deseas crear textos con cursiva y negritas en las redes sociales esta plataforma, es de muy fácil uso. Solo deberás escribir el texto como lo deseas y darle a **Convertir y copiar,** y pasarlo a tu red social.

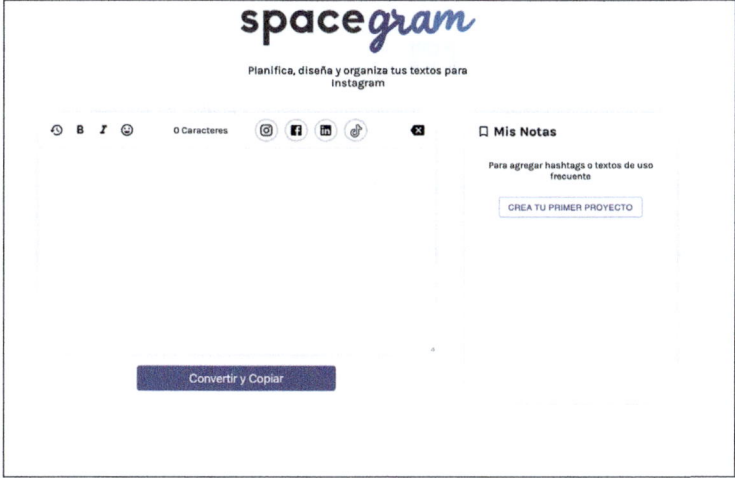

Caja donde escribir el texto con negritas, cursivas y sin efecto. Después, pulsando el botón Convertir y copiar podrás pegarlo en la red social que te interesa.

⊃ *StoryArt,* **editor de historias**: aplicación muy interesante para trabajar desde el móvil las historias de *Instagram.*

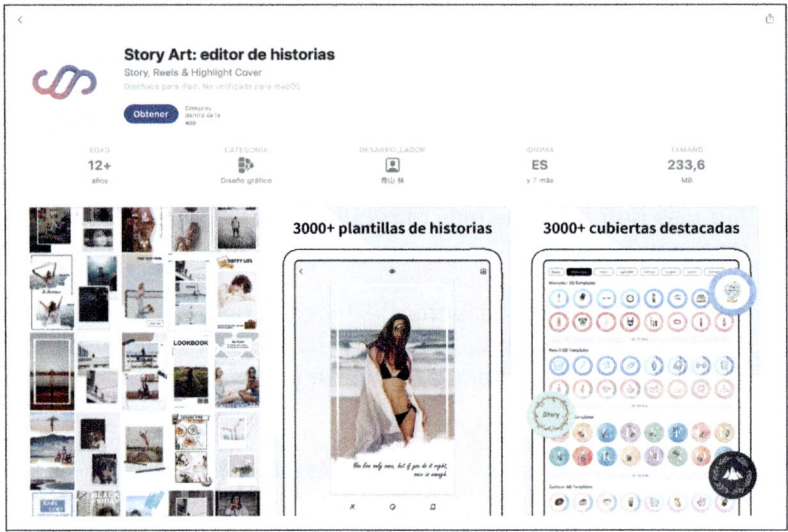

Así se presenta la app en el móvil para descargarse y poder ser utilizada.

Como se ha indicado, existen muchas herramientas y muy interesantes. Lo ideal es que vayas probando y te quedes con la que realmente te puede servir para crear un contenido creativo y atractivo.

 ## ACTIVIDAD COMPLEMENTARIA

12. Busca en internet más herramientas para hacer tus *post* diferentes. Selecciona una y pruébala.

2.2. Vídeos

Al igual que las fotos y montajes de imagen, los vídeos son un recurso muy atractivo. Se consumen de forma fácil, pues el usuario no debe hacer grandes esfuerzos como sucede con el texto, y son muy cómodos para compartir y, por tanto, hay más posibilidad de que se viralice.

Algunas herramientas que pueden resultarte útiles para editar los vídeos son las siguientes:

Filmora de Wondershare

Herramienta que te permitirá en tu ordenador importar tus archivos y editar las fotos, vídeos y audios, agregando música, textos, transiciones, filtros y otros elementos. Su manejo es muy intuitivo.

Herramienta muy completa e intuitiva para editar vídeos de una forma muy profesional. Simplemente arrastrando las imágenes a la parte inferior se pueden empezar crear diferentes secuencias y transiciones.

InVideo

Te permite editar vídeos y prepararlos para el tamaño de cada red social. Dispone de muchas plantillas gratuitas, música libre de derechos de autor e incluso tiene el sistema de *Video Express* para crear un vídeo profesional con los colores de tu imagen corporativa, además de poder incluir el logotipo y cualquier imagen que elijas.

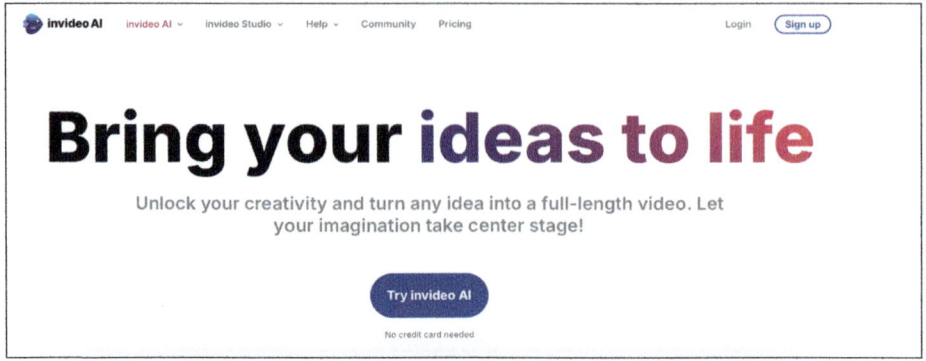

Inshot

Es una aplicación del móvil para la edición de vídeos con la que crear de forma básica transiciones, añadir efectos, música, voz, pegatinas *(stickers),* además de ajustar velocidad o incluso hacer memes en vídeo.

Camtasia

Camtasia (para *Windows* y *macOS),* es una herramienta que te permitirá grabar tu propia pantalla, por ejemplo, para realizar videotutoriales. Puedes acceder a ella en el siguiente enlace:

Powtoon

Herramienta *online* para crear vídeos animados y vídeos con caricaturas. Puede resultarte muy interesante a la hora de hacer vídeos explicativos y que se diferencien de tu competencia. Puedes agregar tu propia voz o música y, además, tiene muchos efectos en las transiciones, textos e imágenes. Cuenta como muchas otras herramientas de una versión de pago; la gratuita es más limitada.

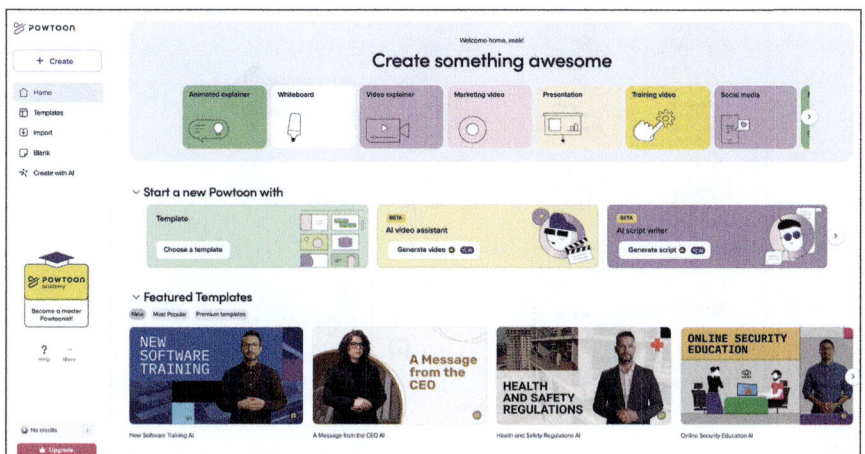

 TAREA 10

Crea un vídeo explicativo en el que se muestre cómo se hace una tortilla de patatas. Sírvete de la herramienta *Powtoon* para crearlo.

2.3. Infografías

Las infografías son recursos visuales que permiten explicar ideas, conceptos o dar consejos o *tips* sobre un tema de una forma clara, sintetizada y de fácil impacto. No hay que olvidar que una imagen se procesa en nuestro cerebro mucho más rápido que la palabra escrita.

Dos ejemplos de infografías de la cuenta en Instagram de @sanidadgob. La primera es sobre el protocolo contra la Covid-19: las 6 M: mascarilla, metros, manos, menos contacto, más ventilación y me quedo en casa. La segunda trata sobre los límites de consumo de alcohol para una mujer y para un hombre. Ambas infografías proporcionan información muy visual, clara y esquematizada.

Para hacer infografías no necesitas ninguna herramienta diferente a las que hemos hablado ya, prueba a trabajarlas con *Canva*. Si aún quieres explorar otra específica para infografías, prueba *Venngage,* puedes verla a través del siguiente enlace:

https://redirectoronline.com/ifct0380303

A continuación, te ofrecemos algunos consejos para realizar una muy buena infografía:

- ⮑ **Temas.** Publica sobre temas que resuelvan dudas de tu público o que le aporten beneficio de algún tipo. No tiene por qué ser totalmente original, sino que le sirva.
- ⮑ **Sintetiza** lo que quieras comunicar.
- ⮑ **Estructura** el contenido y enumera si es necesario.

- **Equilibra la información escrita y la visual.** No incluyas mucha información escrita, puede producir un efecto contrario y su comprensión resulte difícil y, por tanto, se abandone la lectura y no se comparta.
- **Imágenes.** En vez de fotos, utiliza ilustraciones e iconos planos para que la lectura sea más fácil; lo ideal es que ambos compartan el mismo estilo. Busca imágenes de dominio público o con licencia *Creative Commons* para no infringir derechos de propiedad intelectual. Algunos bancos donde extraer estos vectores pueden ser: *The Noun Project* o *Icon Finder*, sin olvidar la página *Pixabay* y la herramienta online *Canva,* que tienen muchos también.
- **Fondos.** Es preferible usar colores claros para el fondo, aunque un buen diseño puede soportar otros, pero olvídate de los colores saturados.
- **Tipo de letra.** Utiliza fuentes tipográficas sencillas y legibles, aunque para crear títulos llamativos puedes probar otras fuentes.
- **Autoría.** No te olvides de firmar con el nombre de empresa, logo o web para que se reconozca la autoría. Así, si es compartido, todo el mundo sabrá quién es el autor.

Ejemplo de infografía en Instagram de la cuenta @edteamlat sintetizando el proceso de "¿cómo diseñar una infografía impactante?".

TAREA 11

Usando la cuenta de *Canva* que ya tienes, crea una infografía pensando que eres una agencia de comunicación y tu público es gente interesada en el mundo digital, no son novatos.

"Tema: 5 o 7 *tips* imprescindibles de *Facebook, X* e *Instagram*".

- -

2.4. Otros soportes de contenido

Hemos visto algunos soportes de contenido como son las imágenes prediseñadas, los vídeos o las infografías, pero existen otros muchos que pueden hacer que la forma de exponer nuestro contenido sea rica, variada y atractiva.

Memes

Son principalmente imágenes (fotos o vídeos), con frecuencia humorísticas, con las que se busca su viralización. Un meme también puede ser una frase. La estética no es tan importante como lo que se desea transmitir y este contenido suele ser de actualidad, por lo que es fundamental estar al día de las noticias y ser rápido en generar la idea creativa. Para crear el diseño de un meme puedes usar las herramientas de diseño de imágenes ya vistas o probar otras más específicas como makeameme:

https://redirectoronline.com/ifct0380304

SABÍAS QUE...

Meme proviene del griego *mimema* y hace referencia a lo que es imitado.

 EJEMPLO

A finales de marzo de 2021 el portacontenedor *Ever Given* encalló en el canal de Suez, provocando durante una semana un gran atasco marítimo. Esta noticia fue aprovechada para la difusión de numerosos memes por parte de empresas y usuarios particulares, como se muestra a continuación:

Post de @alpiedeldeporte que se hacía eco de la noticia y donde se puede apreciar cómo quedó el barco cruzado en el canal de Suez.

Post de @burgerking_chile en el que se juega con la anchura del canal y la de sus hamburguesas.

Meme en la cuenta de X de @plorihuela

Meme en la cuenta de X de @KFC_ES

Continúa en página siguiente >>

[209]

<< Viene de página anterior

Meme en la cuenta de X de @MundoDespectivo

Meme en la cuenta de X de @mhazan

TAREA 12

Sirviéndote de la herramienta *Canva*, crea un meme que tenga relación con el curso que estás realizando.

Infoproductos

Un infoproducto es un producto formativo que se distribuye a través de internet y las redes sociales son claves para su difusión. Estos productos están basados en la experiencia profesional del que lo ofrece. Es un modelo de negocio que se fundamenta en el conocimiento de la empresa.

Algunas de las ventajas de los infoproductos son:

- ➲ Pueden ser entregados automáticamente sin necesidad de ir enviándolo uno a uno cuando el cliente lo requiere.
- ➲ Ventas en piloto automático; una vez lo produces la difusión y ventas pueden ser automáticas sin necesidad de interferir.
- ➲ Puede generar ingresos pasivos.
- ➲ Más tiempo libre para centrarte en otro aspecto de tu negocio.
- ➲ Negocio escalable y rentable, es decir, puedes multiplicar tus ingresos sin necesidad de aumentar los costes en la misma proporción.

⊃ Ofrece prestigio en el mercado en que te mueves sobre tu buen hacer o el de tu empresa.

SABÍAS QUE...

Un **lead magnet** es un contenido gratis que una empresa ofrece para obtener datos de su público potencial, como puede ser el *e-mail*.

Tipos de infoproductos

Teniendo en cuenta el contenido que deseas ofrecer, podemos explorar distintos tipos de infoproductos.

⊃ **Checklist, plantillas** o **guías,** para enseñar a hacer algo. Por ejemplo, una guía donde muestras en cuatro pasos como se hace algo, o para que un autónomo compruebe si tiene en orden todo lo que debe tener preparado para hacer el IVA trimestral le entregas un *checklist*. Este tipo de infoproductos suelen ser señuelos para que el usuario nos dé dos informaciones muy valiosas: que está interesado en el tema sobre lo que trata la guía, plantilla y *checklist* y, además, nos da su *e-mail* para seguir "trabajándole" con *e-mail marketing* y venderle otros productos o servicios.

Dos ejemplos publicitarios de dos infoproductos descargables: uno es una infografía (empresa: Mimaki Europe B.V.) y otro es una guía para emprendedores (empresa: @ que_cursar_recursos).

⊃ **Demostraciones, pruebas gratuitas *online* o auditorías.** Ofrecer pruebas gratuitas de aplicaciones o los primeros temas de un curso que se vende suelen ser infoproductos comunes. Otro puede ser el ofrecimiento de hacer sin costes un primer estudio de algo que preocupe a tu cliente potencial. Por ejemplo, si eres una empresa de creación de páginas webs, ofrecer el diagnóstico o auditoría de dónde falla dicha página para tener un buen posicionamiento.

Ejemplo de anuncio en LinkedIn donde dentro del master de ThePowerMBA se ofrece asistir a unas clases gratis.

Auditoría exprés desde el propio Instagram. @ conviertemas ofrece un diagnóstico rápido sobre el perfil de las 50 primeras cuentas que dejen un comentario.

⊃ ***E-books*** (formato digital maquetado para ser leído digitalmente), **libros físicos** y **audiolibros.** Son recursos que requieren más trabajo de elaboración, por lo que el "premio" que se consigue a cambio debe ser mayor que el conseguido con una sencilla *checklist*. Normalmente, el producto o servicio que le vas a ofrecer después es de mayor precio, por lo que con un *e-book*, por ejemplo, puedes demostrarle lo bueno o buena que eres en tu área.

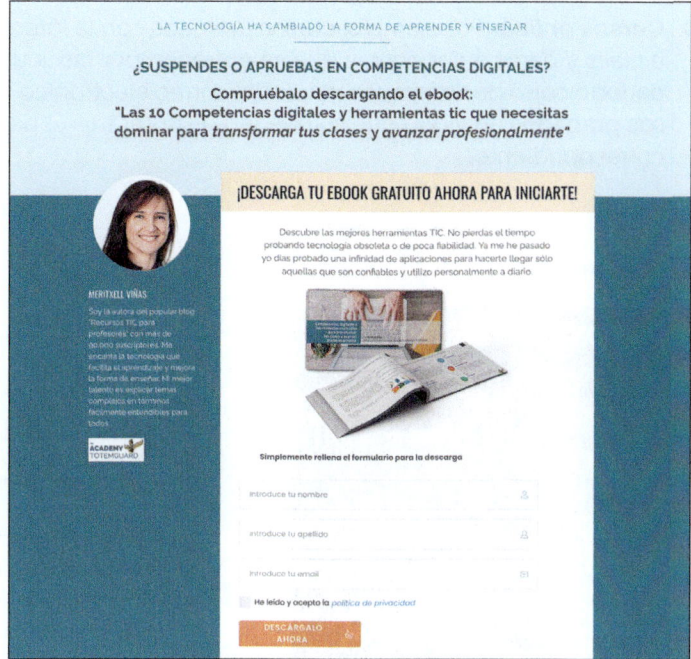

*Landing page de la página web www.totemguard.com, que nos ofrece descargarnos
un e-book para evaluar nuestras competencias digitales.*

● **Podcast.** Contenido transformado en audio. Muy fácil de consumir en
cualquier lugar y situación.

*Publicidad en Instagram de
@quecursar, donde ofrece
un podcast gratuito titulado
"Claves para montar una
estrategia de marketing
digital efectiva".*

⊃ **Cursos *online*.** Por ejemplo, cursos gratuitos con la intención de captar *e-mails* y darse a conocer, y que se entregan por fascículos durante un periodo corto de tiempo y a través del correo electrónico. O la venta cursos grabados en vídeo que se pueden disfrutar tras el pago de la cuota correspondiente.

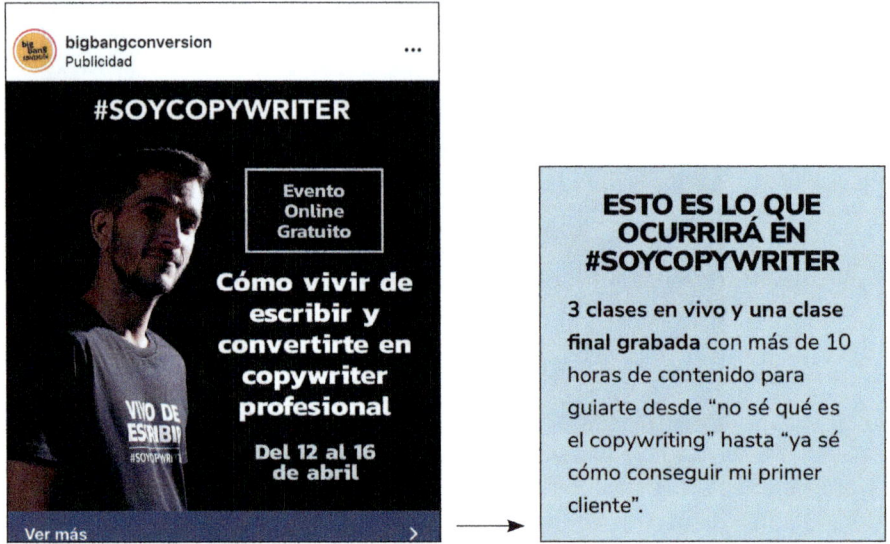

Ejemplo del lanzamiento de un evento online gratuito de @bigbangconversión que consiste en cuatro clases, tres en vivo y una grabada.

⊃ ***Webinar.*** Seminario *online* en directo o su grabación. Una de las estrategias más usadas en los últimos tiempos es invitar a través de las redes sociales o *e-mail marketing* a un *webinar,* cuyo tema sea interesante para el público al que te diriges, y con una estructura que puede consistir en: presentación del ponente, exposición del tema de interés y cerrar el seminario con una oferta a un producto o un servicio.

Publicidad de Nordic Solutions en LinkedIn ofreciendo un webinar gratuito: "Cómo incrementar tus ventas gracias a una buena web".

● **Comunidades privadas.** Dar la posibilidad de que tu público, a cambio de una suscripción mensual, por ejemplo, a una comunidad cerrada, reciba en exclusiva y mensualmente contenido de calidad que le pueda interesar.

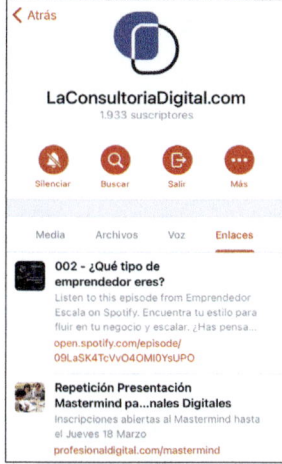

Grupo en Telegram donde se comparte información interesante para aquellas personas que han hecho cursos con La Consultoría Digital.

Grupo privado en Facebook para los alumnos de la Escuela Convierte Más, donde se les ofrece soporte en estrategias y herramientas de marketing digital.

● **Kit de recursos.** Ofreciendo un conjunto de recursos provocarás su descarga y su uso continuo. Por ejemplo, el Instituto Nacional de Tecnologías Educativas y de Formación del Profesorado (INTEF) ha creado una página llamada "Kit de herramientas del aula del futuro", donde han recogido una colección de herramientas, guías y recursos para trabajar para y en el aula. Esta recopilación consigue la visita a esta página para su consulta.

Pasos para vender un infoproducto

Los infoproductos deben tener una razón de existencia dentro de tu estrategia, es decir, un cometido que te permita alcanzar el objetivo deseado y que normalmente suele ser la venta.

👁 **EJEMPLO**

La empresa Manualidades a la carta desea venderte un curso de manualidades con objetos que puedes encontrar en casa. A través de las redes te ofrece una guía con título "5 pasos de cómo hacer posavasos retro con telas que ya no uses". Te descargas la guía tras facilitar un *e-mail*. Más adelante te irá mandando a través del correo algún truco sobre manualidades que pueden interesarte. Un día, te invita a un webinario gratuito y en directo para hacer una lámpara de mesa con productos reciclados y en el mismo webinario, al final, te dice que si te ha gustado, te inscribas al curso de manualidades y que por haber asistido, y durante 48 horas, el precio del curso en vez de ser de 127 € será de 47 €.

En todo el entramado del ejemplo, lo primero que has de tener claro es qué quieres realmente vender. Una vez lo tengas, solo te queda seguir los siguientes pasos.

Crear

No depende tanto de quién seas o a qué te dedicas (cualquiera puede crear un infoproducto), sino que hay que saber dar con el que puede interesar a tu público. Por ejemplo, la jugadora de tenis profesional Serena Williams pone en valor su conocimiento en distintas plataformas y vende cursos de tenis *online*.

PARA SABER MÁS

A continuación podrás ver la oferta de Serena Williams y la de otros como el ajedrecista Garry Kasparov:

https://redirectoronline.com/ifct0380305

Los pasos esenciales para construir infoproductos son:

Objetivo
- Define los objetivos que deseas alcanzar: venta, renombre, hacer comunidad, conseguir datos de contacto...

Tema
- Reflexiona sobre lo que sabes y lo que le puedes ofrecer a tu público: qué puede interesarle y qué beneficios le puedes aportar tú. No descartes preguntarles en redes qué les puede interesar.

Elige el tipo de infoproducto
- Cuál es el formato o idea para transmitir lo que deseas y tu público está dispuesto a consumir: infografía, *e-book*, plantilla, webinario...

Precio
- Ponle un precio en euros o en especies (un *e-mail*, por ejemplo). Si el infoproducto lo obtiene con una transacción económica, es común tener dos precios: oferta de lanzamiento y posterior.

Ejemplo de cómo @conviertemas pregunta en redes qué les interesa a los usuarios para hacer un tutorial para compartir. No dudes en dialogar con tu público.

Lanzar y promocionar

Llega el momento de dar a conocer el infoproducto y su difusión debe ser a medida del elegido. No es lo mismo una plantilla gratuita a cambio de un *e-mail* que un curso *online* de pago. En la primera situación, con hacer publicidad de pago a tu público objetivo en redes puede ser suficiente para cumplir el objetivo marcado: conseguir correos electrónicos. Para el segundo caso, para vender un curso *online* podemos crear un *webinar* sobre un tema que tenga relación e interese mucho a ese público y al finalizar trate de captar a compradores del curso con una oferta de lanzamiento, por ejemplo.

El lanzamiento debe estar planteado dentro de la estrategia digital y las redes sociales son la plataforma ideal para ello, bien de forma orgánica (escribiendo *post)* o de pago (a través de la publicidad pagada). No olvides que este lanzamiento debe estar planteado en el calendario editorial e ir al unísono con el resto de contenido y estrategias.

Para el lanzamiento necesitarás:

⮩ Una ***landing page.*** Es una página de aterrizaje donde dirigir a tus clientes potenciales para que se suscriban, por ejemplo.

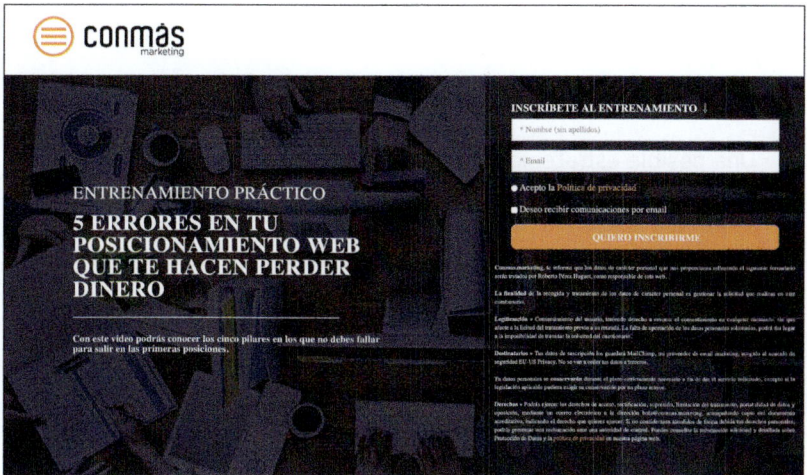

Ejemplo de landing page de la empresa Conmas.marketing. Ofrece un webinario en directo sobre "Los 5 errores de posicionamiento web que te hacen perder dinero". Esta página de aterrizaje sirve para solicitar los datos que se requiere para participar, además de informar de la Ley de Protección de Datos y garantía de los derechos digitales.

➲ Difundir a través de a**nuncios de pago en redes sociales** (ya analizado en la Unidad 2).

➲ Trabajar el *e-mail marketing.* Se puede captar al público por redes, pero las ventas en su mayoría se cierran por *e-mail* y contacto telefónico.

Medir resultados

Durante el lanzamiento, y posteriormente, has de analizar, medir y revisar si se llega a los objetivos que te marcaste para rectificar la actuación, continuar y planificar próximas acciones.

 APLICACIÓN PRÁCTICA

La empresa Asesoría Fiscal Cibeles te quiere contratar para crear una base de datos con contactos de autónomos: nombre, *e-mail* y sector laboral.

Describe los pasos que darías y sírvete en la estrategia de usar infoproductos.

Continúa en página siguiente >>

<< *Viene de página anterior*

Solución (Posible solución)

Una posible estrategia sería crear una guía explicativa de los pasos que todo autónomo debe seguir para presentar trimestralmente el IVA. Esta guía se entregará a cambio de que den los datos de nombre, *e-mail* y sector laboral.

 ACTIVIDAD COMPLEMENTARIA

13. Elige dos redes sociales que suelas utilizar y localiza ejemplos de cuentas que ofrezcan al menos uno de los siguientes infoproductos:

- Webinario
- *E-book*
- Plantilla

Deja tus datos en los tres y analiza todo el proceso. ¿El *post* que has visto es un anuncio de pago?, ¿a dónde te redirige, a una *landing page?*, ¿qué datos te pide, solo el *e-mail* o algún dato más?

----

3. RSS y fuentes de información

👉 HILO CONDUCTOR

Nicolás e Imanol, de Aceite Soleado, S. L., quieren profundizar en los temas que pueden estar de moda entre su público para luego crear contenido en redes sociales. Saben que si les hablan sobre lo que quieren oír, les será más fácil ir creando la comunidad que ansían.

Necesitamos inspiración, tener unas fuentes de información fijas que actualizaremos y nos mantendrán al día de lo que se dice.

De forma resumida, se puede afirmar que existen cuatro fuentes donde obtener dicha información:

- **Fuentes de referencia,** como medios de comunicación, que aportan contenido fresco y actualizado.
- **Blogs** de nuestro sector o de lo que interesa a nuestro público.
- **Vídeos,** uno de los tipos de contenido que mejor es aceptado; *YouTube* supone el segundo buscador más importante.
- **X.** La información por segundo es increíble, y aunque a veces se usa como difusión de las anteriores, con su sistema de filtrado por *hashtags* puede ser tu aliado.

3.1. Herramienta de tendencias – *TRENDSMAP*

Conocer las tendencias o *treding topics* de lo que se está hablando en las redes sociales te puede ayudar a:

- Entender lo que tu público consume y desea consumir en términos de contenido, de productos y de servicios.
- Enfocar este contenido y hacerlo coincidir con las tendencias. Es una fuente de inspiración.
- Estar alerta de cambios y anticiparse a ellos.
- Alcanzar una ventaja competitiva.

Monitorizar las tendencias en las redes sociales es una manera muy sencilla de encontrar conversaciones sobre un tema de interés en tiempo real, antes, incluso, de que se hable de ello en cualquier otro lado.

Por la propia característica de *X,* la de la inmediatez en cuanto a contenido que cambia segundo tras segundo, es una plataforma ideal para conocer las tendencias.

Podemos dirigirnos al apartado de **Tendencias,** como ya se explicó, e ir observando las que te muestra la herramienta. Los resultados son localizados por un algoritmo que tiene en cuenta a quién sigues y tu ubicación.

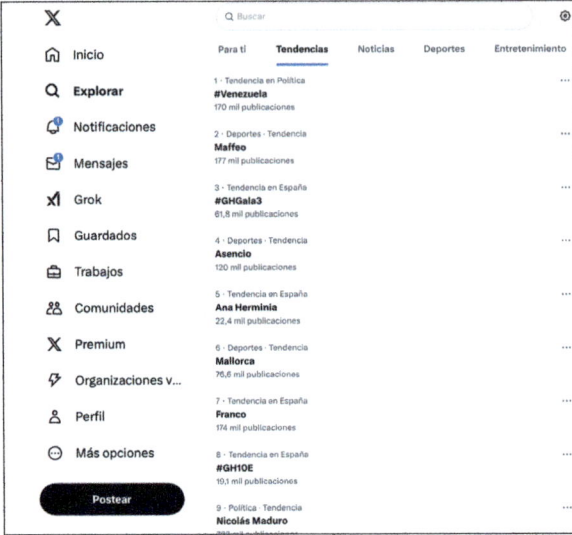

Pantallazo de los resultados que ofrece X en un momento determinado. Recuerda que el símbolo de engranaje, en la parte superior derecha, te permite cambiar la ubicación de rastreo de tendencias.

Otra forma de explorar las tendencias en *X* es usando herramientas como puede ser ***Brand24.*** Su uso es muy sencillo y visual y como la mayoría de las herramientas vistas cuenta con una versión gratuita y otra de pago. Esta última te da la posibilidad de filtrar más los resultados y te ofrece análisis de cómo evolucionan los términos, además de la opción de crearte alertas, entre otras opciones.

Puedes acceder a esta herramienta a través del siguiente enlace:

https://app.brand24.com/user/register-account/?custom_form=25

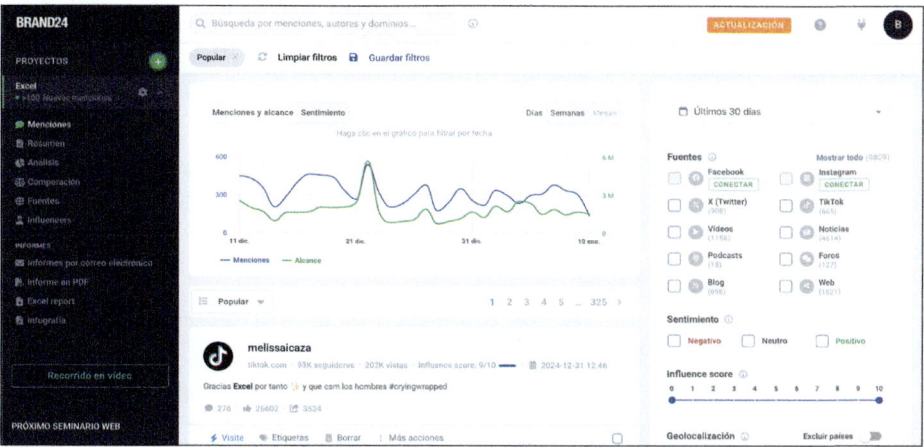

El dashboard de la herramienta nos ofrece un resumen de todas las aplicaciones que incluye pudiendo filtrar los resultados ofrecidos.

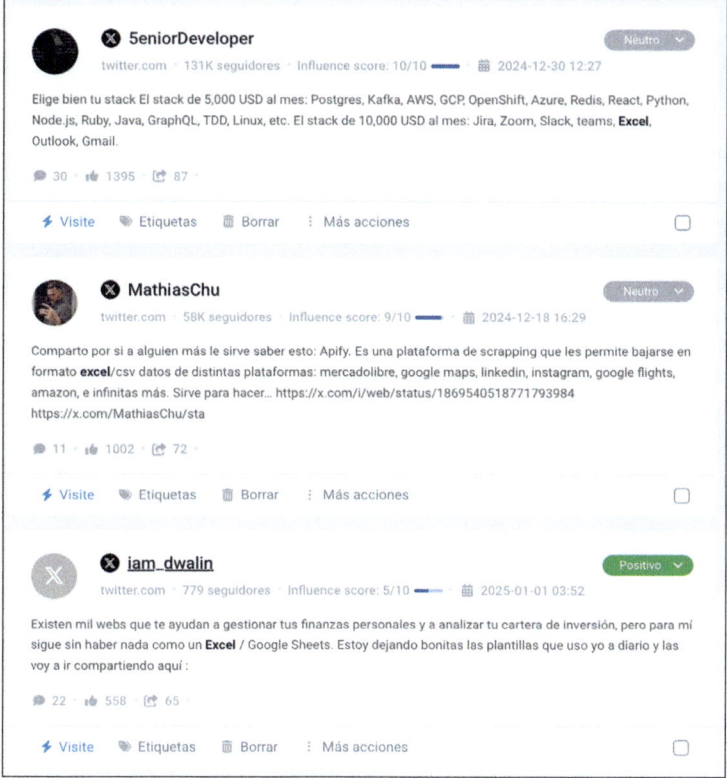

Analiza las publicaciones que se encuentran en la red catalogándolas según las reacciones que generan en los lectores. En la imagen se pueden observar los dos primeros contenidos son neutros y el último positivo.

908	908	0
MENCIONES	MENCIONES EN LAS REDES SOCIALES	MENCIONES NO SOCIALES
4 959 036	0	12 406
ALCANCE ESTIMADO EN LAS REDES SOCIALES	ALCANCE NO SOCIAL	INTERACCIONES EN LAS REDES SOCIALES
908	10 285	0
CONTENIDOS GENERADOS POR LOS USUARIOS	ME GUSTA EN LAS REDES SOCIALES	VÍDEOS (INCL. TIKTOK)
187 (41.5%)	264 (58.5%)	USD 280.48k
MENCIONES POSITIVAS	MENCIONES NEGATIVAS	AVE

Seleccionando la opción de análisis, la herramienta realiza un estudio del comportamiento de las menciones de la palabra o palabras analizadas. En la imagen se ha realizado un análisis de la palabra Excel.

Además de las tendencias que te ofrecen todas las redes sociales, existen otras herramientas para conocer las búsquedas populares y tendencias. Algunas de las más conocidas son:

- *Google Trends:* ya estudiada en la unidad anterior, nos vuelca palabras que busca la gente en *Google*.
- *Quora:* plataforma donde encontrar preguntas y respuestas por temática. Es muy interesante explorar las posibilidades que ofrece. Su uso es muy sencillo.

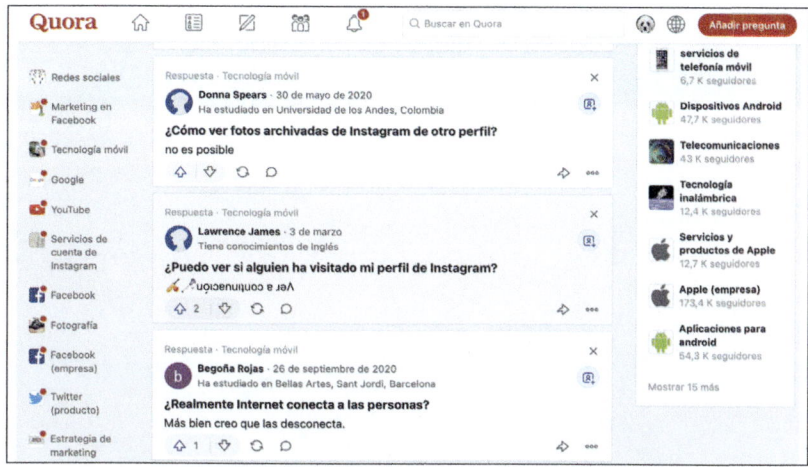

Quora es una plataforma en la que te debes dar de alta para leer y hacer preguntas, además de responder a las que te interesen. La interfaz recuerda mucho a la de Facebook.

⊃ **Answer the Public:** muestra las preguntas que hacen las personas en internet y que tienen relación con una palabra clave.

Su uso es tan fácil como introducir la palabra o palabras clave sobre las que deseas conocer qué es lo que la gente se pregunta.

3.2. Otras fuentes de información

Además de las tendencias en internet, debes saber de qué se habla en las redes sociales. Las siguientes herramientas pueden facilitarte el trabajo:

⊃ **Social Buzz:** te informa en tiempo real de contenido relacionado con tu búsqueda en webs y en redes como *X, Facebook* e *Instagram.*

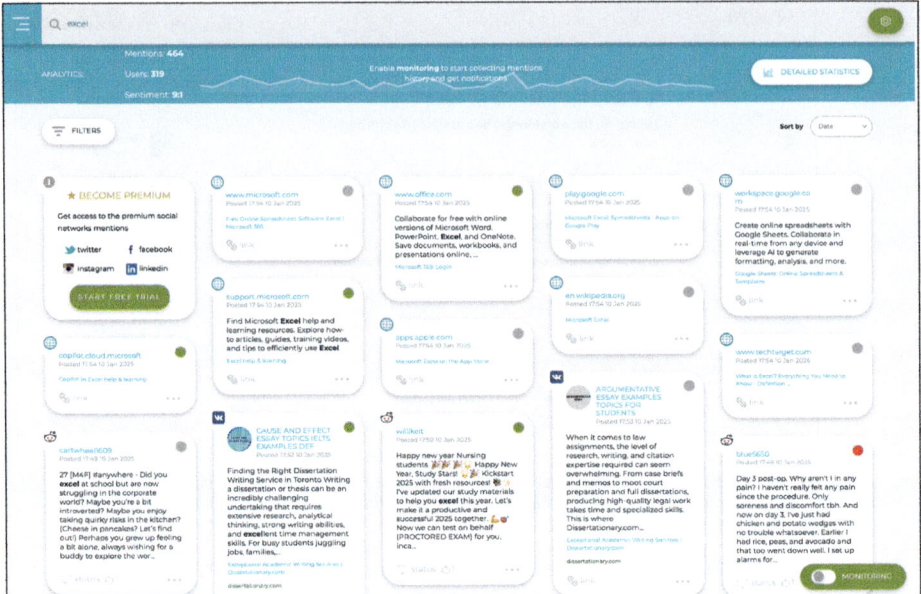

Resultado de contenido tras la búsqueda de la marca palabra Excel

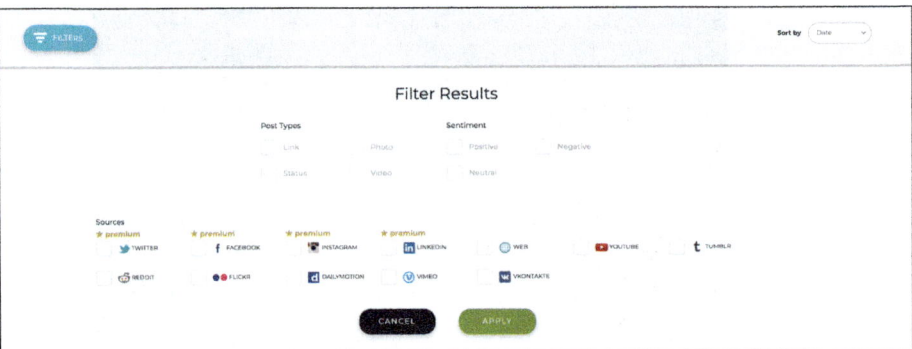

Filtros posibles para conseguir mejores resultados

➲ **BuzzSumo:** herramienta muy útil para ayudarte a generar ideas, crear contenido de alto *Engagement,* supervisar tu contenido, ver cuál le funciona a tu competencia e incluso identificar personas influyentes.

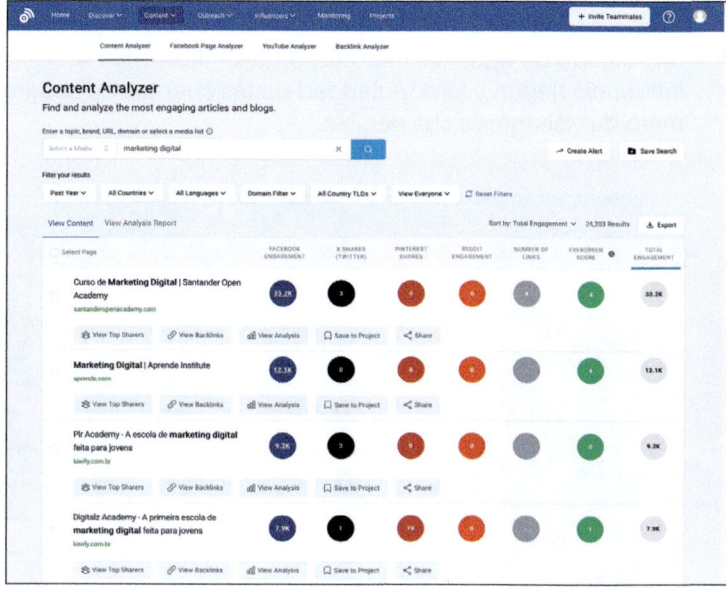

Buscar en BuzzSumo es muy sencillo, tan solo debes introducir la palabra o palabras que quieres buscar en la caja y te mostrará las tendencias. Ejemplo de resultados de más Engagement obtenidos para la búsqueda de las palabras "marketing digital".

● **Brand24:** dentro del apartado comparación se podrán visualizar y exportar las estadísticas que nos permitirán medir, entre otros aspectos, el alcance de los contenidos en las redes sociales.

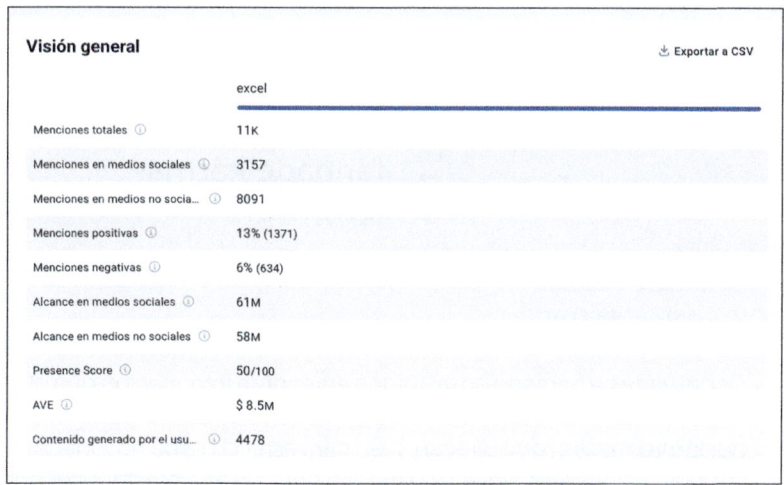

En la imagen se analizan las publicaciones en las que se utiliza la palabra Excel. Como se puede comprobar sobre esta temática se habla más fuera de las redes sociales que en las mismas.

⬭ Con la misma herramienta en el apartado **Influencers** se puede obtener una listado de aquellas cuentas, en distintas redes sociales, que mayor influencia tienen y la popularidad de las cuentas de acuerdo con el número de visitantes a sus perfiles.

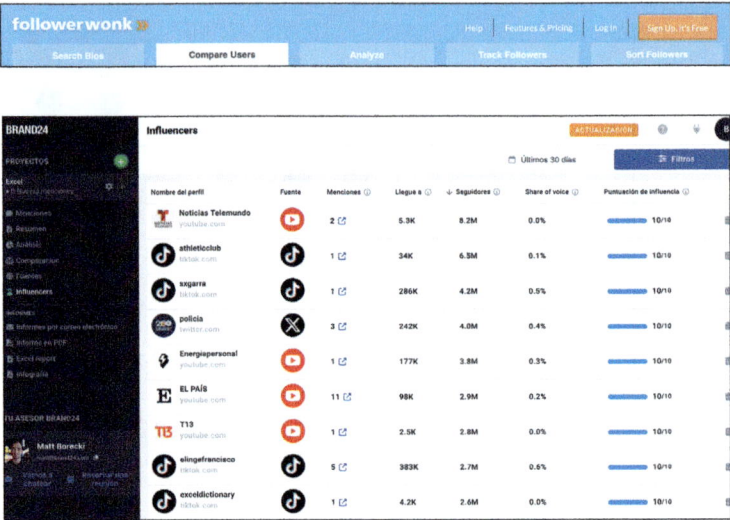

Listado de influencers más relevantes para la palabra Excel. Es importante analizar la columna correspondiente "Llegue a" en la que se indican el número de personas a las que se puede llegar con dichos influencers.

⬭ **Fanpage Karma:** desde esta herramienta podrás analizar perfiles, además de encontrar *influencers* y tendencias. Pero esta plataforma va más allá, y puedes gestionar desde solo un lugar todas las redes sociales.

Logotipo Fanpage Karma

3.3. Canales de RSS

Como ya se ha hablado en la unidad anterior, la información que ofrece internet es inmensa. Muchos sitios web son interesantes para un *Community Manager* por la información que ofrecen, bien para estar al día de novedades sobre redes sociales, estrategias digitales o herramientas, bien para conocer noticias sobre el sector de la empresa en la que se trabaja las redes sociales. Un usuario que desea leer las actualizaciones debe meterse a cada página web, una a una, y ver cuáles son las novedades, o suscribirse a su boletín de noticias.

Los **canales de RSS** ofrecen un ahorro de tiempo enorme, además de poder llevar una organización del contenido que se lee. A través de estos canales se difunde información actualizada a usuarios que se han suscrito a una fuente de contenidos. Todo el contenido nuevo que suben blogs o canales de noticia que te interesan podrás encontrarlo en un solo lugar.

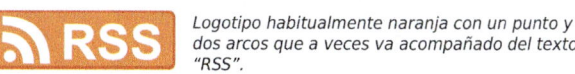 *Logotipo habitualmente naranja con un punto y dos arcos que a veces va acompañado del texto "RSS".*

Para poder suscribirse a estos canales, la web o blog debe ofrecer este servicio, pues no todos lo tienen (aunque la mayoría de los blogs sí lo incluyen por defecto).

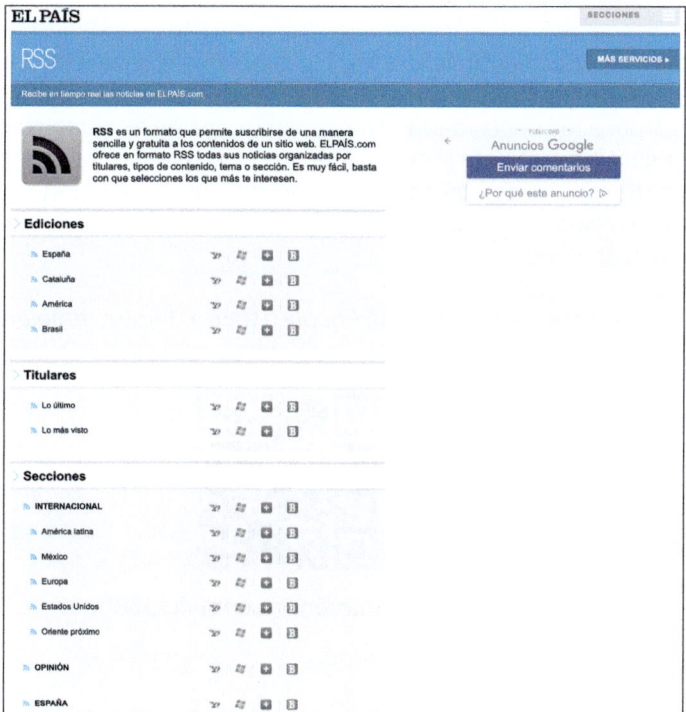

Ejemplo del servicio RSS del diario El País. El usuario se puede suscribir por ediciones del periódico, por titulares y por secciones.

Un *feed* RSS es la URL que condensa todo el contenido de una web, de un blog, de un medio de comunicación... Este término es la pieza clave a partir de la cual trabajan las herramientas de curación de contenido o agregadores sociales y nos ayudará a no tener que entrar una a una en todas las fuentes comentadas. Gracias al *feed* y a un lector puedes tenerlo todo en un mismo sitio para consultar.

Como lector te puede valer cualquiera de estos tres tipos:

➲ Programa instalado en el ordenador, llamado agregador.
➲ Desde el propio navegador de internet.
➲ Un lector *online*.

Centrémonos en este último, **lectores *online*,** por su sencillez y acceso desde cualquier ordenador. Deberás dar de alta a las páginas que te interese hacer seguimiento y diariamente podrás leer las nuevas noticias que van incluyendo. La gran ventaja de estos lectores o *RSS reader* es que, desde una única plataforma, tienes todos los blogs y webs de los que te interesa estar al día; con solo abrir el lector, podrás ver cuáles son las últimas actualizaciones y noticias.

Existen muchas herramientas, de las más simples a las más complejas, y de las que son gratis a las que tienen un coste. Debes encontrar la que mejor se adapte a tus necesidades. Una recomendación es comenzar con **Feedly**, magnífica herramienta para tener en una sola plataforma todo el contenido de los blogs que sigues, sin necesidad de ir uno a uno, todos en un mismo sitio. Facilitará enormemente el seguimiento de contenido y por supuesto de la competencia.

Puedes acceder a la página de *Feedly* a través del siguiente enlace:

https://redirectoronline.com/ifct0380307

 **TAREA 13**

Créate una cuenta en *Feedly* y añade cinco blogs. Te servirá para hacer el seguimiento de la información nueva que haya e inspirarte en las redes sociales creadas en las unidades anteriores.

4. Resumen

El *Community Manager* cuenta con una gran variedad de herramientas para trabajar el contenido de las redes sociales, buscar tendencias de las que hablar y trabajar con fuentes de información. Se recogen todas las vistas en el siguiente cuadro:

Contenido-creación	*Gimp*	Herramienta de diseño para que aquellos que quieran trabajar imágenes de forma profesional.
	Canva	Herramienta en continua mejora que te va a permitir diseñar todo tu contenido en redes sociales sin ser diseñador o diseñadora.
	PicMonkey	Herramienta de creación de contenido intuitiva, muy parecida a Canva pero más simple.
	Spacegram	Herramienta para crear textos con cursivas y negritas e insertarlo en las redes sociales.
	Story Art - editor de historias	Aplicación del móvil que te permite editar las historias de Instagram.
	Inshot	Aplicación de móvil que, de forma sencilla, te permite editar vídeos.
	Filmora de Wondershare	Herramienta de edición de vídeos desde el ordenador.
	InVideo	Herramienta online de edición de vídeos que te permite adaptarlos al tamaño de cada red social.
	Venngage	Herramienta para crear infografías partiendo de una plantilla.
	Make a meme	Plataforma online que te permite crear memes de forma rápida y sencilla.
	Camtasia	Herramienta online para grabar tu propia pantalla del ordenador.
	Powtoon	Herramienta online para crear vídeos animados y vídeos con caricaturas.

Continúa en página siguiente >>

<< Viene de página anterior

Fuentes de información. Tendencias	Trendsmap	Herramienta para conocer las tendencias de lo que se está hablando en las redes sociales.
	Google Trends	Herramienta que te muestra la tendencia de búsqueda en *Google.*
	Quora	Herramienta online que te muestra por temática las preguntas y respuestas que hace la gente en la plataforma.
	Answer the Public	Herramienta online que te muestra las preguntas que hacen las personas en internet sobre un tema.
Otras fuentes	Social Buzz	Herramienta que informa en tiempo real de contenido relacionado con tu búsqueda en webs y en redes sociales.
	Buzzsumo	Herramienta online que te ayuda a generar ideas para crear contenido de alto *Engagement,* además de ayudarte a localizar *influencers.*
	Brand24	Herramienta online con varias funciones: Analyze: te permite analizar cuentas de *X, Facebook, TikTok,* etc. Compare Users: te permite comparar entre cuentas de distintas redes sociales.
	Fanpage Karma	Herramienta para analizar perfiles, además de encontrar *influencers,* tendencias y gestionar desde solo un lugar todas las redes sociales.
RSS	Feedly	Herramienta *online* y aplicación para el móvil para estar al día de las novedades que se van publicando en webs y blogs.

Ejercicios de autoevaluación
Unidad de Aprendizaje 3

1. **Señala la herramienta que puede ayudarte a diseñar post atractivos sin ser diseñador:**

    a. *Canva*
    b. *Brand24*
    c. *Google*
    d. Todas las opciones son incorrectas.

2. **Elige la afirmación correcta:**

    a. En las redes sociales *Facebook, Instagram, X, Pinterest* y *LinkedIn,* a la hora de subir contenido es obligatorio adjuntar una foto como mínimo.
    b. En las redes sociales *Facebook, Instagram, X, Pinterest* y *LinkedIn,* a la hora de subir contenido es obligatorio adjuntar dos fotos como mínimo.
    c. Solo en *Instagram* y *Pinterest* es obligatorio subir una foto como mínimo.
    d. Todas las opciones son incorrectas.

3. **Indica si las siguientes afirmaciones son verdaderas o falsas:**

    a. Puedo usar una foto que encuentro en *Google* siempre y cuando no esté indicado quién es el autor.

    - Verdadero
    - Falso

    b. Para editar vídeos se debe tener conocimientos avanzados de edición de vídeos y las herramientas para hacerlo son complicadas y costosas.

    - Verdadero
    - Falso

c. Conocer las tendencias de lo que se habla en las redes sociales te puede ayudar a alcanzar una ventaja competitiva.

■ Verdadero
■ Falso

4. **Señala la herramienta que te permite consultar las novedades de diferentes blogs desde un mismo lugar:**

a. *Blogosfera*
b. *Friendly*
c. Feedly
d. Todas las opciones son incorrectas.

5. **¿Cuál es el recurso visual que permite explicar ideas, conceptos y tips de forma sintetizada?**

a. Meme
b. Infografía
c. Infoproducto
d. Todas las opciones son incorrectas.

6. **Señala la herramienta que puede ayudarte a saber en qué momento los seguidores de tu competencia son más activos en *X*:**

a. *Inboud Research.*
b. *Brand24 - Analyze.*
c. *Analyze your X.*
d. Todas las opciones son incorrectas.

7. **Cuando hablamos de imágenes o texto, con frecuencia en clave de humor, donde la estética no es tan importante como lo que se desea transmitir, nos estamos refiriendo a:**

a. Memes
b. Infografías
c. Infoproductos
d. Todas las opciones son incorrectas.

8. **Indica qué respuesta esconde un elemento que no es un infoproducto:**

   a. *Checklist,* plantillas, *e-book.*
   b. *Webinar, podcast.*
   c. Envío de muestras gratuitas.
   d. Comunidad privada.

9. **Los consejos esenciales para hacer una buena infografía son:**

   a. Estructura contenido, sintetiza y pon pocas imágenes.
   b. Elige temas que interesen a tu público, estructura el contenido y sintetiza.
   c. Estructura contenido, sintetiza y haz que el texto sea el protagonista frente a las imágenes.
   d. Todas las opciones son incorrectas.

10. **Un *lead magnet* es:**

   a. Una herramienta muy interesante para diseñar infografías potentes.
   b. Un contenido gratuito que una empresa ofrece a un público para obtener a cambio datos suyos.
   c. Una aplicación del móvil capaz de gestionar varias redes sociales a la vez.
   d. Todas las opciones son incorrectas.

Demostración de las habilidades necesarias para hacer uso de herramientas para la gestión de redes sociales

Contenido

Objetivos

El objetivo general de esta Unidad de Aprendizaje es:

→ Utilizar las herramientas disponibles para la gestión de las redes sociales.

Los objetivos específicos de esta Unidad de Aprendizaje son:

→ Saber cómo usar la herramienta *Hootsuite* para mejorar el trabajo del *Community Manager*.

→ Conocer y saber aplicar herramientas de monitorización.

→ Conocer y saber aplicar herramientas de programación y automatización.

1. Introducción

Gestionar todas las cuentas con las que la empresa muestra la identidad digital supone un esfuerzo titánico. Cuantas más cuentas, más esfuerzo, por supuesto.

En el mercado existen herramientas que son aliadas de los *Community Manager* para facilitarles su trabajo día a día. No son atajos, son facilitadores. En el mundo de las redes sociales buscar el camino corto para conseguir seguidores, *Engagement* y crear comunidad no existe. El trabajo en las redes sociales es una labor cuyos resultados se verán a medio-largo plazo.

Aceite Soleado, S. L., ha visto necesario organizar su departamento de *marketing* digital. Nicolás e Imanol trabajan en equipo y van a necesitar contar con alguna herramienta donde puedan gestionar las redes los dos a la vez y cada uno sepa lo que está haciendo el otro.

2. *Hootsuite*

 HILO CONDUCTOR

Nicolás e Imanol quieren organizar su trabajo en equipo con las redes sociales. Les han hablado de una herramienta *Hootsuite* que puede servirles para lo que desean y van a probarla.

En 2008 Ryan Holmes creó esta plataforma web y móvil que permite gestionar redes sociales como *Facebook, X, Instagram, LinkedIn* y *YouTube* desde un solo lugar. La esencia de la herramienta es trabajar todas las redes sociales que uses sin necesidad de tener que entrar a ellas una a una.

Puedes acceder a la página de *Hootsuite* a través del siguiente enlace:

https://redirectoronline.com/ifct0380401

 SABÍAS QUE...

Para poner el nombre a esta herramienta, Holmes ofreció un premio de 500 dólares a la mejor idea. Este fue para el juego de palabras entre la idea del búho (representativo de la herramienta), el ulular de esta ave, en inglés *hoot* y la expresión francesa *tout* de suite (que significa "ahora mismo"). Así resultó el nombre de *HootSuite*.

Es una herramienta con una versión gratuita y otra de pago que te será útil para planificar y crear contenido en tus redes sociales, para hacer seguimiento y monitorización de lo que se dice en ellas, crear informes y tener la posibilidad de trabajar en línea, todo ello con tu equipo.

Planificar y crear contenido	Seguimiento y monitorización	Crear informes	Trabajar en equipo

➲ Planificar y crear contenido. Todas las redes sociales de tu empresa se pueden gestionar desde un único lugar, lo que te permitirá visualizar la estrategia de una forma más cómoda. Además, te permite:

  ◑ Crear *post* e historias y publicarlas desde aquí.
  ◑ Programar los *post* para que salgan en la mejor hora y así conseguir el máximo *Engagement*.

◑ Crear y administrar campañas publicitarias.

⊃ Seguimiento y monitorización de tus cuentas, de otras cuentas, de *hashtags,* de listas de *X...* Puedes configurarlo para monitorizar las redes desde un solo lugar.

⊃ Crear informes y comparar los resultados de todas las redes, pero solo en la versión de pago. Verás métricas por cada uno de tus perfiles ("me gusta", comentarios...) con posibilidad de exportar los informes resultantes a un archivo de *Excel* o a una presentación en *PowerPoint,* por ejemplo.

⊃ Trabajar en equipo. Si la gestión de redes sociales se lleva en equipo desde *Hootsuite,* todos los miembros podrán trabajar a la vez. Además, en la parte de *analytics* podrás tener métricas sobre el trabajo de estos miembros, por ejemplo, el tiempo de respuesta que tienen, cada cuánto crean contenido, entre otros aspectos.

SABÍAS QUE...

Existen diversidad de herramientas colaborativas para trabajar con tu equipo un mismo documento o archivos de documentos sin necesidad de compartir contraseñas ni espacio físico. Las más conocidas son *Google Drive* o *Dropbox.* Pero *Hootsuite,* para la gestión de redes sociales, y *Canva,* para el diseño de imágenes, en sus versiones de pago, disponen de este servicio colaborativo.

- -

RECUERDA

Publicar en el periodo de tiempo en el que tus seguidores están más activos te ayudará a lograr el *Engagement* deseado.

- -

La herramienta cuenta con diferentes planes que permiten adaptarse a las necesidades de tu empresa. En la versión gratuita puedes trabajar con dos perfiles de redes sociales (de 10 a 50 en las versiones de pago), programar un máximo de cinco *post* y obtener informes básicos. Para empezar a trabajar de forma colaborativa con tu grupo necesitarías, como mínimo, el plan Equipo.

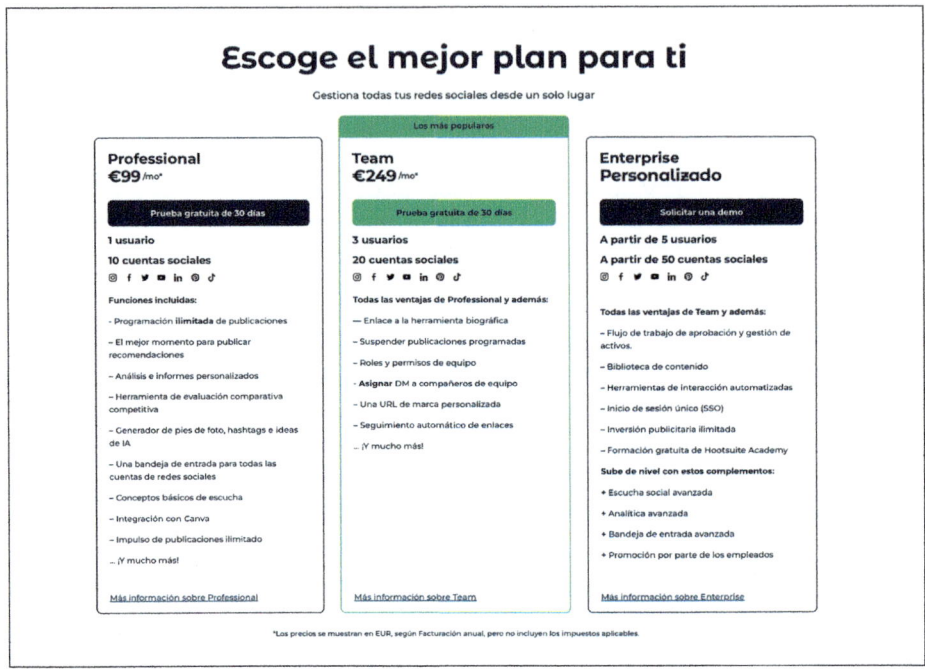

Distintos planes de pago que dispone Hootsuite

Para crear tu cuenta la aplicación te pedirá un nombre, una dirección de *e-mail* y una contraseña, pero también puedes registrarte a través de una de tus redes sociales. Una vez estés dentro, sigue añadiendo el resto de cuentas (una más en la versión gratuita).

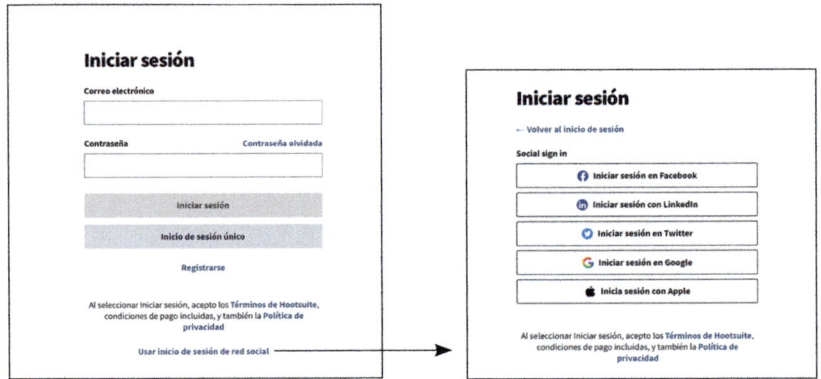

Pantalla de los campos a rellenar a la hora de iniciar sesión si ya dispones de una cuenta (a la izquierda). Si no dispones de cuenta, pinchando en el texto inferior "Usar inicio de sesión social", te puedes registrar directamente con una red social de tu empresa (imagen de la derecha).

El panel por el que te vas a mover tiene dos elementos que debes tener claros: el concepto de **tablero** y el de **columna.**

En la siguiente imagen, y con la intención de añadir un nuevo tablero, puedes hacerlo desde la columna de la izquierda y clicar **Nuevo tablero** y en la parte superior, en horizontal, el botón de **Añadir columna.**

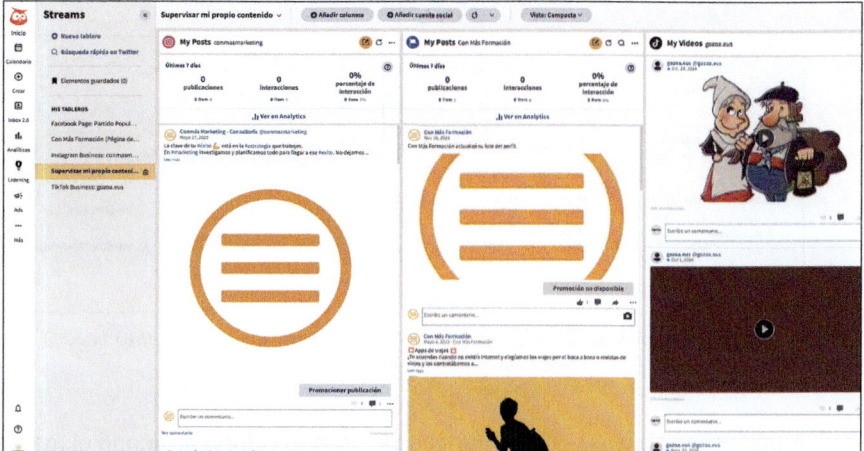

Escritorio que debes personalizar para ponerlo a tu gusto y que responda a tus necesidades de gestión de redes

Un tablero de *Hootsuite* está compuesto de columnas que has de configurar para que cuando entres a trabajar en esta herramienta tengas todo lo que te interesa a mano.

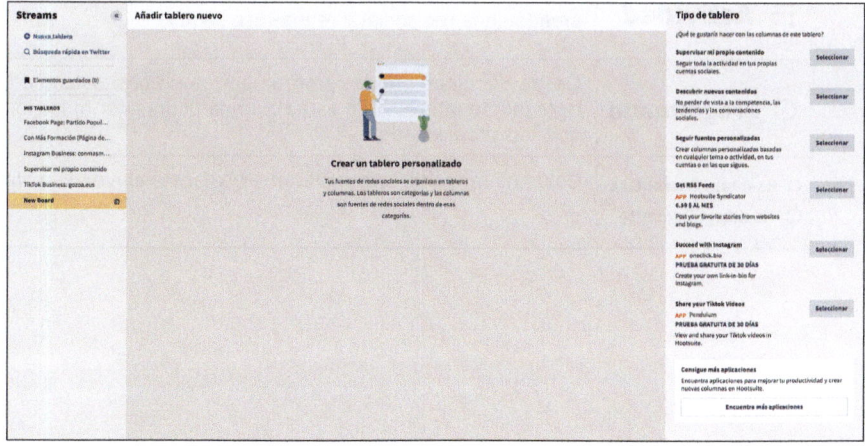

Primera pantalla que aparece al querer crear un nuevo tablero

Al lado derecho de la pantalla *Hootsuite* ofrece distintas columnas prediseñadas; "Supervisar mi propio contenido" y "Descubrir nuevos contenidos"
que integran los contenidos directamente de las redes sociales sincroniza-
das con la herramienta. Si quieres crear columnas personalizadas, debes hacerlo desde la opción "Seguir fuentes personalizadas". Puedes añadir por
tablero cuantas columnas quieras. Estas son diferentes dependiendo de la
red social sobre la que estés trabajando.

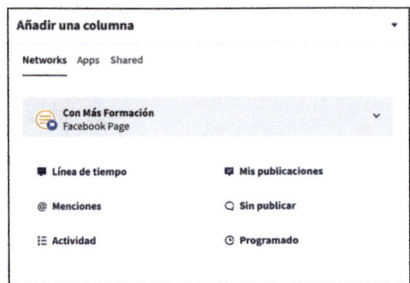
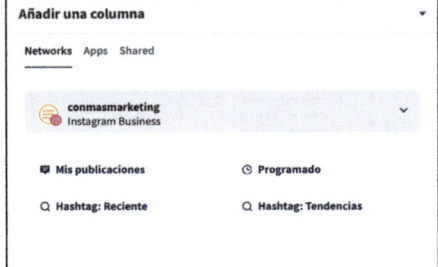

A la izquierda, el tipo de columnas que puedes añadir para gestionar una página de Facebook, y a la
derecha, las columnas que puedes añadir para un perfil de Instagram

Analicemos algunas columnas que pueden ayudarte a sacarle el mejor partido a esta herramienta:

@ **Menciones**	Esta columna te mostrará cada vez que otro perfil te mencione. Es muy útil para monitorizar quién te nombra y poder seguir la conversación.
⠿ **Actividad**	Podrás abrir varias columnas, una por cada lista que hayas creado en la red social y te interese seguir.
⏱ **Programado**	Desde *Hootsuite* puedes programar que los *post* salgan a una hora que te interese. En esta columna podrás ver todos los que has programado.
Q **Hashtag: Tendencias** Q **Hashtag: Reciente**	Columna muy útil para monitorizar palabras clave y *hashtags*.

APLICACIÓN PRÁCTICA

Tu jefe te ha comentado la existencia de la herramienta *Hootsuite* y quiere que pruebes la versión gratuita con la cuenta de *X* que has creado en la primera unidad. Quiere saber tu opinión y si ves necesario invertir dinero en tener un plan de pago.

- **Ábrete una cuenta gratuita en *Hootsuite* y añade la red social *X*. Configura un tablero con las columnas siguientes para la red social *X*:**
- **Búsqueda: configura para que te vuelque todos los *post* con el *hashtag* #turismo.**
- **Menciones.**
- **Lista: configura con una lista que ya creaste para tu cuenta de *X*.**
- **Programados.**

Solución

Para la cuenta de *X* de Aceite Soleado, quedaría esta aplicación de la siguiente forma. La estructura por columnas debe ser igual, el contenido en las columnas variará en cada cuenta.

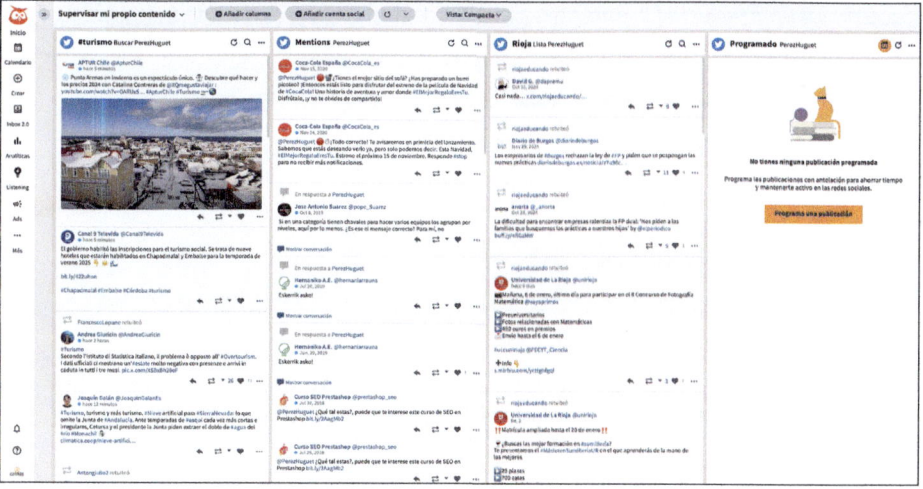

La primera columna está preparada para monitorizar el *hashtag* Turismo; la segunda, para que muestre las menciones que otros hacen a Aceite Soleado; la tercera es la lista que creó Aceite Soleado en *X* con el nombre de "Rioja", y la cuarta columna es donde irán apareciendo todos los tuits que tiene programados.

Además de conectar redes sociales e ir sacando las columnas que te sirvan, puedes conectar aplicaciones y sacar columnas de estas. Dispone de un **directorio de aplicaciones** donde encontrar la que te interesa e instalarla. Accede a él desde el logo de tu empresa en la parte inferior izquierda:

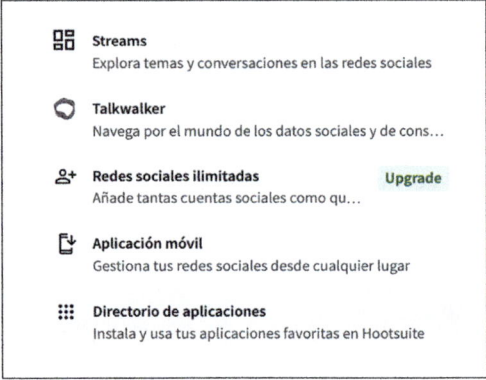

Acceso al directorio de aplicaciones en Hootsuite

Desde el directorio de aplicaciones podrás instalar aquella o aquellas que te interesen gestionar desde *Hootsuite*.

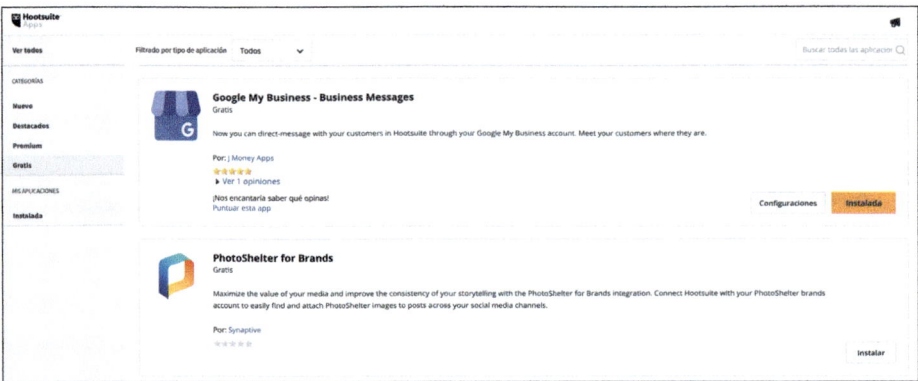

Galería de aplicaciones donde se pueden encontrar distintas app, gratuitas y de pago, para integrar con la herramienta

Es recomendable instalar la aplicación gratuita del perfil de empresa de Google *(Google My Business)* para monitorizar todas las interacciones con los usuarios desde una misma herramienta. Al instalarla puedes establecer una columna de esta aplicación para hacerle seguimiento y gestionarla.

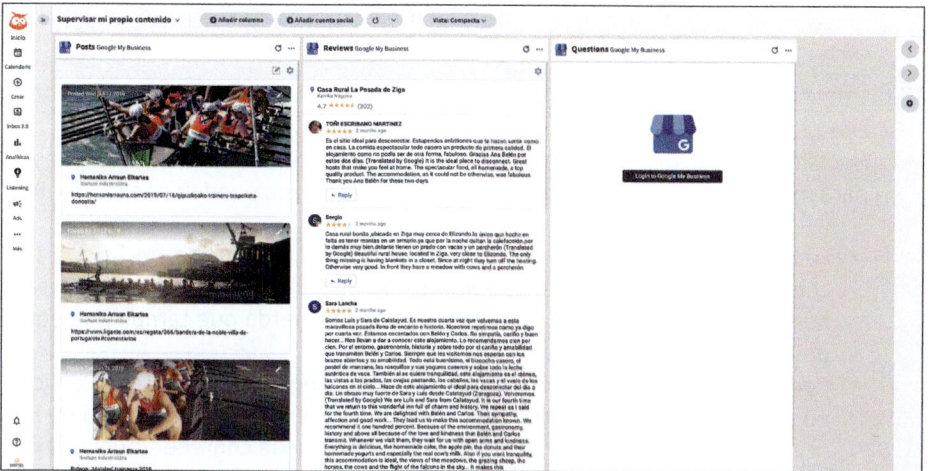

Ejemplo de columnas creadas para la aplicación de Google My Business, recuerda que debes acceder a la cuenta que gestiona los perfiles de esta aplicación con tu usuario y contraseña.

Como hemos comentado, desde esta plataforma podrás crear los *post* que te interesen y programarlos. No hace falta que vayas de red en red social. Además, te permite publicar un mismo *post* a la vez en varias redes sociales y añadir fotos y vídeos. Las versiones de pago, además de publicar *post*, también te permiten crear historias en *Facebook* e *Instagram* y programar en bloque **hasta 350 publicaciones a la vez** e incluso puedes **integrar la herramienta** Canva para tus diseños.

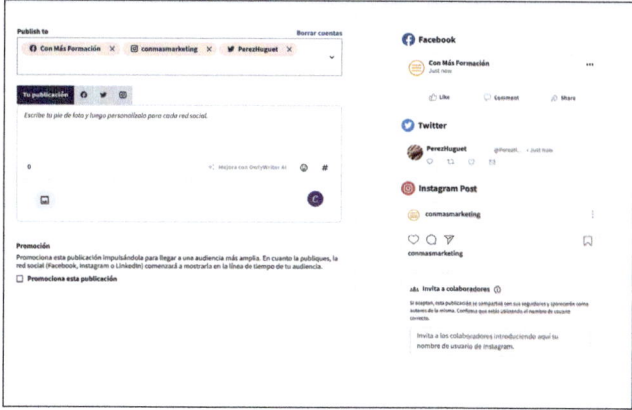
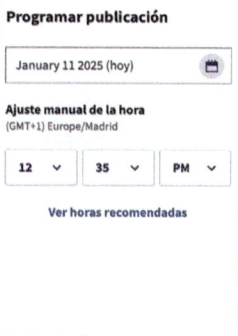

La imagen de la izquierda es la pantalla para crear un nuevo post. Deberás elegir en qué red social deseas añadir el post, redactar el texto y subir las fotos o vídeos. También podrás programarlo indicando la fecha y la hora.

NOTA

Hootsuite es una aplicación muy potente para gestionar las redes y por supuesto para monitorizarlas, pero hay dos puntos que no se nos pueden pasar por alto:

- *Facebook* y su gran celo de querer crear una plataforma en la que las cuentas de empresa no tengan necesidad de salir; no ve bien que se usen herramientas de terceros y *Hootsuite* lo es. Recuerda que también puedes programar desde *Facebook*.
- Cada red social tiene su propio público, con su lenguaje y sus gustos. Publicar en dos o tres redes el mismo *post* no es muy acertado en la mayoría de las ocasiones. Por ejemplo, un *post* en *Instagram* puede contener mucho texto y hasta 30 *hashtags;* en *X*, máximo 400 caracteres. Publicar a la vez para estas dos redes sociales no es una buena estrategia.

TAREA 14

A través de tu cuenta de *Hootsuite* crea un post para *X* con texto e imágenes. Prográmalo para dentro de tres días.

Posteriormente, ve al tablero nuevo y comprueba que ese *post* programado aparece en la columna que creaste.

Otro apartado muy interesante que explorar dentro de *Hootsuite* e ideal para la gestión de las redes de forma colaborativa es el **Editor.** Cuenta con un **Calendario** (calendario donde se pueden ver los *post* programados); un apartado de **Borrador;** en donde se ubican los *posts* que se han creado y que ni se han publicado ni se han programado; un apartado de **Contenido,** donde se puede realizar una importación masiva de *posts* mediante un archivo .csv. *Hootsuite* ofrece un archivo de ejemplo para que el que se importe tenga un formato correcto y no se produzcan errores.

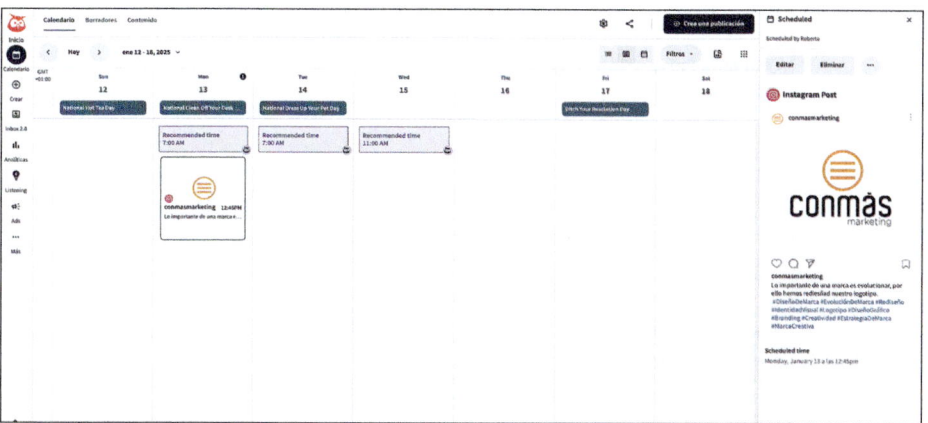

*Las tres pestañas comentadas anteriormente se encuentran en la parte superior: **Calendario** (el calendario que se ve), **Borradores** y **Contenido.***

 **VÍDEO**

Para ampliar más los usos que te ofrece el editor, mira el siguiente vídeo:

https://redirectoronline.com/ifct0380402

Como muchas herramientas de gestión, dispone de una versión móvil que te facilitará trabajar desde cualquier parte. En esta aplicación móvil verás las columnas de todos los tableros que tengas, además de otras dos pestañas más redactar y editor desde donde acceder al calendario, los programados y los que están en borrador.

Interfaz de la aplicación para móvil donde puedes ver el acceso a las columnas de todos los tableros, y en la parte inferior, los iconos de crear, la identificación del plan suscrito y la bandeja de entrada de los mensajes de las aplicaciones conectadas con la herramienta.

Hootsuite es la herramienta de gestión por excelencia, pero existen otras que pueden adaptarse también a lo que tú necesitas, como puede ser *Fanpage Karma,* de la que hablamos en la unidad anterior cuando enumerábamos fuentes de información para hacer seguimiento de lo que se dice en las redes sociales. También, esta plataforma te permite gestionar tus redes desde un solo lugar. Accede a ella en el siguiente enlace:

https://redirectoronline.com/ifct0380403

3. Herramientas de monitorización

☞ HILO CONDUCTOR

Nicolás e Imanol, de Aceite Soleado, ya han probado la herramienta *Hootsuite* para crear contenido y hacer análisis e incluso monitorización. Pero les han hablado de algunas más específicas de monitorización y desean probar la utilidad de estas.

Monitorizar las redes sociales supone seguir contenidos que nos interesa conocer, saber lo que se dice sobre tu marca, sobre la competencia o sobre un evento, por ejemplo, mediante la observación o aplicación de herramientas. Algunas ya las hemos ido viendo, como pueden ser *Hootsuite, Brand24* o *Google Alerts,* pero vamos a hablar de alguna más que nos pueden facilitar esta labor.

Talkwalker Alerts	Talkwalker	*https://redirectoronline.com/ifct0380404* Es una alternativa a *Google Alerts*. Te permite crear alertas sobre las menciones de tu marca en noticias, foros, *X* y blogs.
X PRO	X Pro	*https://redirectoronline.com/ifct0380405* Te permite gestionar varias cuentas de *X* a la vez. La interfaz dividida en columnas es muy semejante al de *Hootsuite*, pero solo para la red *X*.

Continúa en página siguiente >>

<< Viene de página anterior

SocialBee		https://redirectoronline. com/ifct0380406	Herramienta de pago para gestionar varias redes sociales y monitorizar en ellas la marca y la competencia.
Metricool	metric∞l	https://redirectoronline. com/ifct0380407	Herramienta que permite gestionar varias redes sociales: planificar, crear contenido, ver analíticas de rendimiento... y monitorizar su contenido desde una misma plataforma.

RECUERDA

El no estar en una red social no significa que no se esté hablando de tu marca. La escucha activa o monitorización es fundamental para prevenir una crisis de reputación.

 ## ACTIVIDAD COMPLEMENTARIA

14. Accede a *Talkwalker* y a *Google Alerts*, crea en ambas la misma alerta y analiza los resultados de las dos. ¿Te muestran lo mismo? ¿Te interesa tener las dos activadas para monitorizar tu marca, la competencia o cualquier tema de interés?

----

4. Programación y automatización

☞ HILO CONDUCTOR

Nicolás e Imanol vuelven de un curso donde les han hablado de la posibilidad de automatizar sus contenidos en redes y no estar pendientes de ellos y de las redes sociales 24 horas al día, 7 horas a la semana. Piensan que automatizar las publicaciones va a hacer que la cuenta pierda su esencia y naturalidad.

Programar es dejar las publicaciones preparadas para que se publiquen el día y la hora que tú quieras. Automatizar supone compartir de forma continua y automática contenido creado por ti o de otras fuentes que no son las tuyas, como pueden ser blogs del sector.

Existe un debate entre los beneficios y perjuicios de automatizar. Quizá en el equilibrio del uso de herramientas de automatización está la clave. En ambos casos, elijas lo que elijas, publicar de forma manual o automática, deberás hacer seguimiento del contenido e interactuar con los seguidores; es tu toque personal lo que hará que merezca la pena que te sigan.

Beneficios	Perjuicios
El trabajo siempre está adelantado.	Tener preparado el contenido con antelación puede que no responda a lo que ese día tu seguidor quiere escuchar o de lo que quiere hablar.
Ahorro de tiempo.	Pierde la naturalidad y la cercanía.
Poderte dedicar a otros temas que no son de publicación.	Puedes olvidarte de interactuar con la gente que da "me gusta" o que comenta.
Las analíticas de todas las redes sociales las tienes en una sola plataforma.	*Facebook* te puede castigar por usar herramientas de terceros y que tus *post* no tengan el alcance deseado.
Te aseguras una presencia constante en las redes.	La tecnología puede fallar.

Repasaremos a continuación algunas de las herramientas más populares para automatizar.

4.1. Buffer

Esta aplicación te permite automatizar *post* para *Facebook, X, Instagram, Pinterest* o *LinkedIn,* y te ofrece métricas y análisis de los resultados de cada *post.*

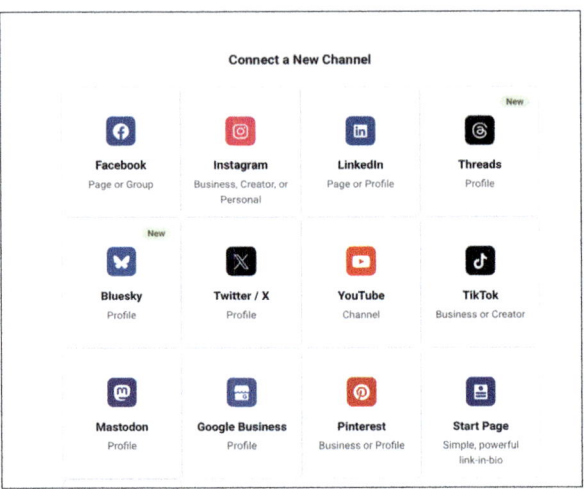

Redes sociales que Buffer permite conectar para automatizar la publicación de contenido.

Podrás acceder a esta aplicación a través del siguiente enlace:

https://redirectoronline.com/ifct0380408

Tiene una versión de pago y otra gratis. Esta última solo te permite gestionar un perfil de una sola red social con posibilidad de programar diez *post* al mes.

En ambas versiones, el contenido que publicar en las diferentes redes lo vas añadiendo en una cola de salida, llamada **Queue,** y programas las salidas.

Posting times ❷						Clear all Posting Times
Monday On ⬤	**Tuesday** On ⬤	**Wednesday** On ⬤	**Thursday** On ⬤	**Friday** On ⬤	**Saturday** On ⬤	**Sunday** On ⬤
12 :35	12 :35	12 :35	12 :35	12 :35	12 :35	12 :35
16 :47	16 :47	16 :47	16 :47	16 :47	16 :47	16 :47
20 :52	20 :52	20 :52	20 :52	20 :52	20 :52	20 :52

Con el calendario puedes programar, eligiendo las horas y los días de la semana para que el contenido salga automático.

Puedes ir colocando el contenido en esta cola de salida, crearlo tú directamente en la plataforma o extraerlo de webs, blogs u otras plataformas de fuentes de información como la ya vista *Feedly.* En la versión de pago, puedes ir alimentando *buffer* directamente, lo que supone un ahorro de tiempo increíble.

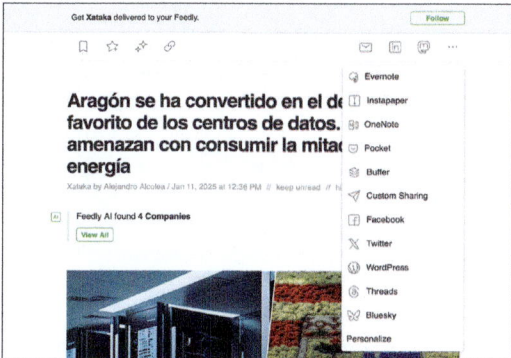

Ejemplo de una noticia leída en la herramienta Feedly. En la parte superior nos da opción de incluirla directamente a nuestra cuenta de Buffer; también permite añadirla a Hootsuite si usásemos esa herramienta.

Una vez subido el contenido, podrás editarlo, cambiar horarios de salida y, tras su publicación, analizar los resultados.

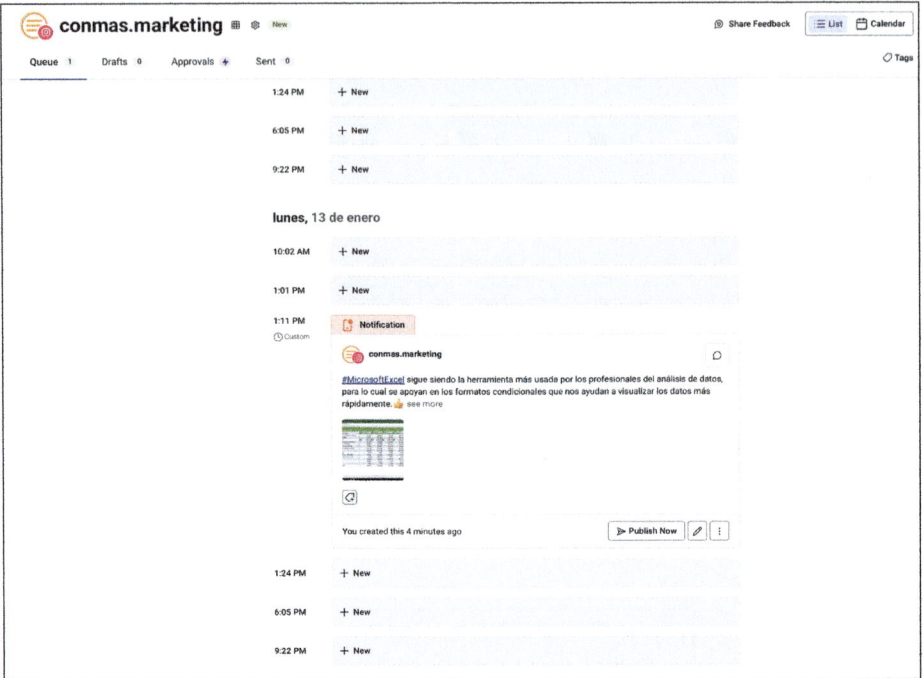

Interfaz donde puedes ver y gestionar los post en cola (Queue) y seguir programando para que salgan de forma automática en las horas que has marcado.

SABÍAS QUE...

En internet se usan dos términos para indicar que una herramienta es gratuita en su versión básica o de pago, en versión más completa. Estos son *Freemium* y *Premium*.

- -

TAREA 15

Date de alta en *Buffer* y, con la red social que tú elijas, automatiza diez *post* para que salgan a lo largo de la semana. No te olvides que deberás configurar su tiempo de salida.

- -

IFTTT

IFTTT son las siglas de *If This Then That* ("si esto, entonces lo otro" podría ser la traducción) y describe a la perfección para qué puedes utilizar esta herramienta. Te permite crear interacciones entre distintas redes sociales y automatizar tareas.

Puedes acceder a la web de *IFTTT* en el siguiente enlace:

https://redirectoronline.com/ifct0380409

Las interacciones son del estilo: "Si subo un *post* en *Instagram* con el *hashtag* #aceitedeoliva, entonces se publica un *post* en *X*"; o, por ejemplo, "Si publico un post con enlace en *X*, entonces que se guarde automáticamente en *Feedly*".

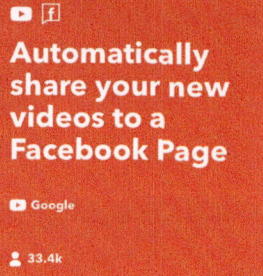

Ejemplo de varias interacciones o Applets ya creadas. La primera ofrece soluciones de ideas para las publicaciones en redes sociales mediante el uso de la inteligencia artificial (IA) de IFTTT. La segunda publica las fotos que se suban a Instagram a nuestra página de Facebook. La tercera genera publicaciones en nuestra página de Facebook cuando comenzamos una retransmisión en Twitch y la última comparte automáticamente en YouTube los vídeos que se publiquen en la página de empresa de Facebook.

Estas fórmulas, o *Applets,* van más allá de las redes sociales. Puedes llegar a crear interacciones entre un sinfín de aplicaciones: *Evernote, Spotify, Google Calendar, Bitly, Amazon Alexa* y muchas más.

5. Resumen

Un *Community Manager* cuenta con diversas herramientas para gestionar las redes sociales de su empresa. La más conocida y completa en su versión de pago es *Hootsuite.* Con ella podrás publicar en varias redes sociales, hacer monitorización de palabras clave y extraer analítica del contenido que pongas y todo ello sin salir de la plataforma.

Monitorizar tu marca puede suponer la diferencia de ir por delante ante una crisis de reputación o enterarse cuando todo haya estallado. Además, el monitorizar te permite ver qué hace la competencia y conocer las tendencias que gustan a tus seguidores.

Hay diferencia entre programar publicaciones y automatizarlas con herramientas como *Buffer* o *IFTTT.*

Programar es posponer un contenido para otro momento; automatizarlo es dejar que el contenido vaya creándose de forma continua y si tener necesidad de supervisar. Todo en equilibrio puede funcionar, pero usar siempre las automatizaciones podrá hacer que pierdas la esencia de tu cuenta, tus seguidores se den cuenta de que hablan con robots y dejen de seguirte o de confiar en ti.

Ejercicios de autoevaluación
Unidad de Aprendizaje 4

1. *Hootsuite,* **en su versión gratuita, te permite tener:**

    a. Dos perfiles de una o dos redes sociales.
    b. Dos redes sociales, pero más de dos perfiles.
    c. Tres perfiles de dos redes sociales.
    d. Todas las opciones son incorrectas.

2. Una herramienta colaborativa es una herramienta...

    a. ... creada con la colaboración de donaciones de personas anónimas.
    b. ... que permite a un equipo trabajar conjuntamente sin estar en el mismo lugar y sin compartir contraseñas.
    c. ... que permite colaborar con los usuarios de las redes sociales.
    d. Todas las opciones son incorrectas.

3. Los beneficios de automatizar tus redes sociales son:

    a. Ahorro de tiempo.
    b. Asegurarse la presencia constante en las redes.
    c. Te permite dedicarte a otros temas que no son de publicación.
    d. Todas las opciones son correctas.

4. Indica si las siguientes afirmaciones son verdaderas o falsas:

    a. *Hootsuite* es una herramienta de gestión exclusivamente *Premium.*

        ■ Verdadero
        ■ Falso

    b. *Hootsuite* te ofrece métricas sobre el trabajo de los miembros del equipo, por ejemplo, te dice cuánto tiempo tarda alguien en dar respuesta a un usuario.

        ■ Verdadero
        ■ Falso

5. El panel por el que te vas a mover en *Hootsuite* tiene dos elementos básicos que has de controlar:

    a. El tablón y las columnas.
    b. Las menciones y programaciones.
    c. El tablero y las columnas.
    d. La búsqueda y las programaciones.

6. Las columnas dentro de un mismo tablero pueden ser:

    a. De una sola red social.
    b. De varias redes sociales.
    c. Iguales, por ejemplo, todas las columnas de *Búsqueda*.
    d. Todas las opciones son correctas.

7. El Directorio de aplicaciones en *Hootsuite:*

    a. Solo es accesible si tienes un plan *Premium*.
    b. En la versión gratuita, puedes instalar unas aplicaciones, pero no todas las que ofrece.
    c. En la versión gratuita, puedes instalar todas las que ofrece pero con un máximo de cinco.
    d. Todas las opciones son correctas.

8. El Editor de *Hootsuite* te permite, entre otras acciones:

    a. Planificar los días y hora de publicar *post*.
    b. Revisar los *post* programados y los que están en borrador.
    c. Usarlo como fuente de información a través de *feeds* RSS.
    d. Todas las opciones son correctas.

9. Monitorizar las redes sociales supone seguir...

    a. ... a lo que se habla sobre un evento.
    b. ... a lo que se dice sobre tu marca.
    c. ... a las redes sociales de la competencia.
    d. Todas las opciones son correctas.

10. ¿Qué opción se corresponde con la definición "compartir de forma
continua y automática contenido"?

    a. Automatizar
    b. Programar
    c. Autonomizar
    d. Todas las opciones son correctas.

Demostración de las habilidades necesarias para el manejo de *software* para el análisis de datos

Contenido

Objetivos

El objetivo general de esta Unidad de Aprendizaje es:

→ Utilizar las herramientas disponibles para la generación de informes de resultados.

Los objetivos específicos de esta Unidad de Aprendizaje son:

→ Conocer las estadísticas de cada red social y cómo extraer los datos.

→ Saber interpretar los datos extraídos.

→ Saber esquematizar los datos analizados en un solo informe.

→ Conocer herramientas que nos facilitan la recogida de métricas, su análisis y generación de informes.

1. Introducción

El trabajo diario del *Community Manager,* como hemos podido ir viendo, no solo consiste en crear contenido en una sola red social, sino que debe crearlo en varias, con un lenguaje e información diferente, ya que las redes tienen distintos públicos. Además de todo esto, tiene que hacer seguimiento de lo que se dice sobre su marca, hablar con la comunidad y analizar si los *post* e historias que comparte llegan a cumplir los objetivos que desea. La medición y el análisis de todas las acciones que realiza en redes sociales es fundamental para poder comprobar si con estas se logran los objetivos planteados.

Tras la medición y el análisis, un *Community Manager* deberá crear informes para transmitir las conclusiones. En las redes los resultados se ven a medio-largo plazo. No es normal tener éxito desde el primer mes. Podemos decir que es una carrera de fondo y por medio de los informes se puede dejar constancia del progreso.

Para toda esta labor de medición, análisis e informes el *Community Manager* debe ser metódico, no perderse entre tantos datos y saber interpretarlos correctamente.

Aceite Soleado, S. L., es consciente de que no todo es crear contenido y conversar, y tiene que comprobar si todo su esfuerzo en redes está alcanzando los objetivos que se había planteado. Además, a Nicolás e Imanol les han pedido desde Dirección que mensualmente envíen un informe donde se resuma cómo evoluciona el trabajo en las redes de la empresa y los resultados obtenidos.

2. Estadísticas de las redes sociales

👉 HILO CONDUCTOR

Nicolás e Imanol, de Aceite Soleado, S. L., llevan creando contenido en redes sociales y buscando generar comunidad desde hace casi un mes. Van a comenzar a recopilar datos estadísticos para luego poderlos analizar.

- -

Todas las redes sociales cuentan con una plataforma donde muestran las estadísticas de su uso en ellas. Para ver las de *Facebook* e *Instagram,* necesitas tener una cuenta de empresa, pero no ocurre así en *X.*

 **CONSEJO**

La consulta debe ser periódica y los datos tienes que registrarlos en una tabla que te servirá para comparar y analizar las mediciones.

Antes de comenzar a medir los datos que las redes sociales te presentan, has de conocer varios conceptos fundamentales sobre las estadísticas:

Alcance
- El número de personas al que le aparece tu publicación en un periodo de tiempo que selecciones, tanto si interactúan con tu post como si no. El alcance puede ser orgánico (cuando les aparece la publicación de forma natural) o de pago (cuando les aparece la publicación porque has pagado publicidad).

Impresiones
- El número de veces que aparece tu publicación. A un mismo perfil puede aparecerle una o varias veces.

Visitas a la página/perfil
- Las visitas totales que ha recibido tu página.

Interacciones
- El número de acciones que realizan los usuarios en una publicación: dar a "me gusta", "me encanta", guardarla, compartir y comentar.

 **NOTA**

A veces los términos *impresiones* y *alcance* pueden crear confusión, pero recuerda:

- Las impresiones miden el número de veces que aparece tu publicación.
- El alcance mide el número de perfiles a los que les aparece tu publicación, y esta puede aparecer varias veces (impresiones) en un mismo perfil.

2.1. *Facebook*

Muchos son los datos que proporcionan las estadísticas de *Facebook,* pero para poder extraer solo las métricas que necesitas, debes tener presente tus objetivos iniciales y, de esta forma, analizar si vas por buen camino.

Facebook te ofrece análisis sobre tres puntos que te interesa tener controlados:

La página
- Conocer las interacciones a tus publicaciones o a la propia página, saber el alcance, el crecimiento del número de usuarios o ver las publicaciones que has hecho y compararlas entre sí para detectar qué publicación gusta más a tus seguidores y la que menos para no volverla a usar. Te ofrece una visión general de cómo está funcionando tu página en un periodo de tiempo.

El público
- Conocer los factores demográficos de tu público como la edad, el género, los intereses, qué otras páginas de *Facebook* gustan, a qué hora y qué días están conectados los usuarios, entre otros. Te permite saber quién es tu público objetivo.

Los anuncios
- A qué personas alcanzas con los anuncios, el gasto publicitario, cuántas interacciones has conseguido con esa publicidad de pago.

Desde el administrador de tu página de empresa puedes acceder al resumen general de las estadísticas. Aunque se puede acceder a las estadísticas desde el panel de administración de la página, es recomendable que utilices la plataforma *Meta Business Suite* en la que se pueden unificar todas las redes sociales de Meta y en la que se muestran las estadísticas más completas.

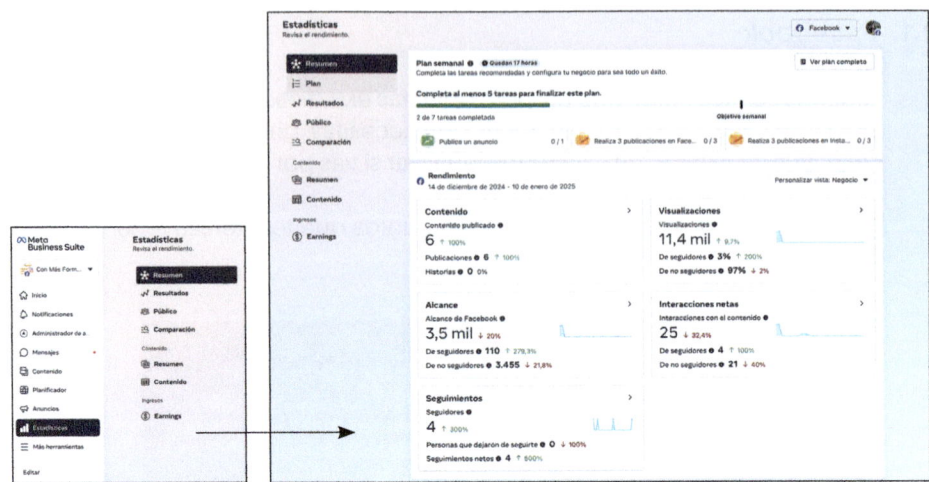

A la izquierda, relación de pestañas que encuentras en Meta Business Suite desde donde se puede acceder a la pestaña Estadística. La imagen de la derecha corresponde con el Resumen de las estadísticas de la página.

 **RECUERDA**

Solo las páginas de empresa cuentan con estadísticas y posibilidad de hacer publicidad de pago; los perfiles personales no.

El resumen de estadísticas de la página, que es adonde se nos dirige al comienzo, te ofrece información general sobre las siguientes métricas en un periodo de tiempo que tú decidas (hoy, ayer, últimos 7 días o últimos 28 días), pudiendo seleccionar desde la misma plataforma la red social que se desea analizar; *Facebook* o *Instagram*:

- **Plan semanal:** cantidad de publicaciones recomendadas por la red social para mantener el interés de la cuenta.
- **Contenido publicado:** número de contenidos individuales que se compartieron o publicaron en la página o perfil de *Facebook.* El contenido puede incluir formatos como publicaciones, historias, anuncios y más.
- **Visualizaciones:** número de veces que se vio o se mostró el contenido.
- **Alcance de *Facebook*:** esta métrica calcula el alcance de la distribución orgánica o pagada del contenido de *Facebook,* incluidas las publicaciones, historias y anuncios. Esta cifra también incluye el alcance de las publicaciones e historias promocionadas. El alcance solo se contabiliza una vez si se debe tanto a la distribución orgánica como a la distribución pagada.

- **Interacciones con el contenido:** número de Me gusta o reacciones, comentarios, respuestas y veces que se guardó y compartió tu contenido, incluidos los anuncios. Incluye las publicaciones, historias, *reels,* vídeos, etc.
- **Seguidores:** número de personas que te han comenzado a seguir o te han abandonado en el período seleccionado.

Dentro del menú lateral izquierdo de las estadísticas de la página en Meta Business Suite se pueden encontrar estos otros apartados que también se deben revisar de forma regular:

- **Plan:** se puede acceder a una mayor información acerca de todas las acciones que se pueden realizar para cumplir el objetivo semanal que se haya propuesto la empresa.
- **Resultados:** se recogen las gráficas correspondientes a los apartados de visualizaciones, alcance, visitas y seguidores.
- **Público:** apartado interesante ya que se recogen los datos demográficos, las tendencias y características del publico potencial al que se dirige la página.
- **Comparación:** comparación del rendimiento de tu negocio con otros similares de la misma categoría.

 ## ACTIVIDAD COMPLEMENTARIA

15. Entra en tu cuenta de empresa creada en *Facebook*. Has ido subiendo contenido y es buen momento para reflexionar sobre las estadísticas que te ofrece la plataforma. Extrae conclusiones sobre cómo van estas publicaciones.

- -

2.2. *Instagram*

Si dispones de una cuenta empresa en Instagram, la red te ofrece métricas de audiencia y de actividad divididas en tres secciones: **Información general, Tu audiencia** y **Contenido que has compartido.**

Pantalla resumen de las estadísticas del perfil de Instagram

⊃ **Información general.** Podrás ver el alcance (visualizaciones, como se le llama), y las interacciones con tu contenido publicado en un periodo determinado. Te muestra datos interesantes como cuántas visitas has tenido a tu perfil, las publicaciones destacadas o cuántos comentarios reciben, entre otros datos.

A la izquierda, la métrica que muestra para el periodo de un mes las visualizaciones alcanzadas, y a la derecha, la métrica para las interacciones con el contenido.

➲ **Contenido que has compartido.** Te muestra el seguimiento del rendimiento de tus publicaciones e historias: el alcance, los "me gusta", los comentarios...

Te permite filtrar por formato: foto, vídeo o publicaciones por secuencia; por el alcance, más "me gusta" o más interacciones que han recibido, y todo ello en el periodo de tiempo que marques: desde los últimos 7 días a los 2 últimos años.

Seguimiento de las publicaciones de una cuenta. Fíjate en la parte superior, que te permite filtrar. Cualquiera, se refiere al formato: foto, vídeo o publicaciones por secuencia. Por defecto, filtra por Alcance; si despliegas esa opción, te muestra otras posibilidades de filtro. La pestaña Último año te permite seleccionar el periodo de tiempo.

- **Datos de audiencia:** dentro del apartado *Información general →Total de seguidores* se pueden acceder a distintas métricas que permiten conocer a tus seguidores: de dónde son, la edad, el género y en qué días y franjas de hora son más activos. Esto último te dará información valiosa de cuándo publicar tu contenido.

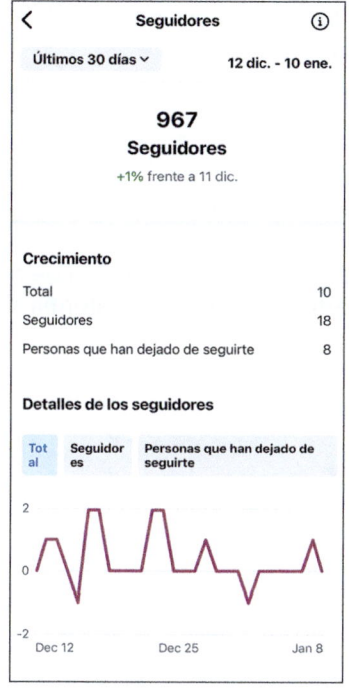

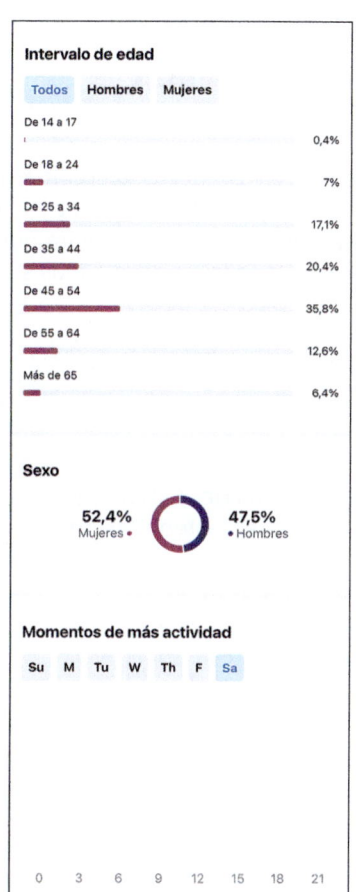

Sección de audiencia donde extraer los datos necesarios sobre tu público

RECUERDA

Teniendo en cuenta el algoritmo de *Instagram*, cuanto menos tiempo pase entre la publicación de tu *post* y el tiempo en el que tus seguidores empiezan a reaccionar con él, mejor para que *Instagram* considere que tu contenido es relevante y se lo muestre a más seguidores.

2.3. X

Las analíticas de *X* ahora se han convertido en una opción de pago, por lo que si quieres obtenerlas deberá darte de alta en la plataforma *X Premium*.

Centro del creador	Básico	Premium	Premium+
Escribir Artículos ⓘ			✓
Recibe dinero por postear ⓘ		✓	✓
Suscripciones para creadores ⓘ		✓	✓
X Pro ⓘ		✓	✓
Media Studio ⓘ		✓	✓
Estadísticas ⓘ		✓	✓
Publica videos más largos	✓	✓	✓

Opciones disponibles para X Premium en las que se encuentra el uso de las estadísticas

PARA SABER MÁS

Existen aplicaciones que te pueden ayudar a conocer tus estadísticas de forma gratuita como *tweetbinder*. Puedes acceder a dicha herramienta desde el siguiente enlace:

Continúa en página siguiente >>

<< Viene de página anterior

https://redirectoronline.com/ifct0380410

En dicha herramienta, será suficiente con incorporar el nombre de usuario o el *hashtag* que quieras monitorizar para obtener el informe correspondiente.

Página web de la herramienta Tweetbinder

➲ **Tweets:** podrás hacer seguimiento desde aquí de las interacciones de tus tuits en un periodo de tiempo que señales.

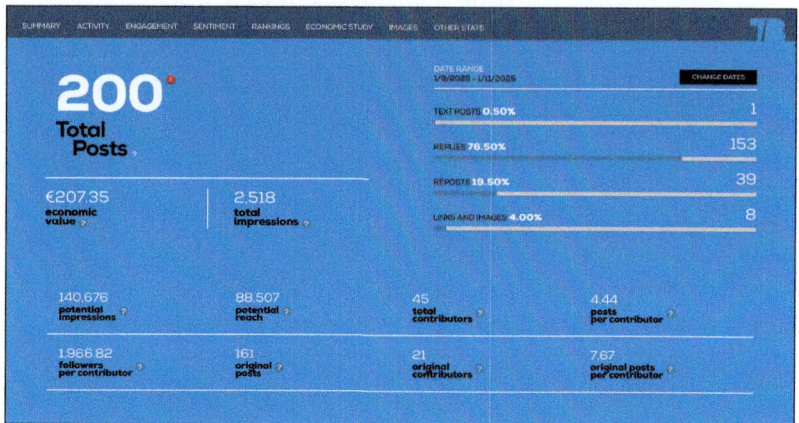

Resumen del comportamiento de @cocacola_es usando la herramienta Tweetbinder

➲ **Actividad y comportamiento de las publicaciones:** se muestra la relevancia de las publicaciones y las interacciones que han conseguido con su público objetivo.

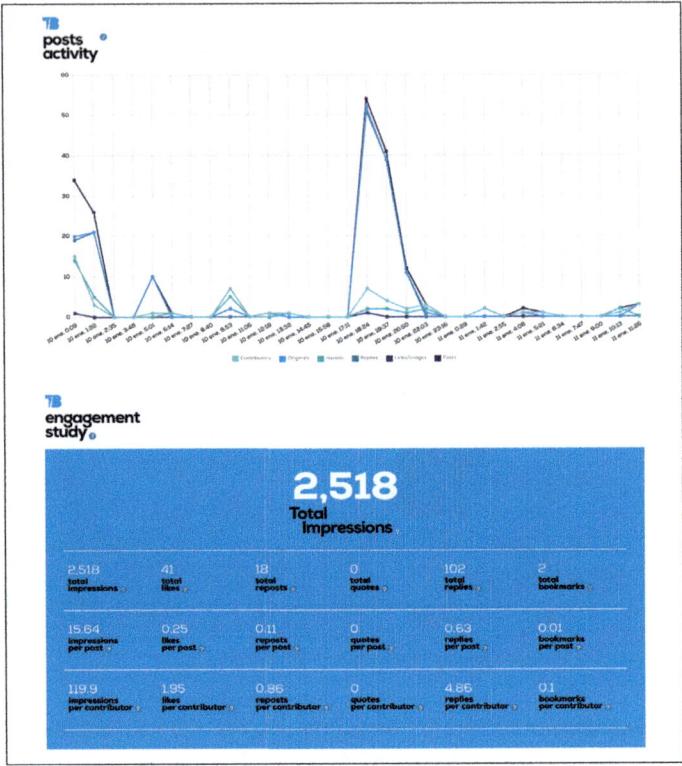

➲ **Sentimiento:** bajo este epígrafe se clasifica la relevancia de los post y la reacción que han generado en los seguidores.

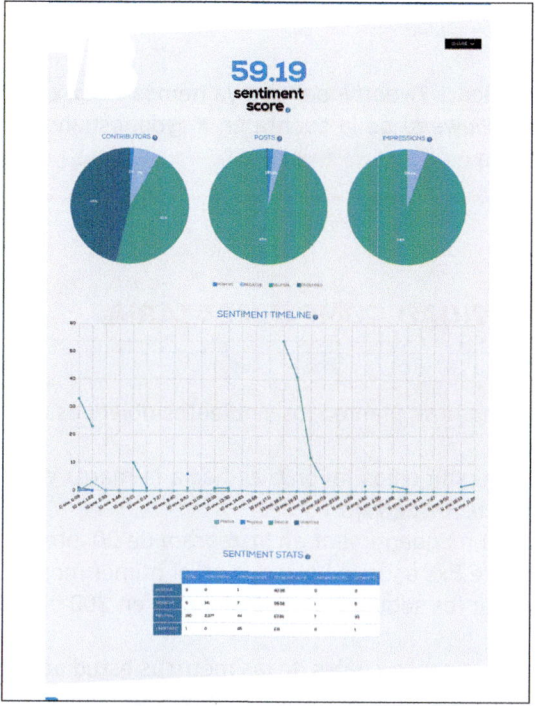

Sentimiento que los posts tienen en los seguidores de la marca @cocacola_es

Además de las opciones mencionadas anteriormente, también incorpora otras muy importantes como clasificaciones de los colaboradores, ordenados por relevancia o coste, los que más han interactuado con las publicaciones de la marca, las imágenes más relevantes de las publicaciones o descubrir nuevas audiencias.

 TAREA 16

Una agencia de viajes de San Sebastián quiere empezar a trabajar la red social *X*, pero no sabe qué publicar, a qué hora, qué palabras son las que más usan sus clientes potenciales...

Ha encontrado una cuenta con más de 3.000 seguidores (@donostiahoy) que parece agrupar a mucha gente de San Sebastián y le parece interesante conocer cómo son sus seguidores. De esta forma, obtendrá muchas pistas de cómo trabajar su perfil en *X*.

Continúa en página siguiente >>

<< *Viene de página anterior*

Con la herramienta *Tweetbinder* que ya hemos visto, estudia los hábitos de los seguidores *(followers)* de la cuenta en *X* @donostiahoy e interpreta los datos que te muestra.

 ACTIVIDAD COMPLEMENTARIA

16. Aceite Soleado se planteó los siguientes objetivos en redes sociales:

- Lograr 20 testimonios favorables hacia la marca en el periodo de un mes en *Facebook, Instagram* y *X.*
- Conseguir un *Engagement* en *Instagram* de 20 interacciones por cada *post* sobre aceite Extrasuave Soleados en el primer mes.
- Incrementar los seguidores de *Instagram* en 200 el primer mes.

Reflexiona sobre cuál o cuáles de las métricas estudiadas en cada red social te pueden servir para saber si dichos objetivos se cumplen o no.

---

3. Análisis de datos

 HILO CONDUCTOR

Nicolás e Imanol, de Aceite Soleado, S. L., creen que están teniendo éxito, pero saben que deben analizar los resultados recogidos de cada red social y poder sacar conclusiones más concretas: qué contenido les está funcionando más, si siempre interactúan los mismos usuarios o si hay crecimiento de nuevos seguidores, entre otras cuestiones.

Es aconsejable ir introduciendo en una matriz, por ejemplo en *Excel,* las métricas de las redes sociales que te interesan para luego poder hacer un correcto análisis, almacenarlas para hacer comparativas y posteriormente crear los informes necesarios.

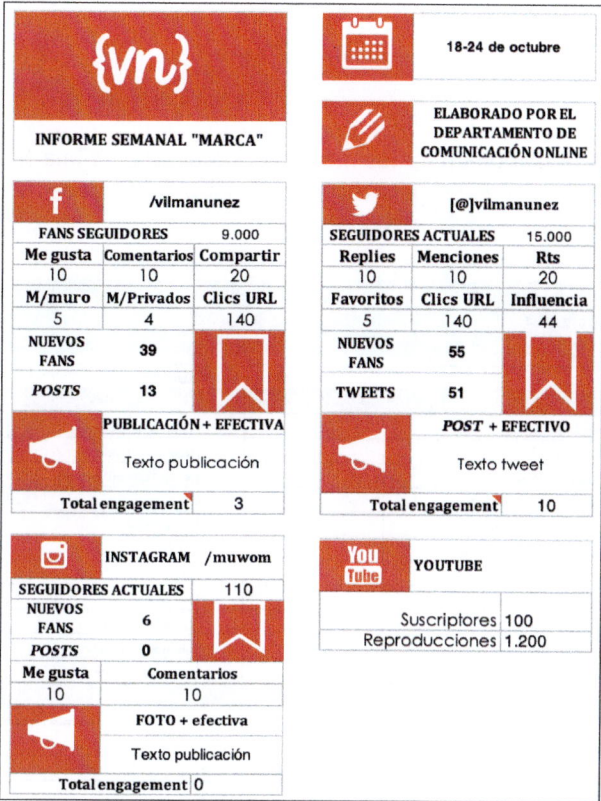

Ejemplo que ofrece Vilma Núñez en su web www.vilmanunez.com para recoger datos de las redes sociales. Solo es recogida, no hay análisis.

Otro método de recogida de datos que puede ayudarte en el análisis posterior es organizar las métricas por bloques:

- **Bloque comunidad:** en la que podrás recoger el número de *post* realizados, cuántos nuevos seguidores/fans tienes, porcentajes de aumento de seguidores...
- **Bloque alcance:** para recoger las impresiones, el alcance, la media de impresiones y alcance por publicación, los porcentajes de clics de cada publicación (CTR), top de países...
- **Bloque interacción o *Engagement*:** permite recoger los "me gusta", los comentarios, las veces que se ha compartido el *post* y sacar incluso el total de *Engagement* (suma de "me gusta", comentarios, compartir, mensajes y clics en publicaciones).
- **Bloque influencia o conversión:** cuál es la publicación de más éxito, comentarios positivos, negativos...

TAREA 17

Observa la plantilla para las métricas que propone Vilma Núñez y elabora tu propia matriz en *Excel* para recoger los datos de tus redes sociales.

Informe mensual

f Facebook

		X	
Total de fans		Total de seguidores	
Nuevos fans		Nuevos seguidores	
Nº de publicaciones		Nº de Tuits publicados	
Total de reacciones en publicaciones		Impresiones	
Me gusta en publicaciones		Menciones	
Comentarios en publicaciones		Reply	
Compartir en publicaciones		Rt's	
Alcance publicaciones		Me gusta	
Visitas página de fans		Clics en enlaces	
Mensajes privados		Mensajes privados	
índice de respuesta en mensajes		Mensajes respondidos	

Youtube

		Vídeos con más reproducciones	
Total de suscriptores			
Nuevos suscriptores	1		
Vídeo subidos	2		
Reproducciones de vídeos	3		
Me gusta en vídeo	4		
No me gusta en vídeo	5		
Comentarios vídeos			
Vídeo compartidos			
Vídeos en playlists			
Mensajes privados			

Instagram

Total de seguidores		Total de historias publicadas	
Nuevos seguidores		Total de visualizaciones de historias	
Total de publicaciones		Total de mensajes recibidos	
Me gusta en publicaciones		Mensajes privados	
Comentarios en publicaciones			

Blog o web

		Post/Páginas más visitadas	
Suscriptores / Leads			
Comentarios	1		
Visitas usuarios únicos	2		
Total de visitas	3		
Total de páginas vistas	4		
% Tasa de rebote	5		
Duración media de visita			

Elaborado por @vilmanunez

∨∧ Vilma Núñez

Continúa en página siguiente >>

<< Viene de página anterior

A continuación, te dejamos el enlace a la plantilla de Vilma Núñez:

https://redirectoronline.com/ifct0380411

3.1. Análisis de los datos obtenidos

Pero el verdadero trabajo no consiste en recopilar datos, sino en analizarlos e interpretar lo que significan. A esta parte se le llama **análisis de los datos obtenidos.** Este estudio puede ser cuantitativo o cualitativo.

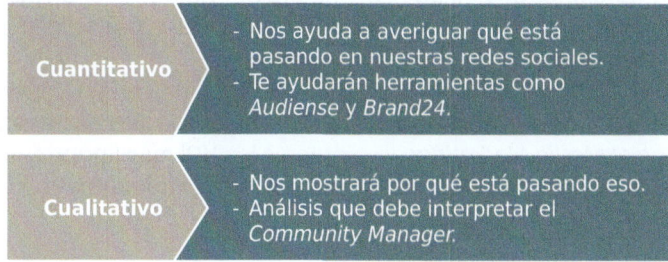

La **analítica en redes sociales** te va a ayudar a:

- Corregir los errores que cometemos en ellas, como publicar contenido que no gusta o a horas de poca audiencia, entre otros aspectos.
- Conocer mejor a tu público: procedencia, gustos, hábitos de conexión...
- Segmentar la publicidad y dirigirla solo a aquellas personas que podrían estar interesadas en nuestros productos o servicios.
- Mejorar las conversiones y adaptar los productos al mercado. Sabiendo qué publicaciones son más aceptadas podemos conocer qué es lo que desean ver los usuarios y poder enfocar mejor las ventas.

RECUERDA

La clave para hacer un buen análisis es conocer muy bien los objetivos que queremos alcanzar. Fidelizar al cliente, generar tráfico a la página web… Deberás responder a la pregunta: con esta acción en las redes sociales, ¿estoy cumpliendo el objetivo deseado? El análisis de los datos correctos te dará la respuesta.

3.2. Conceptos de partida

Un concepto que se debe aprender antes de trabajar la analítica de las redes sociales son los **KPI** *(Key Performance Indicator* o indicadores clave de rendimiento). Son indicadores que se utilizan para medir la eficacia o no de tus campañas, de tu contenido, y determinar de esta forma lo que ha sido efectivo para llegar a alcanzar los objetivos planteados.

Por ejemplo, si tu objetivo en redes es ver si tu *Engagement* está creciendo, tus indicadores o KPI podrían ser el número de *post* en *X,* el número de recomendaciones en *LinkedIn,* el número de "guardados" en *Instagram,* entre otros. Es muy interesante ir recogiendo los datos periódicamente para trabajar la comparativa.

Para definirlos, ten presente los objetivos que te has planteado en el Plan de *Social Media Marketing;* así extraerás los KPI más importantes y no terminarás acumulando datos de los que no vas a extraer ningún análisis claro.

APLICACIÓN PRÁCTICA

En Caramelos Dulces tienen la sensación de que su cuenta de Instagram está estancada: no crece, no hay más seguidores nuevos y, además, sus post siempre tienen la misma interacción; incluso el número de seguidores podría estar decreciendo.

Debes analizar si esto es así. Para ello, enumera los indicadores o KPI que serían más apropiados para extraer los datos y poder analizarlos de una forma objetiva.

Continúa en página siguiente >>

<< Viene de página anterior

Solución (Posible solución)

Se nos plantean dos puntos de estudio: si hay crecimiento de seguidores y si el *Engagement* está estancado o incluso decrece.

Para analizar el primer punto, el de los seguidores de *Instagram*, los KPI podrían ser:

- Número de seguidores.
- Número de personas que han dejado de seguirte.
- Número de seguidores obtenidos a través de las historias.
- Número de visitas de perfil a través de las historias.

Para analizar la interacción o el *Engagement* del contenido de la cuenta en *Instagram*, los indicadores de los que te interesa recoger datos podrían ser:

- Número de "me gusta" a los *post*.
- Números de veces que se han guardado los *post*.
- Número de "compartidos" a los *post*.
- Número de comentarios a los *post*.
- Número de abandonos de las historias.
- Número de "me gusta" de los vídeos.

Otro concepto importante es saber calcular la tasa de interacción o **Engagement Rate** de una publicación.

La fórmula sería:

$$\text{Interacciones / Alcance} \times 100$$

Por ejemplo, si un *post* de *Instagram* ha tenido un alcance de 2.501 y le han dado 276 "me gusta", 3 compartidos y 2 guardados, podemos decir que ha tenido un *Engagement* de 11,2 %. Los expertos creen que obtener entre un 3 y 5 % es un buen índice de participación.

En las mediciones y posterior análisis de las redes, hay otro concepto a tener en cuenta: el **CTR** (**Click Through Rate**) o porcentaje de clics que obtiene una publicación respecto a su número de impresiones.

Se suele utilizar frecuentemente para medir la efectividad de los anuncios de pago en redes sociales.

La fórmula de cálculo es:

> Total de clics en una publicación /
> Impresiones de la publicación × 100

Por ejemplo, si un anuncio en *Facebook* ha sido mostrado (impresiones) 3.000 veces y ha recibido 68 clics en el anuncio, el CTR es de 2,2 %. Cuanto más alto sea el CTR, en teoría, mayor calidad tiene nuestra publicación o anuncio.

En empresas que aún no han visto la magnitud y el poder de las redes sociales, es frecuente escuchar la siguiente idea: "Mi empresa está en redes sociales porque parece que si no estás, no existes, pero son un gasto, no me ayudan a vender". Esta idea y otras parecidas son argumentos de empresas que no entienden las redes sociales y su función en el *marketing*.

Debes tener en cuenta que, para que alguien desee tu producto y llegue a comprarlo, ha tenido que haber unos pasos previos, digitales o no, como conocer el producto o descubrir que es beneficioso para sus intereses. En los pasos previos, las redes son clave en muchas ocasiones para que al final se traduzca en ventas.

 **IMPORTANTE**

Decir que el contenido y las acciones que se publican en redes no venden porque no hay ventas directas puede que no sea del todo cierto. Un buen análisis de la situación (y de los datos) puede mostrar por qué no se está vendiendo.

Cuando hablamos de **conversión,** no nos referimos solo a la compra. Para que alguien compre, habrás elaborado un plan de acción. Quizá el usuario:

- ⊃ Debe ir antes a la tienda *online*.
- ⊃ Tiene que mandarte un mensaje por *WhatsApp*.
- ⊃ Ha de enviarte un mensaje privado.

Sea la acción que sea, si llega a esos puntos, es ya una conversión en sí y no se puede hablar de fracaso de las redes sociales.

Por lo tanto, a la hora de analizar, no podemos enfocarnos en la métrica de "no he vendido", sino en las conversiones anteriores mencionadas: cuántos te escriben por *WhatsApp,* o han enviado un mensaje directo, o han aterrizado en la tienda *online...* En definitiva, cuántos han iniciado el proceso de compra gracias a las acciones en las redes sociales y no cierran después la venta. Si esto sucede, y gracias a estas mediciones, podemos sacar conclusiones que nos harán mejorar.

 EJEMPLO

"Las personas entran en un anuncio de venta de mi producto y no compran".

Quizá puede ser que la oferta no queda clara o que cuando consigues que el usuario te escriba un mensaje pidiendo información, luego no hay conversión a venta; quizá la atención al cliente es mala. Para eso debemos medir todas las acciones en redes sociales.

- -

Decir que una acción no ha funcionado porque no hay venta no tiene por qué ser del todo cierto. Debemos analizar los pasos que ha seguido el usuario y dónde se ha podido desviar.

 TAREA 18

En la matriz *Excel* que has elaborado para la recogida de datos, incluye las siguientes métricas:

- **KPI** *(Key Performance Indicator).*
- *Engagement Rate.*
- **CTR** *(Click Through Rate).*

- -

4. El ROI en las redes sociales

☞ **HILO CONDUCTOR**

Aceite Soleado, S. L., ha creado una campaña de publicidad en redes durante dos semanas para dar a conocer un nuevo producto: el aceite con trufa. Y para dirigir a los usuarios a que lo compren en su tienda *online,* han invertido dinero y tienen que comprobar si todo este esfuerzo está funcionando y si la inversión está siendo rentable.

Las empresas invierten muchos recursos en las redes sociales para mejorar su presencia en ellas y para dar a conocer sus productos o servicios; en definitiva, para obtener los objetivos que se han planteado. Todo esto puede traducirse en ingresos, en el caso favorable, o pérdidas, en el caso desfavorable.

El **retorno de la inversión** (ROI, *Return on Investment)* ayuda a estas empresas a medir la eficiencia de sus campañas y los esfuerzos que se realizan en las redes sociales y cuándo comienzan a generar ingresos en la empresa.

El ROI es un porcentaje que depende de la inversión realizada por la empresa y los beneficios obtenidos en una campaña. Se calcula dependiendo del tiempo, el dinero y los recursos invertidos y el rendimiento obtenido. Nos ayuda a conocer la viabilidad o rentabilidad que puede tener una campaña en las redes sociales. Si no se calcula el ROI, es muy difícil determinar si la campaña ha tenido éxito o no.

Analizar si se está consiguiendo el objetivo propuesto en la campaña	Localizar los aspectos donde se debe mejorar	Comprobar las redes sociales que mayores ingresos provocan

Conocer aquellas acciones que logran un mayor impacto en los clientes y seguidores	Ayudar en la creación de futuras campañas

4.1. Cálculo del ROI

Calcular el ROI no es tarea fácil porque la mayor parte de las veces se centra en medir valores intangibles, como pueden ser el valor de la marca o el posicionamiento en la mente del usuario. Pero realizar estimaciones puede ayudar a analizar si los objetivos de la campaña se están cumpliendo.

Más concretamente, la medición del ROI ayuda a las empresas a analizar y modificar los puntos donde se debe mejorar, descubrir qué red o redes que tiene tu empresa son las que mayores ingresos aporta, descubrir dónde se encuentra la mayoría de tu público y conocer aquellas acciones que logran un mayor impacto en los clientes y seguidores.

Además, analizar los resultados y ganancias obtenidas en una campaña también ayuda en la creación de otras futuras campañas, ya que el análisis de diferentes indicadores puede ayudar a entender el comportamiento del usuario provocando el éxito o fracaso de esta. Así, se podrán repetir aquellas acciones que fueron exitosas y modificar las que fracasaron.

Lo más importante del ROI es entender el comportamiento del usuario y los elementos de interés para lograr que los visitantes se conviertan en clientes de la marca.

La fórmula para calcular el ROI es la siguiente:

$$ROI = (Ingresos - Inversión) / Inversión$$

 **EJEMPLO**

Aceite Soleado, S. L., quiere promocionar su aceite con trufa. Para ello, ha invertido 100 € en publicidad de *Facebook* e *Instagram*. Esta publicidad tenía una llamada a la acción, invitando a los usuarios a entrar en la tienda *online* de la empresa y la posibilidad de comprar el nuevo producto.

De esta acción ha obtenido 500 €. Entonces el ROI sería igual a (500 − 100) / 100 = 4.

Resultado: 4 %, lo que supone que, por cada euro invertido, ha obtenido 4 euros.

El ROI se puede calcular no solo para la inversión publicitaria que se ha hecho, sino también para conocer el retorno de los esfuerzos hechos para conseguir *Engagement* o más alcance, por ejemplo.

Su medición es algo más engorrosa, ya que tenemos que poner valor económico a cada objetivo o a sus indicadores. Por ejemplo, a la "suscripción al boletín o al blog", a "compra de productos de tu web", a "seguidor en una red social específica (menciones, RT, etc.)" o a "interacciones en una red social (cantidad de comentarios, de 'me gusta'", etc.). Una vez marcado un valor y conocido cuánto esfuerzo (de tiempo, de personal...) ha costado, puedes calcular las ganancias en las redes sociales usando la fórmula.

El ROI **debe revisarse diariamente,** pues los cambios en el comportamiento del usuario pueden hacer que se gane o pierda en inversión económica.

 **RECUERDA**

Excepto en ocasiones contadas que ya hemos ido viendo en anteriores unidades, las redes no son un canal de conversión directo. En cambio, sí son un medio estupendo para conseguir dicha conversión seduciendo al cliente, fidelizando, generando tráfico a la tienda *online...*

5. *SocialBro (Audiense)*

👉 **HILO CONDUCTOR**

Nicolás e Imanol están buscando alguna herramienta que les sea útil para recoger datos y su posterior análisis. Ven que hay muy pocas gratuitas y lo que permiten hacer sin pagar es mínimo. Se plantean ir probando herramientas para descubrir cuál les puede interesar más.

SocialBro, empresa fundada en Córdoba, en 2016 cambió de nombre a *Audiense.* Es una herramienta potente que, gracias a la inteligencia artificial, permite a las empresas trabajar sus audiencias de *X.*

Puedes acceder a su página en el siguiente enlace:

https://redirectoronline.com/ifct0380417

Conocer a tu audiencia es un punto importante dentro de la estrategia de contenidos. El saber cómo se comportan en las redes, a quiénes siguen, qué les gusta, a qué hora se conectan y qué necesidades tienen será tu base para **crear contenido relevante.** Además de ello, sabiendo las horas en las que los usuarios tienen más actividad en las redes, puedes **aumentar el *Engagement*** o la interacción con ellos para captar su interés.

Conociendo a tu público podrás seguirle a través de las redes sociales y tomar la decisión de en cuál debe estar tu empresa, así como conocer los **canales de comunicación adecuados** y optimizar tus esfuerzos donde realmente puedes conseguir las conversiones deseadas.

Además, cuanto más profundices en tu público, sus necesidades y características, mejor podrás **detectar oportunidades de negocio** que tu competencia no ha sabido ver y te pueden ayudar a destacar.

 **EJEMPLO**

Ana es especialista en redes sociales y en internet, y ha visto que muchos profesionales como ella ofrecen consultoría para empresas. Ella también ha empezado a hacerlo, pero es una entre un millón. Observa el público de todas las redes y se centra en cómo las empresas trabajan cada una. Se da cuenta de que las empresas están perdidas en *TikTok* y, sin embargo, pueden sacarle mucho partido creando contenido y haciendo publicidad. Ha detectado una oportunidad para destacar y se va a centrar en ser especialista en esa red social.

Razones por las que debes conocer a tu audiencia
- Contenido relevante
- Aumentar el *Engagement*
- Conocer canales de comunicación
- Oportunidades de negocio

Trabajar una audiencia significa conocer más sobre tus seguidores en *X*, entender a los *influencers,* ver datos de rendimiento de tu cuenta y más funciones. Todo ello te proporciona información detallada sobre tu audiencia o de tu competencia en tiempo real y así poder trabajar tu estrategia de *marketing* de manera personalizada.

La plataforma *Audiense* se divide, a su vez, en dos herramientas: *Audiense Insights* y *Audiense Connect*.

5.1. *Audiense Insights*

Esta herramienta te permite crear un informe sobre los seguidores de tu cuenta de *X*. Además, te ofrece datos demográficos y socioeconómicos, como la edad, país, idioma, nivel de estudios, relaciones de pareja o intereses. También es posible analizar las marcas, *influencers* y contenido de más éxito en la comunidad en la que está sumergida esa cuenta de *X*.

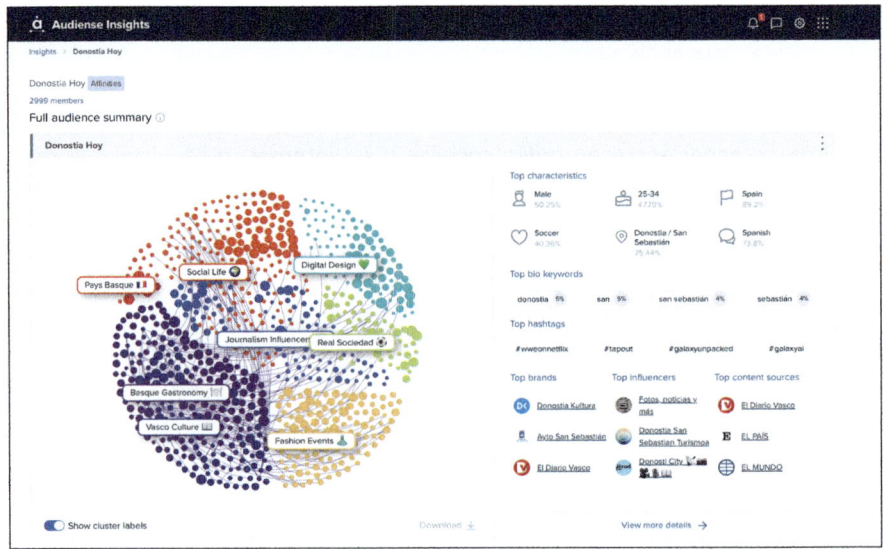

Ejemplo del resumen de ítems del estudio de la audiencia para la cuenta @donostiahoy

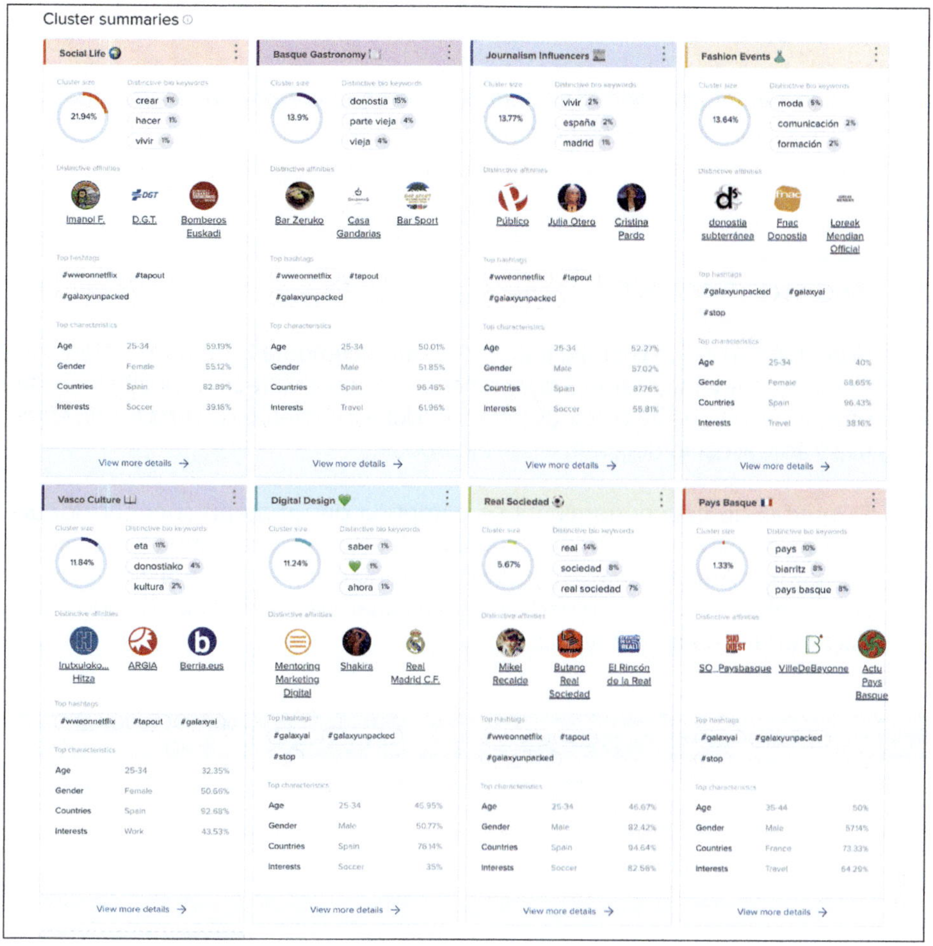

Cluster summaries

Los ítems de estudio de audiencia desarrollados te permiten, navegar de una sección a otra explorando cada resultado: demográficos, socioeconómicos, influencers y brands, intereses, afinidad de medios...

TAREA 19

Vas a ayudar a la agencia de viajes de San Sebastián sobre la que has trabajado en esta unidad. Date de alta en *Audiense;* luego ve a *Audiense Insights* y crea un nuevo *report* de tu cuenta de *X* sobre "Turismo". Una vez lo tengas (tarda unos 20 minutos en generarse), analiza las siguientes métricas:

- El sexo, edad y país de los perfiles asociados a "Turismo".
- ¿Cómo se describen ellos?

Continúa en página siguiente >>

<< Viene de página anterior

- Entra en el apartado "Segmentos" y recoge las *keywords* más usadas en sus biografías y los *top hashtags.*

5.2. *Audiense Connect*

Herramienta que te permite trabajar estratégicamente la comunicación con tu audiencia y mejorar el *Engagement.* Incluso te ofrece la posibilidad de programar respuestas rápidas para atender a tus clientes de una forma efectiva y ágil, al estilo del *chatbot* de *Facebook.*

El interfaz de esta herramienta se compone de un menú superior donde puedes navegar descubriendo las principales opciones que te permite la plataforma: **Audiencias, Analítica** e **Interacción;** y en la parte inferior puedes administrar la comunidad: añadir tus cuentas, las de terceros que quieres analizar y crear audiencias.

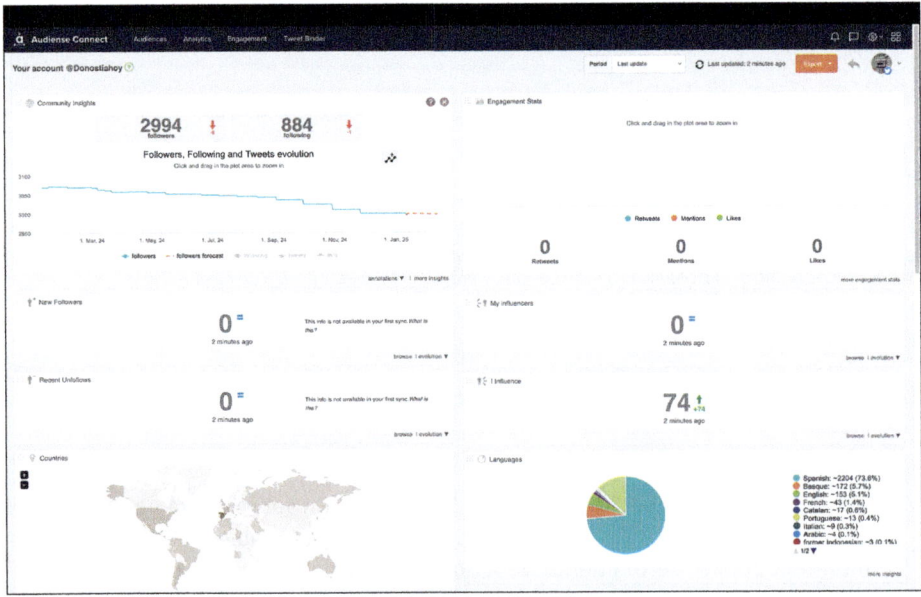

Pantalla de la plataforma donde puedes acceder a las opciones que te ofrece la herramienta, incluido el acceso directo a la herramienta TweetBinder perteneciente a la misma empresa.

Al desplegar cada una de las pestañas de la barra superior, puedes trabajar un sinfín de herramientas para mejorar tu estrategia de *marketing* en X; eso sí, casi todas en la versión de pago. En **Audiencias** puedes encontrar otras cuentas afines a ti con las que interactuar, ver cuál es tu comunidad y sus características comunes e incluso analizar otras cuentas como la de la competencia. En **Analítica** es posible, entre otras opciones, monitorizar tuits de tu interés, hacer que se generen informes con los datos que te interesan o conocer tu mejor hora para tuitear. En **Interacción** puedes crear las respuestas rápidas para trabajar la atención al cliente.

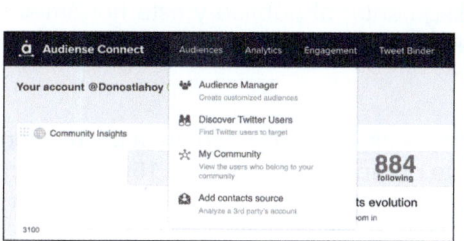 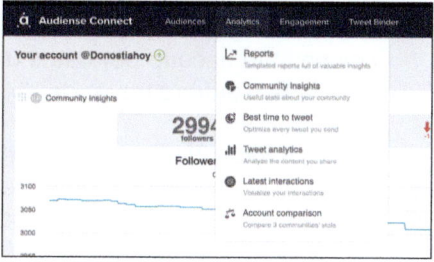

Cada una de las opciones de la barra superior

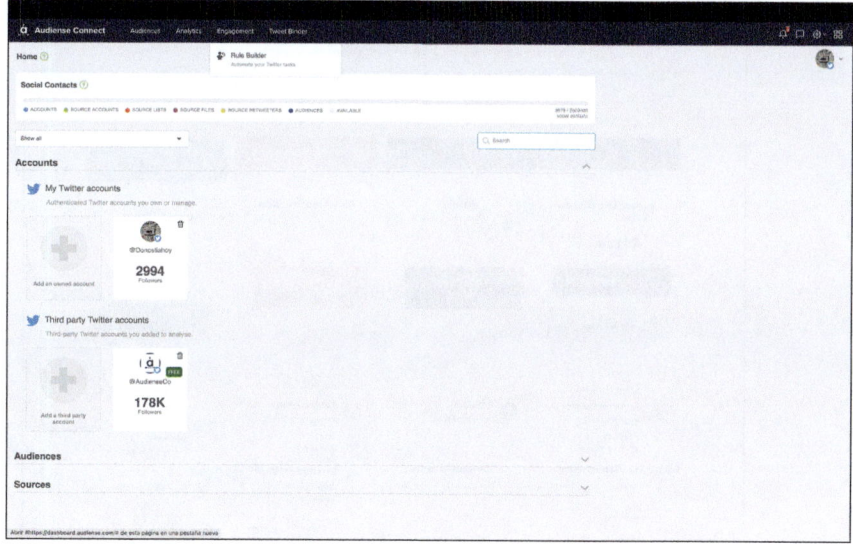

Dashboard de Audiense Connect, donde se ha autentificado una cuenta de X (@Donostiahoy)

Puedes acceder a esta aplicación a través del siguiente enlace:

https://dashboard.audiense.com/?locale=es-ES

TAREA 20

Con la cuenta que tienes creada en *Audiense*, dirígete a *Audiense Connect.* Añade tu cuenta de *X* autentificada y, en **Audiencias,** encuentra cinco nuevos usuarios con los que interactuar relacionados con tu sector y en la provincia donde resides. Síguelos.

En *marketing* es imprescindible segmentar al público y esta herramienta nos permite hacerlo por datos demográficos, de personalidad, intereses y comportamientos a través de *X.*

Como muchas de las herramientas vistas, *Audiense* permite a los usuarios probar la herramienta gratuitamente durante un periodo de 15 días, a partir de esa fecha la herramienta pasa a ser de pago, cancelándose la cuenta si no se abona el coste correspondiente.

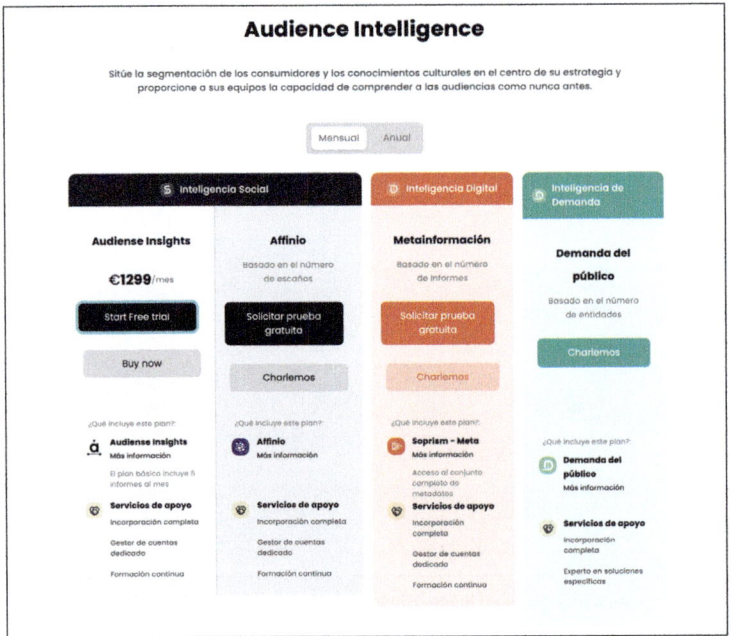

Cuota mensual de los distintos planes de la plataforma Audiense

La versión *free* te permite añadir una sola cuenta de *X.*

See all X Marketing features

	GRATIS	PRO
ANÁLISIS		
Análisis básico de la comunidad	✓	✓
Análisis comunitarios avanzados	✗	✓
X Análisis	✗	✓
Exportación de datos	✗	✓
AUDIENCIAS		
Gestor básico de audiencias	✗	✓
Búsqueda en la comunidad	✓	✓
Fuentes de la primera parte	1 cuenta incluida	1 cuenta incluida
Fuentes de terceros	✗	✓
Gestor de audiencias avanzado	✗	✓

Resumen de las ventajas que incluye cada plan

6. *Blogmeter*

👉 HILO CONDUCTOR

Nicolás e Imanol, de Aceite Soleado, vuelven de un curso en el que les han sugerido probar la herramienta *Blogmeter* para analizar y monitorizar su marca en las redes sociales. Es una herramienta de pago; saben que este tipo de aplicaciones son potentes y no suelen ser gratuitas, pero no quiere invertir el dinero hasta estar seguros de que la plataforma les ofrece todo lo que necesitan monitorizar.

Blogmeter es otra herramienta de análisis y monitorización de tu marca en las redes sociales.

Puedes acceder a su página a través del siguiente enlace:

https://redirectoronline.com/ifct0380413

No tiene versión gratuita, pero ofrece una prueba gratis para poder estudiar si te merece la pena o no su uso. Cuenta con los siguientes planes: *Suite, Analysis & Consulting y Research.*

Diferentes planes que la herramienta Blogmeter te puede ofrecer.

- **Blogmeter Analysis & Consulting:** te ofrece la posibilidad de contactar con un consultor que te ayude a la monitorización y analítica de tus redes sociales; no es gratuito, por supuesto.
- **Blogmeter Research:** *Blogmeter* cuenta con un instituto de investigación que puedes contratar; además, suele publicar investigaciones hechas sobre redes sociales. Puede resultar interesante su lectura.
- **Blogmeter Suite:** es la que más te puede interesar para el análisis de tus datos. Gracias a sus algoritmos respaldados por inteligencia artificial, esta herramienta te permite escuchar las redes sociales y analizar lo que dicen en función de las palabras clave. El análisis y monitorización se presentan divididos en tres secciones:

  - ◌ *Social Listening* para monitorizar la **reputación** *online* y **las conversaciones** en internet que hablan de tu marca. Cuenta con un motor semántico que detecta la cantidad de opiniones positivas o negativas. También puedes comparar marcas, productos y temas, y gracias a esa inteligencia artificial, te puede medir la satisfacción del usuario y si ha habido picos de negatividad a lo largo del tiempo.

Panel general de la monitorización de distintos aspectos: la tendencia, los hashtags más utilizados, el tipo de fuente (Source Type), el sentimiento hacia la marca (sentiment) y lo más discutido y comentado (Most discussed).

◑ **Social Analytics** permite analizar el rendimiento y el contenido más eficaz de los perfiles en redes como *Facebook, X, Instagram, YouTube* y *Twitch*. Además, podrás conocer características demográficas de tu audiencia. Es posible analizar varios perfiles de forma individual o en grupos, y toda la información que te ofrece se puede exportar a un informe en *PowerPoint*.

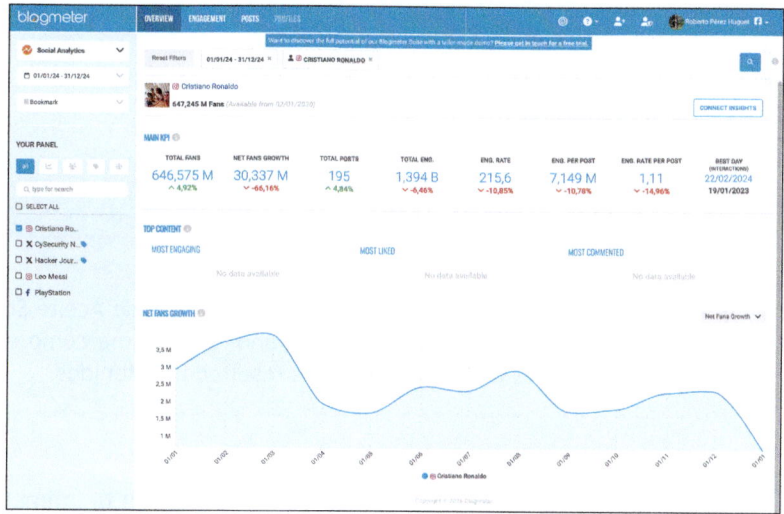

Ejemplo de panel general de Social Analytics donde te muestra las métricas y estadísticas principales (Main KPI e Insights KPI) y el contenido top para la cuenta de Instagram de Cristiano Ronaldo.

◡ Social Influencer, para descubrir aquellas cuentas de personas influyentes y que más movimiento tienen en redes como *Facebook, Instagram, X, YouTube, y Twitch.*
Puedes filtrar la búsqueda por tema, el país en el que están, el idioma, el alcance o la profesión. Es posible conocer de estos *influencers* los *hashtags* más utilizados, los temas o *topics* de los que hablan, dónde tienen más éxito y detalles de sus publicaciones más atractivas.

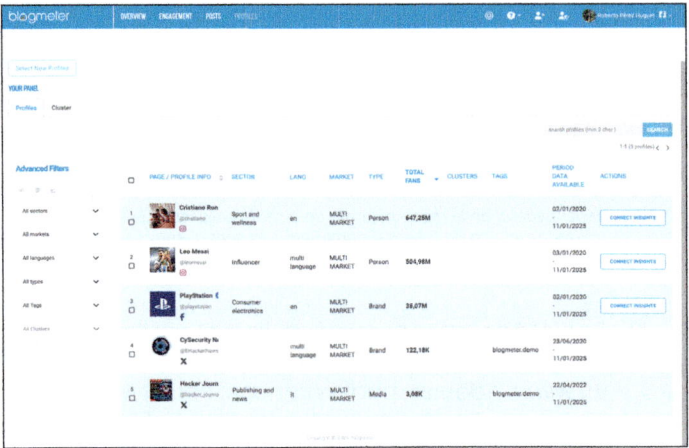

Ejemplo de panel general de Social Influencer. De los top influencer que te muestra, presenta información de la cuenta (influencer/info), sobre los temas que habla (topics), dónde ejerce su influencia (market), el idioma (lang.), datos sobre el Engagement, post por día que publica y el total de posts.

7. Los informes

☞ **HILO CONDUCTOR**

A Nicolás e Imanol les han pedido desde la dirección de Aceite Soleado, S. L., que mensualmente envíen un informe donde se resuma cómo evoluciona el trabajo en las redes de la empresa y los resultados obtenidos.

- -

Los informes de las redes sociales se elaboran con la intención de mostrar un resumen de la actividad en las distintas redes y poder evaluar los resultados. Deben mostrar que todo lo trabajado ha servido para lograr los objetivos planteados, que las redes sociales realmente están sirviendo a la empresa y se están obteniendo resultados tangibles.

Tengamos o no que presentar un informe en la dirección o al cliente al que le llevamos las redes, puede haber muchas razones por las que sea aconsejable elaborarlos:

- Nos muestra con una visión esquematizada cómo va nuestra estrategia en redes e incluso nos facilita la medición del ROI (retorno de inversión).
- Documentando todo tu trabajo y los resultados, consigues dar valor a todo el trabajo realizado.
- Detectar a tiempo los contenidos y las estrategias que no funcionan y cuáles sí.
- Si cada cierto tiempo hacemos un informe, dispondremos de un historial de resultados. Las herramientas vistas de análisis de redes guardan ese historial, pero si llegase a fallar la herramienta, perderías la información.
- Es una buena forma de mostrar al equipo de trabajo cómo va el esfuerzo en redes, sin necesidad de que tengan que utilizar ninguna herramienta.

7.1. Tipos de informes

No existe ningún tipo de informe estándar. Todos los que recojan de forma clara y esquematizada la información que se desea presentar son los adecuados.

Pueden recoger datos de una sola campaña o de un periodo concreto: mensuales, trimestrales, semestrales y anuales.

Atendiendo al contenido, veremos distintos tipos de informes:

- **Informe de visión global de la situación.** Elegirás los datos relevantes que hayas analizado. Para que estos informes seas lo más atractivos posible, sería adecuado que trabajases las infografías. Recuerda que *Canva* es una herramienta ideal para hacerlas.
- **Informe resumen de la recogida de métricas por cada red social.** Como hemos visto, irás recogiendo datos constantemente, así que un informe, por ejemplo mensual, que recoja las conclusiones que se obtengan, puede ser muy adecuado para tomar constancia de la evolución de nuestras redes.

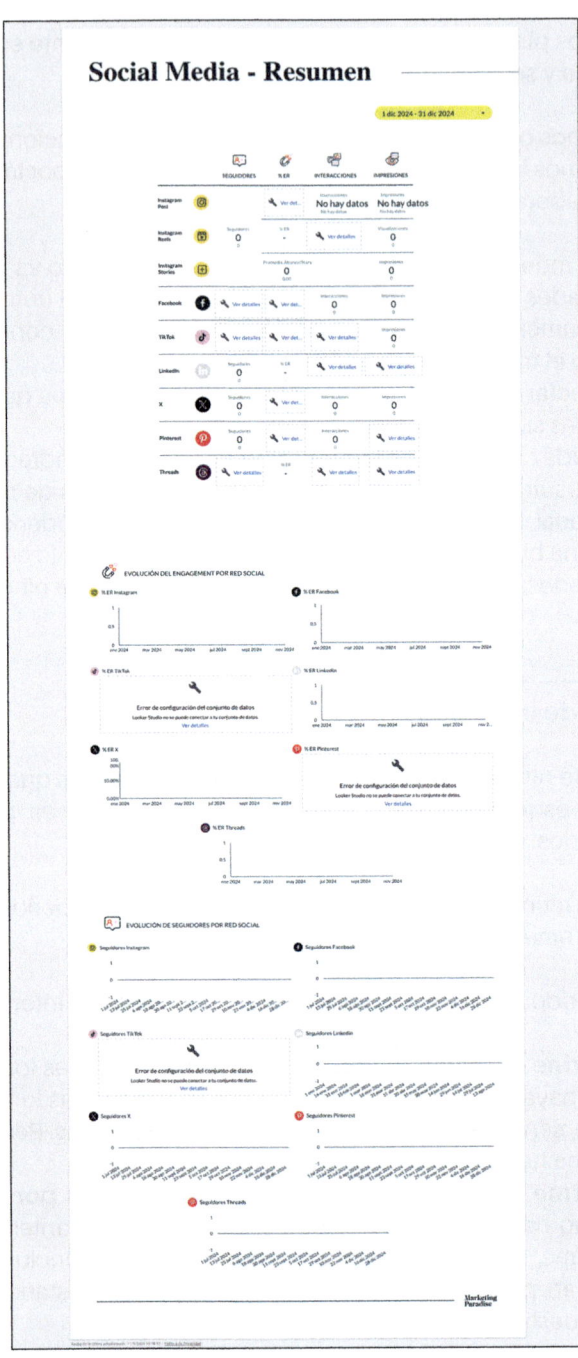

Plantilla ofrecida por la empresa marketingparadise (mkparaadise.com) que recoge mensualmente las métricas significativas de las distintas redes sociales. Como se ve, el sistema de infografías hace más fácil la lectura e interpretación de los datos.

⮑ **Informes de publicidad en redes.** Trabajamos la publicidad de pago con una inversión extra y unas estadísticas que nos dan pie a poder crear otros informes, bien para nosotros, bien para poder justificar a nuestros clientes la inversión que han hecho. Como cualquier acción de *marketing,* necesitamos medir y controlar. En los informes de publicidad, además de las métricas de los resultados obtenidos, sería acertado adjuntar otros datos como la inversión realizada, a qué segmento te has dirigido, el tiempo que dura la campaña de publicidad y el objetivo que se buscaba.

7.2. Crea tu informe

Antes de ponerte a elaborar tu informe, recapacita sobre **qué quieres mostrar** con él y **a quién** se lo vas a entregar. No es lo mismo plasmar en el informe datos para que tu superior vea la evolución de una campaña que tenéis en marcha que hacerlo para que un cliente al que le llevas las redes vea si continuar contratándote o no. Las dos situaciones son diferentes y los datos, aun siendo los mismos, se deben interpretar y reflejar de diferente forma.

La base de todo es tener una matriz de datos recogidos como se ha planteado en los puntos anteriores, y de ahí puedes extraer los informes que necesitas en cada momento.

¿Qué necesitas para hacer un informe?

Tener presente los objetivos que deseas conseguir con las redes, y que han sido la razón para realizar las acciones en ellas.

Analizar cuáles son las métricas cuantitativas y cualitativas que nos servirán para medir esos objetivos.

Crea una plantilla *Excel* para crear tu informe o utilizar alguna herramienta (en su mayoría de pago) para la generación de informes.

 **APLICACIÓN PRÁCTICA**

Aceite Soleado se planteó en redes sociales el siguiente objetivo:

A Nicolás e Imanol les piden un informe que muestre la evolución de ese objetivo. Las métricas posibles que puedan interesarles para ese primer mes pueden ser: recoger los "me gusta", los comentarios, las veces que se han compartido y sacar incluso el total de Engagement (recuerda la fórmula).

Necesitan que les ayudes a crea una plantilla atractiva para introducir esos datos.

Solución (Posible solución)

Una plantilla atractiva debe ser de fácil lectura e interpretación, y con un solo vistazo tener todos los datos importantes al alcance.

Continúa en página siguiente >>

<< Viene de página anterior

Informe Julio Aceite Soleado		
martes, 1 de agosto de 2025		

Objetivo
- Conseguir en el primer mes un *Engagement* en *Instagram* de 200 interacciones de media por los post sobre aceite extrasuave Soleados

Seguidores		Publicaciones	Publicación destacada
Nuevos seguidores	8		
Bajas seguidores	2	22	Propiedades del Aceite Extra Suave Soleados
Total	1200		

Comentarios	Compartido	Alcance medio
6	0	1600

Guardados	Me gusta	*Engagement rate*
6	219	**14,44**

TAREA 21

No todo es analizar los datos del contenido que crees. Llegará un momento en el que incluirás en tu estrategia de redes publicidad de pago y también deberás analizar sus estadísticas.

Continúa en página siguiente >>

<< Viene de página anterior

Crea un informe para tus redes sociales, pero esta vez haz una plantilla para cuando realices publicidad de pago. Sírvete de ejemplo la plantilla propuesta por Vilma Núñez:

Informe publicidad	
Información campaña	
Creatividad de los anuncios	Duración de la campaña
	Fecha y hora de inicio y fin
	Presupuesto campaña
	40 €
	Alcance potencial
	165.380 personas

Público objetivo	
Este anuncio emitió la siguiente segmentación	
Incluir	Excluir

Resultados			
Alcance campaña	Resultados / Conversiones	Coste de conversión (CPL, CPV, CPC, etc.)	CTR (%)
77.000	91	0,15	1 %
Impresiones campaña	Clics en anuncio	Clics en enlace	
80.000	150	120	
Incremento de fans			

7.3. El formato de los informes

A casi nadie le gusta dedicar mucho tiempo a leer e interpretar los informes, es una realidad. Puedes haber hecho un gran trabajo en redes, presentar un informe muy detallado y presentarlo a dirección y pocos lo leerán. Buscarán la conclusión, el resumen, los gráficos... Eso no te conviene porque no podrás dar valor a tu trabajo. Por lo tanto, sigue estos consejos:

⮌ Respecto a la forma:

- ◔ Hazlo visual, sencillo y práctico. Directo al grano.
- ◔ Sigue la línea de colores, tipografía y estilo de la marca de la empresa a la que perteneces o si eres una agencia, sigue tu imagen corporativa.

⮌ Respecto al contenido:

- ◔ Añade los indicadores clave que supongan una visión general de que lo que estás haciendo está logrando los objetivos marcados.
- ◔ Indica los contenidos que mejor y peor están funcionando.
- ◔ Quizá te interese incluir un apartado de la actividad de la competencia.
- ◔ No hagas pantallazos de los datos extraídos de las herramientas que usas, como *Hootsuite* o *Metricool.* Son solo datos.
- ◔ Las comparativas con periodos anteriores gustan y son fáciles de entender. No es lo mismo decir: "Tenemos 3.000 seguidores en *Instagram"* a decir "Hemos incrementado la tasa de captación diaria de 2,3 a 5,2 usuarios al día con respecto al mes anterior".
- ◔ Olvídate de tecnicismos como *Engagement, leads, landing page...* Las personas que no están en este mundo digital no van a entender nada, y por lo tanto no les van a dar la importancia que tienen.
- ◔ Ofrece datos interpretándolos y extrayendo conclusiones.
- ◔ Incluye el ROI, busca demostrar que la inversión económica que se hace para trabajar las redes sociales y obtener resultados tiene un retorno. Es una realidad que, con las acciones en las redes sociales, los resultados empiecen a verse a partir de unos meses. Hasta entonces es lógico que el ROI resulte negativo.

NOTA

Una idea. Mientras el ROI sea negativo, presenta en los informes el coste por usuario, cuánto cuesta a la empresa conseguir un nuevo usuario, y ve comparándolo con el mes anterior. Se calcula fácilmente: divide la inversión total que se hace en las redes sociales en un mes (salario, inversión en publicidad y otras inversiones en más acciones) entre el número de nuevos usuarios obtenidos en dicho mes. Así podrás mostrar cuánto ha costado conseguir un nuevo seguidor. La clave está en medir al mes siguiente esa misma ratio y saber que ha bajado,

Continúa en página siguiente >>

<< Viene de página anterior

hasta que llegue el momento en el que, en vez de ofrecer el coste por usuario, puedas ofrecer en tu informe el beneficio por usuario.

Hasta el momento hemos visto los informes creados de forma manual, elaborando una plantilla y rellenando los datos uno a uno. Pero existen herramientas muy completas que te permiten usar sus plantillas, personalizarlas y que ellas, poco a poco, se vayan alimentando, sin necesidad de meter nosotros los datos uno a uno. *Metricool* es una de esas herramientas, de la que se hablará en el siguiente apartado.

 PARA SABER MÁS

Para ver lo fácil y cómodo que es hacer informes automáticos y personalizables con *Metricool*, visiona este vídeo de la propia plataforma:

https://redirectoronline.com/ifct0380414

 SABÍAS QUE...

Algunos profesionales del *marketing* digital ofrecen plantillas de informes que pueden ayudarte a crear los tuyos.

Continúa en página siguiente >>

<< Viene de página anterior

Sigue los siguientes enlaces para ver algunos ejemplos:

Vilma Núñez

https://redirectoronline.com/ifct0380411

Crehana

https://redirectoronline.com/ifct0380415

Talkwalker

https://redirectoronline.com/ifct0380416

 ACTIVIDAD COMPLEMENTARIA

17. *Pinterest* es una red social inspiracional donde encontrar un sinfín de ideas en muchos campos. Accede a tu cuenta de la red si dispones de ella y si no, créate una, y busca plantillas para informes en redes sociales.

    Encuentra tres plantillas, descárgalas y extrae las mejores ideas. Ya es momento de que crees la tuya propia.

8. Generación e interpretación de informes a partir de las distintas herramientas de gestión

☞ HILO CONDUCTOR

Nicolás e Imanol quieren encontrar la herramienta de análisis y seguimiento de datos que más les guste para obtener datos de los indicadores que se han marcado. Prueban algunas más para estar seguros de que eligen la que les será más útil y cómoda.

A lo largo de todas las unidades hemos ido viendo herramientas como *Hootsuite,* que ofrece en su versión de pago analíticas muy completas, o *Tweetdeck,* que nos muestra estadísticas de la red social *X.* Pero hay muchas otras que nos ofrecen métricas de nuestras cuentas o de las de la competencia y pueden valerte. El truco está en tener presente de qué quieres hacer seguimiento, qué quieres analizar y, una vez lo tengas claro, probar las herramientas más destacadas del momento.

Otras aplicaciones interesantes que puedes probar para hacer el análisis son, por ejemplo, *Iconosquare, Metricool* o *Fanpage Karma.*

8.1. *Iconosquare*

Es otra potente herramienta de análisis en *Instagram, Facebook* y *X* que te ayuda a ver cómo va tu estrategia de redes sociales y optimizar así tu rendimiento. A través de gráficos de fácil lectura puedes ver el rendimiento de métricas como la evolución de los seguidores, la tasa de participación por publicación, el historial de alcance o las impresiones.

Además del análisis, te permite programar y crear contenido desde la plataforma y monitorizar qué se está diciendo de tu marca en las redes. Como en las herramientas vistas, estas funciones son de pago, aunque te permite probar 14 días de forma gratuita.

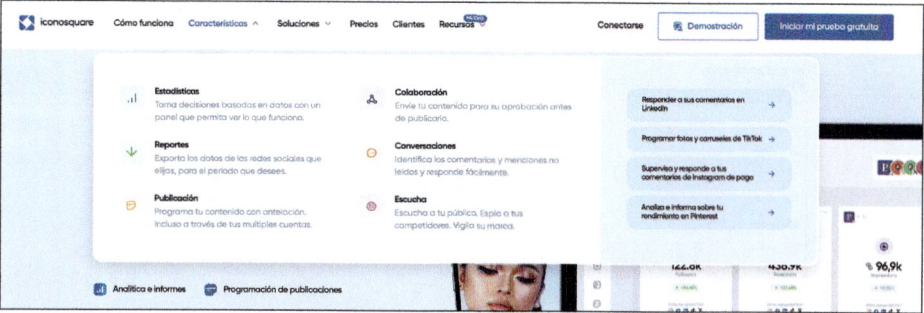

*Pantallazo del desplegable **Características** donde te ofrece las opciones de Estadísticas (Analytics), Publicación y Escucha.*

En su versión gratuita, te permite hacer una auditoría de tus perfiles de empresa de *Instagram* y *Facebook*.

 TAREA 22

Haz una auditoría de las cuentas de *Instagram* y *Facebook* que has creado. Espera a que te lleguen los resultados por *e-mail* y con las recomendaciones que te haga, cambia tus cuentas para mejorarlas.

8.2. *Metricool*

Herramienta muy completa que te ofrece un análisis de tus seguidores, de los *hashtags* y tus publicaciones de más éxito, además de hacer el seguimiento de tus campañas de publicidad. En la versión de pago o en la prueba gratuita de 14 días, puedes conectar redes sociales como *Facebook, X, Instagram, Twitch, TikTok* o *Google My Business*.

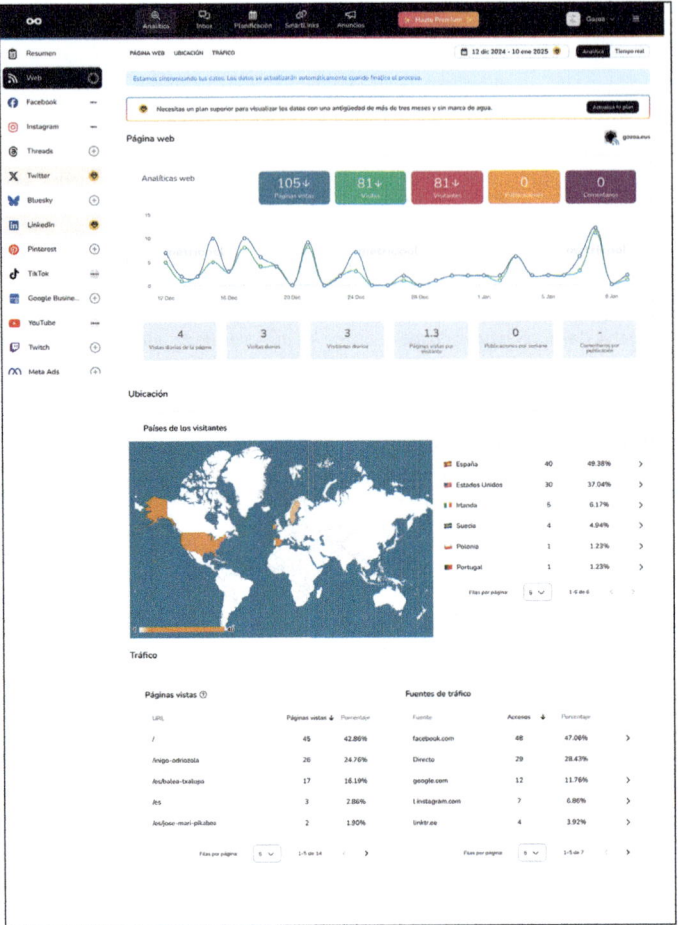

Con Metricool puedes obtener estadísticas de las redes sociales que tienes en la columna de la izquierda, además de hacer seguimiento de tu web/blog y de la publicidad en Google, Facebook y TikTok.

8.3. Fanpage karma

Es una plataforma que cuenta con varias herramientas que te permiten analizar tus redes sociales, crear contenido desde ella e identificar *influencers*. Y como muchas otras, cuenta con una versión gratuita y otras de pago.

Una de las herramientas gratuitas es **Bar Chart Race.** Con ella, puedes poner a competir a varios perfiles de redes sociales y ver sus evoluciones a lo largo del tiempo: si han mejorado, quién va primero... Imagínate la de información que puedes obtener si te comparas con tu competencia. Las redes que te permite trabajar son *Facebook, Instagram, X* y *YouTube*.

Enlace para crear tu propia ***Bar Chart Race:***
https://www.fanpagekarma.com/chartrace-new

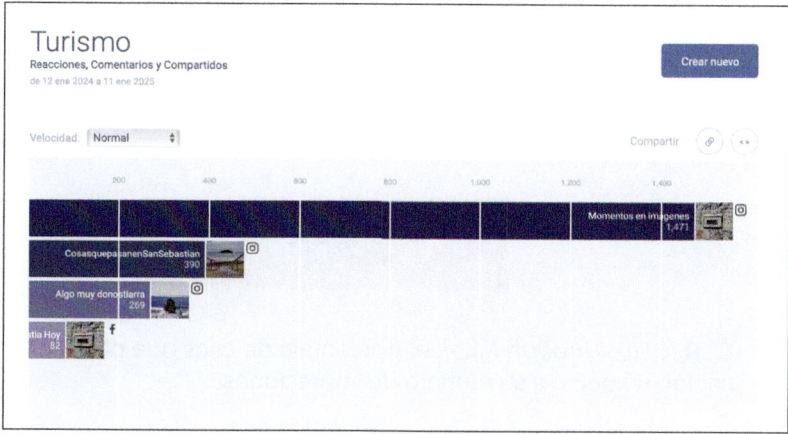

Ejemplo de una comparativa que ofrece la herramienta. Siguiendo con el caso de la agencia de viajes de San Sebastián, ha comparado cuatro cuentas de Instagram.

 **TAREA 23**

Entra en *Bar Chart Race* de *Fanpage Karma* y crea una tabla de comparativa con tu cuenta de Instagram y cinco cuentas de tu competencia. Observa la evolución y extrae conclusiones.

9. Resumen

Toda acción en redes sociales ha de estudiarse para saber si está siendo efectiva o no. Para ello, nos guiamos de lo que llamamos indicadores de rendimiento o KPI, que nos ayudan a recoger datos y evaluar este rendimiento.

Los términos más importantes para comenzar a recoger datos estadísticos son:

- Alcance: el número de personas a las que les aparece tu publicación en un periodo de tiempo.
- Impresiones: el número de veces que aparece tu publicación.

➲ Visitas a la página/perfil: las visitas totales que ha recibido tu página
➲ Interacciones: el número de acciones que realizan los usuarios en una publicación.

A la hora de comenzar a analizar los datos recogidos, también es preciso conocer los siguientes términos:

➲ *Engagement Rate:* saber calcular la tasa de una publicación.

$$\text{Interacciones / Alcance} \times 100$$

➲ CTR *(Click Through Rate):* el porcentaje de clics que obtiene una publicación respecto a su número de impresiones.

$$\text{Total de clics en una publicación / Impresiones de la publicación} \times 100$$

➲ ROI *(Return on Investment):* mide la eficiencia de las campañas de publicidad y esfuerzos que se realizan en las redes sociales y cuándo estos comienzan a generar ingresos en la empresa.

$$\text{ROI} = (\text{Ingresos} - \text{Inversión}) / \text{Inversión}$$

Una vez recogidos y analizados los datos de las redes sociales, es conveniente elaborar informes para presentar los datos analizados y sus conclusiones de forma esquematizada y clara.

En el mercado existen muchas herramientas que te ayudarán a trabajar mejor este análisis. La mayoría son de pago, aunque en algunos casos te ofrecen unos días gratuitos para que pruebes.

Algunas de estas herramientas son las siguientes:

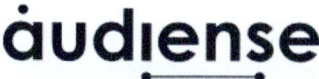

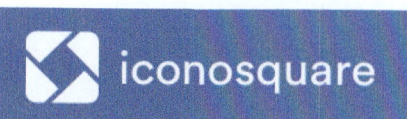

Ejercicios de autoevaluación
Unidad de Aprendizaje 5

1. Indica qué se está definiendo en la siguiente afirmación: "El número de personas a las que les aparece tu publicación".

    a. Alcance
    b. Impresiones
    c. Visitas página
    d. Interacciones

2. Señala cuál es la opción correcta:

    a. Las impresiones miden el número de veces que aparece tu publicación.
    b. El alcance mide el número de perfiles a los que aparece tu publicación.
    c. La publicación puede aparecer a un mismo perfil varias veces.
    d. Todas las opciones son correctas.

3. Si deseas medir la eficacia de tus campañas, debes utilizar:

    a. La publicidad de pago.
    b. KPI *(Key Performance Indicator)*.
    c. Las llamadas a la acción o CTA.
    d. Todas las opciones son incorrectas.

4. Indica si las siguientes afirmaciones son verdaderas o falsas:

    a. Solo las páginas de empresa cuentan con estadísticas y posibilidad de hacer publicidad de pago, los perfiles personales no.

        ■ Verdadero
        ■ Falso

b. Las estadísticas en *Instagram* de las interacciones con el contenido te permiten ver las veces que se han guardado las publicaciones.

■ Verdadero
■ Falso

c. Los informes de los análisis y conclusiones obtenidos solo son convenientes si se los has de entregar a tus superiores o al cliente que te ha contratado.

■ Verdadero
■ Falso

5. Si deseas saber cuántos ingresos o pérdidas te ha proporcionado una campaña de publicidad en redes sociales, has de calcular:

a. El ROI *(Return on Investment)*.
b. La audiencia.
c. El alcance de la publicación.
d. Todas las opciones son incorrectas.

6. La razón o razones por las que debes conocer a tu audiencia son:

a. Para crear contenido relevante.
b. Para aumentar el *Engagement*.
c. Para localizar posibles oportunidades de negocio.
d. Todas las opciones son correctas.

7. La herramienta *Audiense Insight* te permite:

a. Crear un informe sobre los seguidores de tu cuenta de *Facebook*.
b. Crear un informe sobre los seguidores de tu cuenta de *Instagram*.
c. Crear un informe sobre los seguidores de tu cuenta de *X*.
d. Todas las opciones son incorrectas.

8. La herramienta basada en inteligencia artificial que te puede mostrar el sentimiento hacia la marca que muestran los *post* en redes sociales se llama:

    a. *BlogMeter*
    b. *Audiense Connect*
    c. *Audiense Insights*
    d. *Metricool*

9. La herramienta que te permite auditar tanto tu cuenta de Instagram como la de *Facebook* se llama:

    a. *Hootsuite*
    b. *Metricool*
    c. *Iconosquare*
    d. Todas las opciones son incorrectas.

10. La plataforma *Fanpage karma* cuenta con una herramienta llamada *Bar Chart Race* que te permite:

    a. Conocer cuántos perfiles han guardado una publicación, tuya o de tu competencia.
    b. Poner a competir a varios perfiles de *Instagram* a través del tiempo.
    c. Lograr seguidores *influencers* en poco tiempo y gratis.
    d. Todas las opciones son incorrectas.

Aplicación de pautas de diseño para conseguir campañas de éxito

Contenido

Objetivos

El objetivo general de esta Unidad de Aprendizaje es:

→ Conocer cuentas de éxito con campañas de éxito.

Los objetivos específicos de esta Unidad de Aprendizaje son:

→ Identificar y analizar cuentas que consiguen alcanzar sus objetivos.

→ Observar y extraer diferentes estrategias que pueden ayudar a lograr tener éxito.

1. Introducción

Como hemos visto a lo largo de las unidades, una campaña de éxito o una cuenta con éxito no es solo conseguir "me gustas" o ser la cuenta que más *likes* tenga; va más allá. Hemos hablado de conseguir tener al público que nos interesa alrededor de nuestras redes, ser capaces de hablar con ellos y que se sientan a gusto para comentar y dialogar con nosotros día a día.

El éxito en redes no es otra cosa que llegar a cumplir los objetivos que te has marcado. ¿Has llegado a tus objetivos? Enhorabuena, puedes decir que has tenido éxito. Por esta razón, dedica tiempo a marcar la meta y a idear todas las acciones que te lleven a lograrla.

Nicolás e Imanol, de Aceite Soleado, S. L., llevan más de un año trabajando con las redes. Poco a poco se van haciendo su propia comunidad alrededor de la marca, sus seguidores comentan, dan a *likes* y atraen a nuevos públicos. Algo que les ha producido satisfacción es que acaban de dar por finalizada la campaña de Navidad que habían puesto en marcha. Su objetivo era seguir creando comunidad y un indicador que tienen en cuenta son las interacciones. Comparan estas con las interacciones que tuvo su primera campaña de Navidad el año pasado y la diferencia es brutal: han aumentado un 300 %. Creen ir por el buen camino.

2. Concursos

☞ HILO CONDUCTOR

Este año, Aceite Soleado, S. L. ha decidido explorar el potencial de las redes sociales para fortalecer su presencia de marca y llegar a una audiencia más amplia.

Una de las estrategias más efectivas para lograrlo es la implementación de concursos y sorteos, una táctica que no solo fomenta la participación de los usuarios, sino que también contribuye al crecimiento orgánico de sus perfiles en plataformas como *Instagram*, *Facebook* y *TikTok*. Los concursos en redes sociales ofrecen múltiples beneficios. En primer lugar, aumentan el *engagement,* ya que los usuarios interactúan con la marca a través de comentarios, compartidos y menciones. Además, generan expectativa y conversación en torno a los productos, lo que refuerza la notoriedad de Aceite Soleado.

Los concursos en redes sociales son una de las estrategias más efectivas para aumentar la visibilidad de una marca, generar *engagement* con la audiencia y atraer a los nuevos seguidores. Al ofrecerles incentivos atractivos, las marcas pueden fomentar la interacción de los usuarios, mejorar su posicionamiento y fortalecer la relación con su comunidad digital.

Uno de los principales beneficios de la realización de concursos en las redes sociales es el aumento del alcance y la visibilidad de la marca. Cuando los usuarios participan en un concurso, suelen compartirlo con sus contactos, lo que le permite a la marca llegar a una audiencia más amplia de manera orgánica. Además, los algoritmos de las plataformas como *Instagram*, *Facebook* y *TikTok* favorecen el contenido que genera una alta interacción, por lo que un concurso puede hacer que la publicación aumente su relevancia en el *feed* de los usuarios.

Otro beneficio clave es el aumento del *engagement*. Los concursos fomentan la interacción a través de los *likes*, comentarios, menciones y compartidos, lo que ayuda a fortalecer la relación entre la marca y sus seguidores. Cuanto mayor sea la participación, mayor será la posibilidad de que los usuarios recuerden la marca y se sientan más conectados con ella.

Los concursos pueden ser una excelente estrategia para generar leads. Dependiendo del tipo de dinámica utilizada, las marcas pueden recopilar información valiosa, como correos electrónicos o preferencias de los usuarios, lo que puede servirles para futuras estrategias de *marketing*.

2.1. Tipos de concursos en redes sociales

Existen distintos tipos de concursos que se pueden adaptar a los objetivos de cada marca. Uno de los más habituales es el de comentarios y etiquetas, donde los participantes deben comentar una publicación y etiquetar a sus amigos para participar. Esta dinámica ayuda a aumentar la interacción y a atraer nuevos seguidores.

Otro formato popular es el sorteo al compartir los contenidos, en el que los usuarios deben compartir una publicación en sus historias o en su perfil para participar. Esta estrategia amplifica el alcance del contenido y permite que más personas descubran la marca.

Los concursos de creatividad, como los desafíos de fotos o videos, también son altamente efectivos. En este tipo de concurso, los participantes deben subir una imagen o video utilizando el producto o representando la marca de una manera creativa. Este formato fomenta la participación y genera contenido creado por los propios usuarios, que puede ser reutilizado en futuras estrategias de *marketing*.

2.2. Cómo crear un concurso exitoso

Para que un concurso en redes sociales tenga éxito, es fundamental definir un objetivo claro. Puede ser aumentar la cantidad de seguidores, promocionar un nuevo producto, generar interacción o recopilar información sobre los usuarios.

El segundo paso es elegir un premio atractivo que motive a los usuarios a participar. El premio debe estar alineado con los intereses del público objetivo y con la identidad de la marca. Cuanto más relevante sea el incentivo, mayor será la participación.

También es importante establecer unas reglas claras y sencillas. Un concurso con instrucciones complicadas puede desmotivar a los usuarios y reducir la participación. Se deben especificar claramente los requisitos para participar, la duración del concurso y la fecha en la que se anunciará el ganador.

Otro aspecto clave es la promoción del concurso. Se pueden utilizar diferentes formatos de contenido, como publicaciones, historias, reels o incluso anuncios pagados, que aseguren que la audiencia objetivo participe.

Una vez finalizado el concurso, es importante anunciar al ganador de forma transparente y agradecer la participación a todos los que lo han hecho. Además, se puede aprovechar la oportunidad para invitar a los usuarios a que sigan a la marca para no perderse los futuros concursos y promociones.

3. Aprovechamiento de la viralidad

☞ HILO CONDUCTOR

Aceite Soleado, S. L. ha decidido explorar nuevas estrategias digitales para dar a conocer su producto, y las redes sociales representan una gran oportunidad para lograrlo. A diferencia de la promoción en los puntos de venta físicos, las redes

Continúa en página siguiente >>

<< Viene de página anterior

les permiten alcanzar a una audiencia mucho más amplia y generar conversación de manera orgánica a través de contenidos virales. Para aprovechar esta ventaja, la marca ha decidido enfocarse en la creación de contenido atractivo y que pueda ser compartido fácilmente por sus seguidores, para lo cual han pensado en publicar recetas fáciles y atractivas en plataformas como *Instagram*, *TikTok* y *YouTube* Shorts, mostrando cómo el aceite puede mejorar diferentes platos; crear desafíos culinarios con hashtags específicos (#CocinaConSoleado) e invitar a los usuarios a participar subiendo sus propias creaciones, además de colaboraciones con *influencers* gastronómicos.

Con estas acciones, Aceite Soleado, S. L. puede aumentar su visibilidad en redes sociales, generar confianza en su producto y, lo más importante, lograr que más personas les conozcan y recomienden, tal como ocurre con el boca a oreja en el mundo *offline.*

La viralidad en las redes sociales es un fenómeno clave en la era digital, en la que un contenido puede alcanzar a millones de personas en poco tiempo. Para las marcas y para los creadores de contenido, aprovechar este fenómeno representa una gran oportunidad para aumentar la visibilidad de la marca, atraer a nuevos seguidores y fortalecer su posicionamiento en el mercado. Sin embargo, para que un contenido se vuelva viral, es necesario aplicarle estrategias que maximicen su impacto y fomenten su difusión orgánica.

3.1. Factores claves de la viralidad

Para que un contenido tenga potencial de viralidad, debe generar una reacción emocional intensa en la audiencia. Los contenidos que provocan sorpresa, felicidad, nostalgia o incluso indignación tienden a compartirse con mayor facilidad. Además, la simplicidad y la claridad del mensaje son fundamentales, ya que los usuarios prefieren consumir y compartir contenido fácil de entender y recordar.

Otro factor clave es la identificación con los valores de la publicación, es decir, que el contenido resuene con las experiencias o valores del público. Cuando un usuario se siente identificado con un mensaje, es más probable que lo comparta con su comunidad. Asimismo, el uso de tendencias y formatos populares, como *challenges*, memes o músicas en tendencia, puede aumentar las posibilidades de que un contenido se difunda rápidamente.

3.2. Estrategias para potenciar la viralidad

Para aprovechar la viralidad de los contenidos en las redes sociales, se debe diseñar una estrategia que combine creatividad, análisis y promoción. Uno de los enfoques más efectivos es la creación de contenido compartible, lo que implica generar publicaciones que sean informativas, entretenidas o inspiradoras. Esto puede incluir vídeos cortos, infografías llamativas o historias interactivas.

El uso de *hashtags* estratégicos y palabras clave también contribuye a aumentar el alcance del contenido. Al emplear *hashtags* relevantes y de tendencia, es más probable que la publicación llegue a nuevas audiencias interesadas en el tema tratado.

Además, es esencial fomentar la interacción con la audiencia mediante publicaciones que inviten a los usuarios a participar a través de comentarios, preguntas o desafíos. Se trata sobre todo de aumentar el *engagement* y la probabilidad de que las publicaciones destaquen en los algoritmos de las plataformas.

Otra estrategia clave es el aprovechamiento del *marketing* de *influencers*. Colaborar con creadores de contenido que ya tienen una audiencia establecida puede amplificar el mensaje y generar confianza en la comunidad.

El análisis del rendimiento de los contenidos permite identificar qué tipo de publicaciones tienen más éxito y ajustar las estrategias en función de lo que mejor funciona. Las métricas en redes sociales ayudan a entender los elementos que impulsan la viralidad y ayudan a optimizar futuras publicaciones.

4. Casos de éxito

 HILO CONDUCTOR

Nicolás e Imanol buscan ejemplos de cuentas que parecen tener éxito para recoger ideas y aplicarlas a sus redes.

Si hacemos una búsqueda en internet sobre qué hacer para tener éxito en las redes, muchos son los consejos o mandamientos que nos podemos encontrar y que nos servirán de guía. Pero bien es cierto que cuando se ha dado el caso de que dos marcas publican en sus redes un mismo contenido, o tienen la misma forma de contar las cosas, una ha podido tener éxito y la otra no.

Está claro que no es una ciencia exacta e influyen muchos factores, desde el sector de tu empresa hasta el camino que lleves recorrido. Respecto al sector de tu empresa, una marca de tornillos y tuercas no lo tiene tan cómodo en las redes como una marca de ropa o de caramelos. Y en referencia al camino que lleves recorrido, si llevas trabajando la comunicación con tu público un tiempo, es más fácil que cuando lances una campaña este público lo acepte mejor que en otra marca que no la trabaja o no lo hace diariamente.

El estudio de casos de éxito te puede servir para extraer ideas que han funcionado, aplicándolas a tus cuentas sin olvidarte de darles tu toque personal.

4.1. Chocolates Valor

Caso de éxito por el buen estudio de su imagen corporativa que sabe trasladar a sus redes sociales y es fiel constantemente a la consecución de objetivos, como:

- Aumentar seguidores.
- Generar *Engagement* con sus usuarios.
- Crear comunidad.
- Mostrar sus productos.

Las redes que trabaja activamente son *Facebook*, *Instagram* y *X*. Publica los mismos *post,* salvo excepciones, y los mismos días.

 **NOTA**

Hasta ahora hemos aconsejado no publicar los mismos contenidos y fotografías en las tres redes sociales y al mismo tiempo. Las redes sociales no son algo exacto y están llenas de excepciones. El ejemplo de Chocolates Valor puede suponer una de estas excepciones. El contenido que trabaja va orientado principalmente a un público con dos características en común: les gusta el chocolate y son activos en las tres redes sociales.

A través de su cuenta de *Instagram,* haremos un repaso de los aspectos que pueden considerarse un caso de éxito.

El *feed*

Valor destaca por cómo mima las imágenes del *feed.* Todas tienen el logo de la marca en los productos, los colores son tonalidades de marrón y siempre se ve alguno de los productos que vende: chocolate en tableta puro, en polvo, 0 % azúcares añadidos... Utiliza vídeos, fotos, infografías...

La estrategia que sigue es mostrar en todo momento el producto y, alrededor de él, ir creando comunidad.

Ejemplo del feed de Chocolates Valor. En todas las imágenes aparece el logotipo y al menos uno de sus productos. Todas las tonalidades son del marrón. Observa cómo algunos son vídeos, otros una foto y otros una serie de fotos.

Continuando con lo aprendido en las unidades anteriores, y buscando su línea editorial, puedes ver que está muy bien delimitada:

⊃ **Fotografías y vídeos** cuidados de los productos. Los textos son sencillos y cortos, pero siempre invitan a comentar algo con frases como:

> ¿Cuál es tu momento favorito para disfrutar del cacao?
> ¿Con qué acompañas tu Cacao Puro Natural 100 %?
> ¿Cómo disfrutas de tu Chocolate Valor Negro?

Por ejemplo, tratan de mostrar un mismo producto de diferente forma para que no sea repetitivo y consiga así lograr sus objetivos.

Observemos cómo han trabajado a lo largo del tiempo su producto Cacao Puro Natural 100 %: nos han ofrecido recetas, comparado con otros cacaos no 100 %, nos han indicado para quién están pensados estos chocolates

Con esta imagen y texto presentaba su nuevo producto, el Cacao Puro Natural 100 %.

A través de un vídeo nos muestra los 3 pasos para preparar un cacao frío y conseguir que se disuelvan los grumos.

Vídeo en el que nos muestran los diferentes cacaos que puedes elegir, entre ellos el 100 % Puro Natural.

Continúa en página siguiente >>

<< Viene de página anterior

Gif de un bodegón mostrando el producto, Cacao 100 %.

Vídeo en el que se aconseja una gama de cacao u otro según lo que busques.

A través del formato vídeo, nos indican que puede ser un cacao ideal para deportistas o para cualquiera que cuide su cuerpo.

Continúa en página siguiente >>

<< Viene de página anterior

Recetas para prepararte un desayuno al 100 %.

A la vez que muestra el producto, busca la interacción de los seguidores a través de la imagen: comenta o dale a "me gusta".

En este caso, nos muestran el Cacao Puro a través de un sorteo.

- **Días especiales.** Los días internacionales, nacionales y efemérides son trabajados de diferente forma. Valor usa ilustraciones de onzas de chocolate que ofrecen la imagen perfecta para las celebraciones. No muestran producto, pero sí el logo y siempre el protagonista es una o varias onzas de chocolate.

Ejemplos de post para diferentes festividades: el primero (izquierda), el Día del Libro; a continuación, el Día del Padre, y a la derecha, el Día de la Música.

➲ **Sorteos**. Mediante los sorteos tratan de cumplir los objetivos que buscan: mostrar el producto, crear comunidad y aumentar seguidores. Estos se hacen en *Instagram* y *Facebook* y siempre invitan a jugar o interactuar para participar con frases como, por ejemplo: "Etiqueta a la persona con la que lo compartirías" o "Cuenta en un comentario cómo combatirías el calor". Su diseño se diferencia del resto por tener una indicación superior en rojo donde está escrita la palabra "¡SORTEO!".

Sorteo en el que, para participar, se ha de etiquetar a una persona del entorno que sea fan de las chocolaterías Valor.

En este ejemplo, se debe indicar la cantidad de tabletas de chocolate con leche y almendras que hay en la imagen. Lo que genera interacción con otros usuarios ya que una condición para participar es que se debe etiquetar a otras personas.

Sorteo en un post de Instagram (izquierda) y el anuncio de los ganadores en Historias (derecha).

En todos sus sorteos colocan en el texto del *post* un enlace a las bases legales. Es verdad que en los *post* el *link* no está activo, pero lo acortan con *bitly* y es más sencillo escribirlo para acceder al contenido. La herramienta *bitly* que ya estudiamos, además de acortar enlaces, nos permite ver estadísticas de cuánta gente los ha abierto.

ACTIVIDAD COMPLEMENTARIA

18. Entra en la cuenta de Chocolates Valor y extrae un enlace de cualquier sorteo. Ábrelo y responde a las siguientes preguntas:

    1. Enumera los puntos que recoge en las bases del sorteo.
    2. ¿Dónde han subido las bases? ¿A su página web?

Los *hashtags*

Como ya se ha comentado, el texto de un *post* es igual en las tres redes sociales, a excepción de los *hashtags,* que solo los usa *Instagram.*

ACTIVIDAD COMPLEMENTARIA

19. Extrae los *hashtags* más comunes utilizados por Chocolates Valor y, siguiendo con lo estudiado en el contenido, clasifícalos en *hashtags* propios, de cada producto y generales.

4.2. Instituto Nacional de Estadística

No todos los productos y servicios tienen cabida en todas las redes sociales. Sabemos que los públicos de cada red son diferentes o, siendo los mismos, esperan algo diferente en cada red social. Este concepto lo tiene bien aprendido el INE, Instituto Nacional de Estadística.

Se trata de otro caso de éxito por su forma de mostrar la información. Las estadísticas pueden ser difíciles de entender y tediosas. El Instituto, a través de *Instagram* y *X,* acerca a la ciudadanía estadísticas interesantes.

Trabaja tres redes sociales:

⊃ **YouTube:** https://www.youtube.com/user/INEDifusion
⊃ **Instagram:** https://www.instagram.com/es_ine_/
⊃ **X:** https://x.com/es_ine

YouTube lo trabaja principalmente para aquellos interesados en el mundo de la investigación y las estadísticas. De hecho, cuenta con muchas píldoras divulgativas que pueden servir de ayuda para el estudiante de estadística. Se trata de vídeos que luego difunde en *X*.

Con *Instagram* y *X* llegan a un público menos experto en estadística. Ambas redes las trabajan de forma muy parecida, pero con algún matiz que vamos a analizar. Pero, al ser *X* la que más contenido recibe, haremos un repaso de los aspectos que hacen que sea un caso de éxito:

⊃ **Uso de *hashtags*.** Siempre emplean el propio (#INE), pero dependiendo de las estadísticas que ofrece añade específicos de cada sector, como #comercio, #precios o #servicios.
⊃ **El contenido.** Buscando atraer al usuario, ofrecen distintos formatos como infografías, gráficos comparativos, carteles de conferencias, enlaces a herramientas de consulta, a notas de prensa... Todos los *post* tienen enlace a distintas secciones de la página web del INE (a notas de prensa o a estadísticas completas, por ejemplo), por lo que podemos deducir que un objetivo que pretende alcanzar en *X* es generar tráfico a la web.

Algunos de los ejemplos de los diferentes formatos comentados son:

Infografía de los datos extraídos sobre estadísticas de matrimonios. Obsérvese cómo el INE utiliza el hashtag #INE, pero también uno concreto de lo que se está hablando: #matrimonios.

Difusión de las Píldoras Formativas que ofrece en YouTube.

Difusión de la conferencia que se celebrará el 16 de junio. Buen uso del hashtag #EncuentrosEstadísticosINE para agrupar todo el contenido interesante que se difunda en X bajo esa etiqueta. Si el INE se hubiera hecho eco de esta conferencia bajo el hashtag y hubiera agrupado todos los tuits en los Momentos de X, hubiera sido de sobresaliente.

A través de una infografía, muestran una comparativa de la vida de las mujeres entre 1978 y 2018.

Como hemos visto en el caso de Chocolates Valor, donde para un mismo producto usaban diferentes formatos para mostrárnoslo, el INE, para una misma estadística, publica también en diferentes formatos y distintos *posts* para buscar despertar la curiosidad del usuario.

👁 **EJEMPLO**

Para las estadísticas de los nombres en España en 2023, lo enfocaron de la siguiente manera:

	Anuncio de que el INE ha publicado en su web los nombres más frecuentes de los recién nacidos en 2023.
	Infografía resumiendo los nombres más frecuentes en España y por provincia.
	Enlace a la herramienta externa del INE donde el usuario puede encontrar los nombres más frecuentes por provincia. https://www.ine.es/dyngs/INEbase/operacion.htm?c=Estadistica_C&cid=1254736177009&menu=ultiDatos&idp=1254735572981

NOTA

En *Instagram,* el INE sube una selección del contenido de *X,* y además busca que el diseño de la imagen sea visualmente más atractivo.

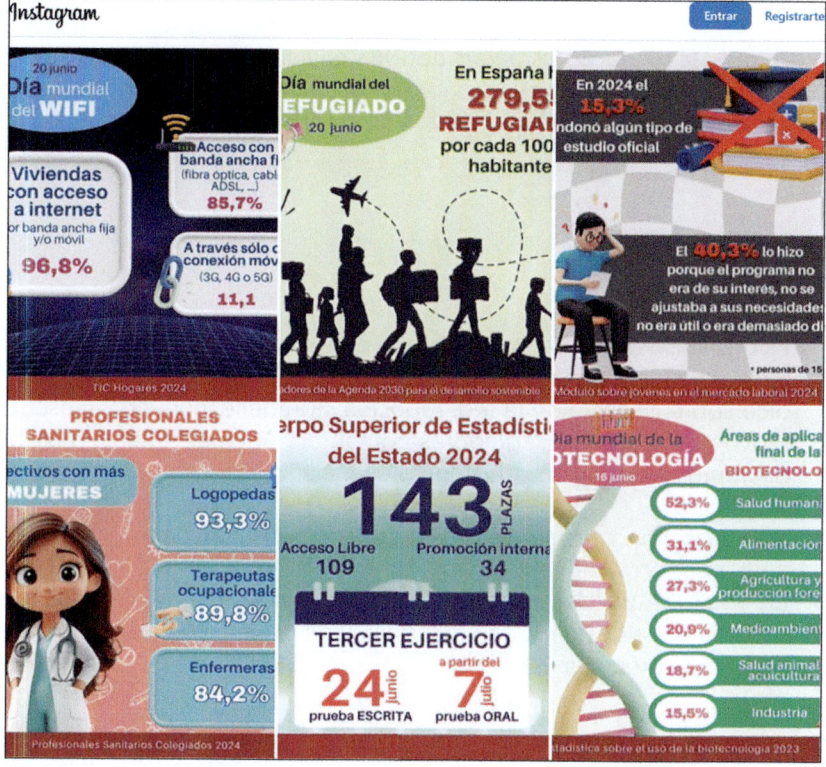

Ejemplo de nueve post de su cuenta de Instagram. Imágenes adaptadas a la red social.

Algo que deberían mejorar son los enlaces que insertan en el contenido del post, como hace en *X.* Como sabemos, *Instagram* no tiene los enlaces activados, por lo tanto, esto es inútil. Una opción que estudiamos es colocar estos enlaces en la BIO, por ejemplo, usando herramientas como *Linktree* podrían colocar varios enlaces a la vez y en el post escribir un texto como: "Ver enlace en BIO".

TAREA 24

Hemos trabajado la cuenta del INE por su forma de tratar un contenido de difícil divulgación, pero creemos que su cuenta de *Instagram* puede mejorar en otros aspectos como, por ejemplo, en lo comentado sobre los enlaces inactivos dentro de los *post.*

Entra en la cuenta de *Instagram* del INE y enumera cinco puntos que mejorarías. No te centres solo en lo estético y en el contenido; ve también hacia la estrategia general de cómo trabaja la cuenta.

4.3. Nescafé

Es otro caso de éxito por su trabajo continuo en *X* al crear y estar en contacto constante con su comunidad. Tiene una escucha activa de lo que se dice sobre Nescafé en la red, repostea, agradece, conversa y escribe tuits provocando que los seguidores comenten. Además, trabaja muy bien las diferentes redes en las que tiene presencia:

YouTube: https://www.youtube.com/user/nescafeespana

En *YouTube* puedes encontrar diferentes vídeos: anuncios de televisión, sobre el #SueldoNescafé para toda la vida y acerca de toda su variedad de productos y recetas.

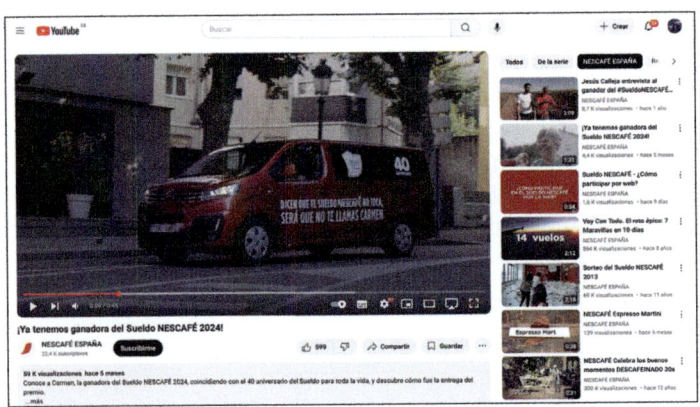

En el canal de YouTube de Nescafé hay una lista en la que van subiendo los vídeos que van realizando de recetas con sus productos. Fíjate en la columna de la derecha, donde puedes ver algunas de estas recetas: horchata, bomba cappuccino...

Facebook: https://www.facebook.com/Nescafe.ES/

El contenido de *Facebook* está trabajado por campañas más que siguiendo una línea editorial continua. No tocan varios temas a la vez, sino que se centran en uno en concreto. Algunas de estas campañas más destacadas son:

⮑ **"Un sueldo Nescafé para toda la vida"**. Con el *hashtag* #SueldoNescafé, todos los *post* van acompañados de vídeos subidos directamente a *Facebook* y que buscan la interacción de sus seguidores de forma constante con afirmaciones y preguntas como:

    ↻ ¿A quién dirías adiós si ganaras el #SueldoNescafé?
    ↻ Completa la frase y cuéntanos qué harías tú "Si ganases el #SueldoNESCAFÉ...".
    ↻ ¿Sueñas con emprender tu propio negocio? Pues deja de soñar y participa ya en el #SueldoNESCAFÉ.
    ↻ Con el #SueldoNESCAFÉ podrás hacer todos los planes en familia que siempre quisiste.

Además del *hashtag* #SueldoNESCAFÉ, utiliza desde 2021 otro, #LlegarDondeQuieras, con el que se ha reinventado para promocionar el sueldo de toda la vida y que enmarca perfectamente la campaña.

Tres ejemplos de la campaña de #SueldoNESCAFÉ a través de los cuales la marca hace soñar con la posibilidad de tener suficiente dinero para decir adiós a tu jefe, montar tu propio negocio o estudiar lo que quieras; de ahí su hashtag #LlegarDondeQuieras.

⮑ **"Con respeto hasta la taza"** es otra de las campañas en las que se muestra, a través de diferentes *post,* que los frascos son 100 % reciclados, que en la producción se disminuyen las emisiones de CO_2 porque usan los residuos de posos de café o que se generan cero residuos.

Bajo el lema "Con respeto hasta la taza", la marca ha lanzado su campaña en Facebook invitando a reutilizar sus botes o mostrando lo comprometido que está Nescafé con el medioambiente.

➲ **"La taza roja de Nescafé".** Al igual que el sueldo para toda la vida, la taza roja es su seña de identidad que ha ido trabajando a lo largo de los años.

Mostrando en todas las imágenes la taza roja y con el hashtag #NESCAFÉ, la marca aprovecha para interactuar con los seguidores.

Instagram: https://www.instagram.com/nescafe_es/

Su cuenta de *Instagram* empezó en enero de 2020 y la estrategia de contenido se centra en la taza roja. En su *feed* muestran imágenes muy atractivas donde el rojo siempre es el protagonista.

Ejemplo del feed de la cuenta de Instagram de Nescafé. Las imágenes giran en torno a la taza y el color rojo, que aporta armonía visual.

Además, utiliza las Historias para hablar constantemente con su público. A través de ellas:

- Se hacen eco de lo que los seguidores publican sobre Nescafé en sus propias redes: recetas, fotos con la taza, entre otros. Les premian por darles difusión, por así decirlo.

Ejemplo de tres historias de Nescafé reposteando las creadas por usuarios: dos recetas y una foto de tazas.

- Busca la interacción y complicidad de los seguidores alrededor de la temática del sueldo para toda la vida.

A la izquierda y a la derecha, diferentes historias siguiendo con las temáticas del #SueldoNESCAFÉ. Les hacen preguntas a los usuarios, que contestan, y luego publican las respuestas como puede verse en la imagen del centro.

En abril del 2020, y en pleno confinamiento de todo el país por la pandemia, Nescafé puso en marcha una campaña donde convertía los abrazos en tazas de café que donaba a la Cruz Roja. El lema era: "Envía tu abrazo (virtual) a las personas que más quieres. Nosotros enviaremos café a quienes más lo necesitan". Los participantes debían publicar en sus redes una foto suya abrazándose, dedicándoselo a quien deseasen y utilizando los *hashtags* #UnMillonDeAbrazos y #TazasPorAbrazos.

A la izquierda, una historia publicada en Instagram de "1 abrazo = 1 taza de café", y en el medio y a la derecha, dos ejemplos de la respuesta de los seguidores de los que Nescafé se hacía eco y publicaba también en Historias.

X: https://x.com/Nescafe_ES

⮱ Es la red social en donde más seguidores tiene, aunque fuera creada tres años después que la cuenta de *Facebook*. Se puede decir que en el *X* de Nescafé ha habido un antes y un después de la pandemia. El "después de" se limita a difundir las mismas campañas de #SueldoNescafé y de #TazasPorAbrazos, adaptadas a la plataforma *X*, pero no crea contenido alrededor de ellas, solo difunde lo que en sus otras redes se trabaja más en profundidad y retuitea lo que otras cuentas dicen de ella.

Sobre el #SueldoNescafé, sigue la misma línea de diseño de imagen que la vista en Facebook.

La campaña #TazasPorAbrazos se limitó tuitear el vídeo promocional y a retuitear lo que decían sobre ella.

Ejemplo de sus retuits. En este caso retuitea una receta publicada por @recetasdecarol, tarta de café.

"Antes de", la cuenta era muy activa y creativa: retuiteaban lo que otros decían de ellos, publicaban recetas, hacían sorteos, hablaban, hablaban, hablaban... Y todo el contenido tenía de protagonista a una taza roja "animada". El *Engagement* era muy alto. Este podría ser un buen ejemplo de caso de éxito. Elegir como nexo la taza roja se considera muy acertado, ya que han conseguido convertirla en un objeto deseado que no se puede comprar. Podías hacerte con una comprando Nescafé con alguna promoción o en los numerosos sorteos que hacían, pero no estaba a la venta. Esto ha hecho que, a lo largo de los años, la taza se haya convertido en un objeto de deseo.

Una muestra de los diferentes tuits que Nescafé publicaba en un periodo de dos semanas: celebraban días especiales, como el Día de la Música, San Valentín y Carnaval; sorteaba tazas; creaba contenido exclusivo para su público de X invitándoles a mencionar a un amigo, respondiendo a preguntas...

 PARA SABER MÁS

Como dato curioso de la cuenta Nescafé España, su BIO de *X* cuenta con un enlace que te lleva a un documento que llaman: "Reglas básicas para redes sociales".

Este documento va dirigido a toda su comunidad, y dice que sus redes son un espacio abierto para cualquier debate constructivo y que existen normas como respetar la privacidad de los demás, que el contenido sea adecuado o que no se emplee para publicar *spam*.

Continúa en página siguiente >>

<< *Viene de página anterior*

Sigue este enlace si deseas leer detenidamente estas reglas:

https://redirectoronline.com/ifct38060000

- -

APLICACIÓN PRÁCTICA

**Caramelos Dulces, S. L., publica en el *feed* de *Instagram* y, automática-
mente, publica lo mismo en su cuenta de *Facebook* y en la de *X*. Luego
se conectan a las tres cuentas para responder comentarios y hacen
seguimiento de lo que se dice de Caramelos Dulces. Han observado
varios aspectos:**

- **La cuenta de *Instagram* es la que más interacción recibe: *likes* y
  comentarios.**
- ***Facebook* y *X* apenas reciben interacciones.**
- **En ninguna de las tres redes sociales ven el crecimiento deseado,
  no sienten que han creado comunidad.**

**Proponles cómo deberían gestionar las tres redes sociales para alcanzar
ese crecimiento, crear comunidad y poder tener éxito.**

Solución (Propuesta de solución)

Instagram. Podría trabajarse como hace Nescafé: el *feed* dedicado a fotos propias
y atractivas; trabajar muy bien los *hashtags* propios, generales y del sector, y
a través de historias interactuar con los seguidores. O si tomamos el ejemplo
de Chocolates Valor, podrían trabajar el *feed* con temáticas muy concretas:
productos, sorteos y festividades, interactuar con los seguidores desde los
post y dejar las historias destacadas para secciones muy concretas como, por
ejemplo, vídeos de cómo se hacen los caramelos o fotos y vídeos para agrupar
los surtidos que venden Caramelos Dulces.

Facebook. En cuanto al contenido del Muro, podría trabajarse un mix entre el
contenido que se trabaja en el *feed* y en las historias de *Instagram.* Teniendo
en cuenta que los *hashtags* no son tan comunes en *Facebook,* los limitaríamos
a un máximo de tres.

Continúa en página siguiente >>

<< Viene de página anterior

X. Adaptando las imágenes y acortando el texto podrían adoptar la misma estrategia que en *Facebook* y, además, se deberían trabajar los reposteos.

Respecto al texto de cada *post* o *tui*t, deberían invitar a participar a los seguidores, como hacen tanto Chocolates Valor como Nescafé.

Además de trabajar el contenido, es recomendable que estén activos en las tres redes comentando *post* de otros usuarios, haciéndose eco de temas interesantes para los seguidores *(repost,* historias…) y respondiendo cualquier comentario, entre otras acciones.

5. Resumen

Las cuentas en las redes sociales expuestas se consideran cuentas de éxito por diferentes motivos.

Chocolates Valor: en todo momento se mantienen fieles a su imagen corporativa: colores, logotipo…, y tienen bien claro los objetivos que quieren conseguir. El principal es mostrar sus productos y lo hacen de muy diferentes formas: con fotos, vídeos, sorteos… Miman también mucho el texto de sus *post,* que tienen un lenguaje coloquial y provocan que los seguidores respondan y opinen.

INE (Instituto Nacional de Estadística): pese a ser una temática de difícil divulgación, han sabido diferenciar qué contenido publican en qué red social y cómo. *YouTube* lo destinan a una divulgación más profesional y en *X* e *Instagram* se dirigen más al público general. En estas dos redes destacan por el uso de las infografías para difundir el contenido de forma amena.

Nescafé: aunque trabajan las redes sociales de forma algo diferente, lo común en las tres desde la pandemia en abril 2020 es que crean contenido por campañas: #SueldoNescafé y #TazasPorAbrazos. Se ha considerado un caso de éxito, digno de estudio, principalmente por cómo gestionaban la cuenta de *X* antes de la pandemia: con gran creatividad se buscaba lograr cada día o cada dos días la interacción del usuario: comentarios, "me gustas", *repost*… o que participaran en los sorteos de tazas. El caso de éxito es su saber hacer comunidad.

Ejercicios de autoevaluación
Unidad de Aprendizaje 6

1. ¿Cuál de los tres casos de éxito mencionados en la unidad destaca por mostrar en su feed cada uno de los post sus productos?

   a. Nescafé
   b. Chocolates Valor
   c. INE
   d. Todas las opciones son incorrectas.

2. Indica si las siguientes afirmaciones son verdaderas o falsas:

   a. En sus fotografías y vídeos, Nescafé añade textos cortos pero algo complejos.

      ■ Verdadero
      ■ Falso

   b. Los días internacionales, nacionales o efemérides el INE los trabaja en las redes sociales de forma diferente.

      ■ Verdadero
      ■ Falso

3. ¿Cuál de los tres casos de éxito mencionados publica el mismo contenido en sus redes sociales al mismo tiempo, algo que se suele aconsejar no hacer pero que en este caso puede ser la excepción que confirma la regla?

   a. Nescafé
   b. Chocolates Valor
   c. INE
   d. Todas las opciones son incorrectas.

4. Chocolates Valor utiliza hashtags como #chocolovers. Indica si este es un *hashtag* propio, del sector o general.

_____

_____

5. Existen quince mandamientos de las redes sociales, y cualquier empresa que los cumpla puede tener éxito en ellas:

    a. Verdadero.
    b. Falso.
    c. Solo en los casos en los que la empresa vende productos de moda, maquillaje o viajes.
    d. Todas las opciones son incorrectas.

6. Las semejanzas entre Chocolates Valor y Nescafé en cuanto a las estrategias del contenido de las redes sociales son:

    a. Ambas usan ilustraciones personificando el chocolate o una taza, según el caso.
    b. Los textos de los post incitan a que los seguidores interactúen.
    c. Usan siempre el hashtag de su marca, #Nescafé y #ChocolatesValor, respectivamente
    d. Todas las opciones son correctas.

7. ¿Cuál es el formato que más utiliza el Instituto Nacional de Estadística para mostrar su contenido?

    a. Vídeo.
    b. GIFs
    c. Infografía.
    d. Todas las opciones son incorrectas.

8. ¿Cuál es el error del Instituto Nacional de Estadística comentado en la unidad, a la hora de escribir post en Instagram?

    a. Textos largos.
    b. Usa *links* muy largos y en ese lugar no están activos.
    c. No usa *hashtags.*
    d. Todas las opciones son correctas.

9. **Nescafé ha dado un giro a la estrategia de la campaña del "Sueldo para toda la vida". Este cambio ha ido acompañado de un nuevo hashtag, que es:**

   a. #LlegarDondeQuieras
   b. #ConNescaféParaSiempre
   c. #TuFuturoConNescafé
   d. Todas las opciones son incorrectas.

10. **Con la campaña de Nescafé "1 abrazo = 1 taza de café", indican el objetivo de comunicación y se logra:**

   a. Dar visibilidad a la marca Nescafé con la participación de las personas.
   b. Conseguir que mucha gente se abrace.
   c. Colapsar *Instagram* por los envíos de tantos abrazos.
   d. Todas las opciones son incorrectas.

Glosario

Ads o *Advertising*
Término inglés para referirse a la publicidad.

Algoritmo
Conjunto de normas de programación por las que se rige una red social y que hará que una publicación se muestre o no y a quién.

App o aplicación *(Application)*
Es un programa que se instala principalmente en los móviles y ejecuta funciones concretas de ámbito profesional o personal.

Benchmarking
Es el estudio de las mejores prácticas dentro o fuera de la empresa comparándolas con otras como, por ejemplo, las de la competencia, y así aumentar la competitividad. Sirve para detectar ejemplos de buenas prácticas.

BIO o biografía
Es la carta de presentación de tu empresa en las redes sociales. Desde ella los visitantes saben, al leerla, qué se van a encontrar si deciden seguir la cuenta.

Community Manager
Profesional encargado de gestionar las redes sociales de la empresa: hablar con los seguidores, escuchar y ser la voz e imagen de la empresa en estas plataformas.

Comunidad
Personas que se relacionan con la marca a través de las redes sociales; les gusta su filosofía, su contenido, sus productos...

Conversión
Cuando el usuario realiza la acción que te has marcado en los objetivos. Por ejemplo, realiza una compra, visita tu web o te proporciona su e-mail u otro dato que te interese.

Copy

Es el texto de una publicidad, a parte escrita del anuncio.

Crisis de reputación *online*

Es la pérdida de credibilidad por parte de la empresa en el mundo digital. Puede ser provocada por varios motivos, como comentarios negativos de los seguidores o no saber reaccionar ante una situación difícil, entre otros.

CTA *(Call to Action)* o llamada a la acción

Es una palabra o elemento gráfico cuyo fin es que quien está leyendo realice la acción que deseas: comprar, descargar, obtener más información, llamar...

CTR *(Click Through Rate)*

Porcentaje de clics que obtiene una publicación respecto a su número de impresiones. Su fórmula es: Total de clics en una publicación / Impresiones de la publicación × 100.

E-mail marketing

Envío masivo y estratégico de correos electrónicos a un público segmentado.

Engagement

Compromiso de los seguidores hacia la marca. Se sienten involucrados con lo que se dice, reaccionan e interactúan.

Engagement rate

Es la tasa de interacción que recibe una publicación. La fórmula para calcularlo es: Interacciones / Alcance × 100.

Feed

Es la página de *Instagram* donde pueden verse todas las fotos y vídeos que un perfil ha subido y se ordenan de manera temporal.

Fleet

Son como las historias de *Instagram* pero en la versión móvil de *X*. Duran también 24 horas.

Geolocalización

Es la posibilidad de conocer la ubicación geográfica de donde se ha realizado la foto publicada en redes sociales, por ejemplo.

GIF *(Graphic Interchange Format)*

Formato de imágenes y animaciones, que se caracteriza por ser una imagen animada de unos segundos, sin sonido y que se reproduce en bucle.

Hashtag

Una o varias palabras precedidas por una almohadilla (#) que sirven para etiquetar los textos en las redes sociales.

Historias o *Stories*

Publicaciones audiovisuales, tanto en *Instagram* como en *Facebook,* que se caracterizan por ser efímeras, permanecen 24 horas y tienen una duración de 15 segundos máximo.

Historias destacadas

Es la agrupación de historias, que dejan de ser efímeras y no desaparecen a las 24 horas.

Influencer

Persona que destaca en alguna red social, expresa su opinión y ejerce una gran influencia sobre personas que la conocen y siguen.

Infografía

Diseño gráfico que busca explicar una información de manera sencilla.

Infoproducto

Producto formativo que se distribuye a través de internet como plantillas, *checklist,* guías de uso, *e-books,* entre otros. Las redes sociales son clave para su difusión.

Infoxicación

Hace referencia en términos coloquiales a la cantidad de información que ofrece internet y produce una intoxicación de información.

KPI *(Key Performance Indicator* o indicadores clave de rendimiento)

Son indicadores que se utilizan para medir la eficacia o no de tus campañas o de tu contenido, y determinar de esta forma lo que ha sido efectivo para llegar a alcanzar los objetivos planteados.

Landing page

O página de aterrizaje, es una página web que sirve para dirigir al usuario a una conversión como la descarga de un infoproducto, por ejemplo.

Lead

Término que se utiliza para hacer referencia a aquel usuario que entrega sus datos para obtener un beneficio, por ejemplo, entregar su correo electrónico a cambio de descargarse una guía práctica.

MD o DM (mensaje directo)

Mensaje privado enviado a través de las redes sociales.

Prospecto

Cuando en el proceso de venta comienza la comunicación bidireccional, el cliente potencial muestra interés.

Prosumer

Se llama así al individuo o individuos que ya no solo consumen información, sino que también la producen a través de blogs, redes sociales y otras plataformas digitales.

Random

Hace referencia a algo generado al azar.

Reel

Herramienta integrada en *Instagram* que permite grabar y editar vídeos cortos con una duración máxima de 30 segundos.

Retorno de la inversión (ROI, *Return on Investment*)

Porcentaje que depende de la inversión realizada por la empresa y los beneficios obtenidos en una campaña. Se calcula en función del tiempo, el dinero, los recursos invertidos y el rendimiento obtenido, y nos ayuda a conocer la viabilidad o rentabilidad que puede tener una campaña en las redes sociales.

SEM

Acrónimo de *Search Engine Marketing*, posicionamiento de pago de los sitios web en los buscadores como *Google*.

SEO

Acrónimo de *Search Engine Optimization*, posicionamiento orgánico (no de pago) de los sitios web en los buscadores como *Google*.

Webinar

Seminario celebrado a través de plataformas digitales para personas que previamente se inscribieron.

Bibliografía

Monografías

→ FLORIDO, M.: *Curso de marketing digital.* Madrid: Social Business, 2020.

   Lectura recomendada para iniciarse en esta red social, ya que incluye un tutorial paso a paso, además de ejemplos de estrategias para empresas.

→ FLORIDO, M. [et al.]: *Especialista en publicidad digital y embudos de venta.* Madrid: Social Business, 2021.

   Libro muy interesante para ampliar lo aprendido y especializarse en publicidad digital y en los embudos de venta.

→ LÁZARO, M.: *Community Manager. La guía definitiva.* Madrid: Social Business, 2019.

   Libro muy práctico para completar lo aprendido sobre las redes sociales.

→ MACIÁ, F.: *Estrategias de marketing digital.* Madrid: Social Business, 2019.

   Los dos libros son de interesante lectura para tomar conciencia de que el trabajo de redes sociales responde a unos objetivos digitales generales en los que también tienen cabida la web, los e-mails de empresa, los blogs...

   Su lectura servirá para contextualizar las redes dentro de un plan de *marketing* digital.

→ MARTÍNEZ, F.: *El libro de TikTok.* Madrid: Social Business, 2021.

   Manual de iniciación y aplicación para empresa sobre la red social TikTok.

→ SERRANO, V.: *Fraudebook: lo que la red social hace con nuestras vidas.* Madrid: Plaza y Valdés, 2016.

   Ensayo sobre el trasfondo que hay tras los "me gustas" y el concepto de la amistad en las redes sociales, entre otros aspectos.

→ ROJAS, P.: *Monetizagram.* Madrid: LID, 2020.

   Libro que se centra en saber monetizar la cuenta de Instagram y en generar claves y estrategias para vender a través de Instagram.

Blogs y webs que seguir

→ Vilma Núñez, de: <https://vilmanunez.com>.

Comparte mucho material gratuito sobre redes sociales, como plantillas para analizar las redes, *podcast* o novedades, por ejemplo, y además cuenta con cursos de pago por si deseas profundizar más y hacer de las redes una profesión.

Recomendación: síguela en las redes sociales.

→ Geni Ramos y La Consultoría Digital, de: <https://laconsultoriadigital.com>.

Expertos en automatización de los negocios, cuenta con varios cursos muy buenos si deseas especializarte en este tema. Es aconsejable seguirle en redes sociales.

→ Inge Sáez, de: <https://ingesaez.es>.

Referente de cómo trabajar *LinkedIn* para vender.